〈総合人間学1〉

人間はどこにいくのか

総合人間学会　編

学文社

はじめに──学会誌発刊の辞

二〇〇六年五月二十七日、総合人間学会が誕生した。それからちょうど一年、ここに本学会誌第1号を世に出すことになった。本会の設立時もその後も、多難な条件にかこまれてきただけに、本誌の発刊は、編集の重責を担った尾関編集委員長を始めとする関係者はもちろん、それに期待をこめて見守ってきた会員一同も、慶賀の思い深いものがある。同時に、本号を初のステップとして、本会が設立の趣旨に沿って発展をつづけ、その志を遂げていくことは、本会員および支持者たちが、均《ひと》しく念願しているところであろう。

右にあげた本学会の志向と趣旨は、学会を立ちあげる前に出したアピール文に明記されているので、ここで繰り返すことはしない。それはまた、本学会設立に至る前まで行われてきた、三年余りの共同研究の足跡と成果をまとめた『シリーズ総合人間学』（全3巻）の各々の冒頭にも再録されているから、その参看をお願いしたい。ただ、右のアピール文の主旨を少しく別の視角から補足しながら要約すれば、ほぼ次のようなことになろう。

（その一）「総合人間学」の必要という観点からすると、まず次の三点が挙げられる。第一に、人間存在やその意味を考える、広義の「人間学」は、古代のギリシャやインドや中国に遡《さかのぼ》る沢山の業績がある。戦前の欧州や日本にも、現代でも学ばるべき人類学《アンソロポロジー》や「哲学的人間学」の成果が、少なからず重ねられている。しかし、それらは何れも今日の進んだ諸科学──例えば宇宙物理学・生物学・心理学等──の広く深い認識とは殆ど没交渉であり、それらの知見を踏まえた問題意識に乏しいという憾みがある。第二に他方で、個別科学はそれぞれの分野で目覚しい発展を遂《と》げ、この半世紀ほどの短期間にも、クーンのいわゆる「科学革命」に当るような画期的な成果をあげてきている。にも拘らず、というよりはまさに専門的に特化された諸分野の先端部分で、新たな知見が加われば加わるほど、全体としての人間の総合認識は欠如していくという、皮肉なパラドックスが拡がってきている。一世紀も前にM・シェーラーが指摘していたこのパラドックスは、この半世紀間に耐えがたいほど大きくなっている。新しい〝総合性〟の必要は、心ある学者の等しく認めているところである。第三に、これまでの大方の思弁的人間学は、今日人類が当面しつつある深刻な世界問題（環境・戦争・人口・資源などのグローバルな諸問題）に、真剣に取り組もうとする姿勢に欠けていた。総合人間学も学問である以上、第一義的には、「認識」を中心とする作業ではあるけれども、人間の生き方に直結する現実問題との取り組みをおろそかにしてはならないであろう。上記の〝世界問題〟が、人類の命運に関わる課題となっていること、およびそれらの殆どが、外ならぬ人間の欲望や所業から出ていることを思えば、単なる認識にとどまらず、時に応じては敢て「実践」に向うポジティブな態度が望まれると思う。――以上の三点だけとってみても、現代の総合的人間学は、旧来の人間学の志向や枠組を越えた目標に向って、自己組織と自己改革を重ねていくべきであろう。

（その二）　右の課題は、学会の組織論にも関連する次の二つの行き方にかかわる。本学会の進め方について、運営委員会および理事会で、ほぼ次のような、一見矛盾する方針が認められてきた（と私は了承している）。すなわち一方で本学会は、学問的水準としては（可能なかぎり）その時々の諸科学の最先端の知見をとり入れ、「総合」の名にそむかない高水準を維持する、という努力を続けなければならない。同時に他方で、この学問の趣旨にかんがみ、できうる限り広く、同じ志を持つ一般の人々に参加を求め、この学問の裾野を広くする、という努力も必要である。〝認識の頂点は高く、しかもその裾野は広く〟という、この二つの要求は同時に充すことは至難な課題である。私どもはしかし、この矛盾した課題を何とか果していくように努めたいと考えている。そのための方策として、本号の中の一節でも述べたとおり、会の持ち方や学会誌の編集などを始めとして、各種の工夫をこらしていくつもりである。例えば、五月下旬に開催する大会を二日制にして、メイン・テーマの外にも重要な問題をサブ・テーマとして討議したり、自由報告の時間を十分にとり、会員諸氏に広い討論の場を設けるなど。また、秋には関西等で大会を開いたり、秋春の適宜な時間帯に自由討論の小会を持ち、人間学の取り組むべき原理的あるいは現実的な問題について、文字通り自由闊達な意見交換を行うなど、の試みをすでに行っているところである。なお、これらの種々の試行については、会員諸氏の意見を取り入れ、失敗や錯誤を正していくことにするので、この面でも全会員の方々に積極的な参加と支持を、重ねてお願い申し上げる次第である。

さて、本誌について。――学会誌第1号の本誌には、昨年五月の設立総会での講演や諸報告、十月の関西での大会の諸報告などを併せ載《の》せたためかなり多彩なものとなった。先ずこの総会は、明治大学駿河台キャンパスのリバティ・タワーの一室で行われたが、発会の記念として、日本の文・理科両域を代表する加藤周一氏（作家・評論家）と小柴昌俊氏（ノーベル賞受賞・物理学者）のお二人の基調講演をいただくことができた。おかげで新学会発足の式典を兼ねた総会に、大輪の文化の華《はな》を添えたことに、会員一同を代表しここに改めて深謝の意を表したい。なお、それに引きつづくシンポジウムでは、「総合人間学は何を目指すか」について、小原秀雄（哺乳類学）・佐藤節子（法哲学）・長野敬（生物学）・尾関周二（哲学）・西郷竹彦（文芸学）・小尾信弥（天文学）の諸氏から所信が述べられた。また、討論のあとの締めくくりに、柴田義松氏（教育学）の総括があり、それらの冒頭には小林（憲法学）から学会設立の趣旨と目的に関する序説および問題の提起がなされた。これほど多くの異なった分野からの報告や提言は、他の学会では滅多に見られない異色のシンポジウムであったといえよう。

これに加えて、十月二十一日、京都でも「学会設立記念」の集会が持たれた。龍谷大学大宮キャンパスでの討論会は、東京大会ほど大掛りな集まりにはならなかったが、水田洋（社会思想史）と小原秀雄（本学会副会長・動物学）

両氏の講演が行われ、それをめぐる活発な討論があった。とくに水田氏は、東京で予定されていた会合に格別の変更手続を講じて、京都集会に参加し高度で興味ぶかいお話をして下さったことに、出席者一同多大な感銘を受けた。――本誌には、この二回にわたる会合での多彩な講演や報告が載せられ、非常に盛り沢山な、また読みごたえのあるものとなったといえよう。ただ、筆者の感想を加えさせていただくならば、二つの反省を要する問題点が残されたように思う。一つは、本会の統一テーマとして「知の頽廃と再生」という題を掲げたものの、講師たちの自由で多様な講話の展開があった反面で、右のテーマへの収斂《れん》が十分になされず、全体としてやや拡散気味の印象が残ったのではないかということ。もう一つは、本学会に限らず、どこにも見られる傾向であるが、討論の時間が少なく、フロアからの会員の発言が著しく制約され、全会員参加の趣旨が実現できなかったことである。これからの会の持ち方として、検討していきたいと考えさせられている。

右のような反省点はあっても、二〇〇六年の設立総会は、自画自讃でなしに、学会の出発にふさわしい盛会になった。これに力を寄せて成功させて下さったすべての方々に、厚く感謝の意を表したい。なお、本号の編さんと発行に多大の労力と苦心を払われた尾関編集委員長・長野同代行および岩田事務局長には、内輪のことながら、会長として会員を代表しお礼を申しあげる。

総合人間学会会長　小林　直樹

目次

講演記録

エッセイ　現代と人間の問題

特集Ⅰ　知の頽廃と再生——人間はどこにいくのか

総合人間学への誘い（覚書および講演記録）

加藤 周一

二〇〇六年五月二十七日に明治大学の講堂で「総合人間学会」の第一回総会が開かれ、私はそこで、「総合人間学への誘《いざな》い」と題して記念講演を致しました。その内容は当日の録音装置の故障により適切に録音されませんでした。ここに掲げるのは講演の内容の全体ではなく――それをあらためて今再現することは私の一身上の都合によりできません――、講演のために用いたきわめて簡単な覚書にいくらか書き加えたものです。

講演の表題は、出席して下さった方々を総合人間学へ誘うという大それた意味ではなくて、何が私をそこへ誘ったのか、どういう経験から私の強い関心の一つがそこへ向かうようになったか、というほどの意味です。その答は多くの経験を含んでいて複雑になるはずですが、講演ではその中から二つの経験を択んで話しました。

第一に、一九四五年の「ヒロシマ」での経験、第二に、一九六八年のカナダ西部の大学での「ティーチイン」の経験です。「ヒロシマ」はもちろん原爆との出会いで、私は日米共同の医学的調査団に日本側から参加しました。専門は血液学、所属は東大医学部です。六八年の「ティーチイン」は米国のヴェトナム戦争批判で、日本を含む世界中の学生運動の一部でした。参加者は主として学生と教員。当時の私の専門は日本学、所属はUBCのアジア研究所です。どちらの経験も、その後科学技術と人間社会の関係について考えるときの私の出発点（あるいは根本的な参照基準）になりました。

ヒロシマ経験の第一は、科学技術の二面性です。人間生活への大きな貢献と人間生活の巨大で徹底的な破壊。社会はその統御に努力してきたのですが、成功はしませんでした。今でも核武装する国が増加し、大国による核兵器の「改良」も進められて、ヒロシマの科学技術の悪魔的な面の象徴になっています。関連した文献は多数なので、この点にはここで立ち入る必要はないでしょう。

ヒロシマ経験の第二は、観察者と対象との関係です。医師が研究者を兼ねる場合には、患者は苦しんでいる人間（人格）であると同時に科学的観察の対象（症例）です。そこから観察者と対象＝患者との間に異る二つの関係が生じます。その二つの関係は、必ずしも矛盾はしません。しかし極端な場合には一種の緊張をはらみます。その緊張が一種の残酷さを帯びることもあり得ます。ヒロシマで原爆症の患者に接したときに私はしばしば見るに耐えないほどの強い感情的反応を自分自身の裡に感じました。もちろんできるだけの手あて――それは到底治療とは言えないほどの限られたものでしたが――をしました。しかし激しい感情的反応は研究者としての私の仕事には全く不要であり、障害でさえあることを、私は知っていました。仕事は冷静な観察と、その記録と、資料の採取です。ヒロシマでは冷静さが残酷さと隣り合わせでした。

その残酷さを私はヴィーンでアルバン・ベルクの歌劇『ヴォツエック』を聞いたときに思い出しました。それは自殺直前の兵卒ヴォツエックが助けを求めに来たとき、軍医の言い放った言葉です。「これは学問的に興味ある症例だ！」そこでヴォツエックは名前と人格を失って一つの症例となり、学問的な興味の対象となるのです。それは軍隊だからではなく、軍医個人の性格によるのでもなく、学問に、誇張すればそうなるであろう一面があるからです。その一面的な論理をつきつめれば、はるかな地平線に「一七三部隊」の影さえもあらわれるかもしれません。科学技術の二面性は認めなければならない、と同時にその両面を包含し、抑制することのできる人間観をつくりあげることが必要になるのです。総合的人間学の急務です。

六八年のヴェトナム戦争「ティーチイン」から私が学んだことは、戦争に直接関係のある学問領域——たとえば米国の政治や国際関係などの領域——を専攻する学者たちの判断の限界です。「ティーチイン」の現場では、そういう専門家たちが戦争反対に消極的で、学生や数学者や英文学者のような非専門家が反戦に積極的であるという一見逆説的な状況があらわれていました。なぜか——ということを私は考えるようになりました。社会科学者はなぜ反戦に消極的なのか。

第一は情報の問題です。戦争に関する情報は、現象そのものが複雑であり厖大な情報の全体を知ることは困難であるばかりでなく、重要な情報の一部は当事国の政府によって秘密とされています。要するに戦争については実証的・学問的な議論をするために必要な情報は不十分です。学問的な議論に固執する専門家たち（の少なくとも一部分）は、情報の不十分な現象についての判断を留保します。これはそれなりに理路整然とした態度です。しかし「ティーチイン」は学会ではありません。進行中の戦争を止めようとする市民運動です。なぜ戦争、すなわち組織的な大量殺人を止めなければならないか。その答は一つの学問的領域の内部からは出て来ないばかりでなく、その外部のどういう信仰体系からも合理的普遍性をもって抽《ひ》きだすことはむずかしいでしょう。答はまさに「空吹く風の中にある」のです。風の声を聴くためには、戦争当事国の決定過程についての詳細な知識よりも、シェイクスピアからディラン・トーマスまでの詩人の心の直感の方が有効であるかもしれません。判断停止は現状維持を意味します。戦争を肯定も否定もしなければ、戦争は現実につづき、現地の環境と住民の生命の破壊はやまないのです。医者は患者の体内で何が起こっているか十分な情報が得られない場合にも、病人を見捨てません。市民は事件についての十分な情報が得られない場合にも、事件とその処理のし方について態度を決めなければならない場合があると私は考えるようになりました。その態度はできるかぎり冷静で、できるかぎり理性的でなければなりません。そのための条件の一つは、人間とその社会をできるかぎり多くの視点から理解することです。別の言葉で言えば、「総合人間学」をめざすとも言えるでしょう。

第二の問題は、すべての困難にも拘らず、学者が戦争を合理化する場合、あるいは正当化したとみずから信じるか、信じるかのようにふるまう場合に、あらわれます。賛否の結論ではなく、戦争の必然性を主張する場合です。必然性は歴史的、経済的、政治的、心理的などの異る視点からの必然性、またはそれらを総合した必然性です。いずれにしても事件の必然性を示すことができれば、反戦も、戦争支持も、無意味であり、議論そのものが時間の無駄にすぎないということになるでしょう。歴史的事件の説明は、その必然性を明らかにすれば成功し、成功すれば無意味となるのです――『マクベス』の魔女たちならば、「成功は失敗、失敗は成功」と言うでしょう。そこから「総合的人間学」の必要の自覚に到る道は近いと思います。しかしその目標へ到達する道は遠いでしょう。これはヒロシマ経験と六八年の経験とが私に与えた希望の一端です。私は悲観主義者ではありません。この世での多くの希望は、今ただちに必要であると同時に、はるかに遠い未来の地平線に望む目標でしょう。

＊＊＊＊

講演記録（以下の記録は文責本学会）

今日は総合人間学への誘《いざな》いということで――この誘いというのは綺麗な言葉ですね。招待というのより良いですね。ボードレールの有名な「旅への誘い L'invitation au voyage」という詩があって、デュパルクの歌曲にもなっていますね――まあ、それはともかくとして、総合人間学というのは、これはたいへん大きな問題です。大きな問題をなぜお話しようという気になったかというと、一つは小林直樹さんからの依頼ということもありますが、それだけでなくて、私自身の中にも、総合人間学というものに誘われる素地があって、主にそれを今日は話したいと思います。どういうことかというと、大きく言って二つあります。

一つは一九四五年の「ヒロシマ」。爆発の前でなくてその一カ月くらい後、九月ですが、その現場に行った、そしてしばらくそこにいたこと、それが第一です。そして第二は一九六八年ころにカナダの大学で教師をしていたとき、学生運動の時期に出逢いました。ヴェトナム戦争の当時ですから、そのなかで学生に教師も加わって議論をする会があった。「ティーチイン」といいます。それが二番目です。そこでどういうことを感じたかというと、つまるところ「総合人間学への誘い」を感じたのですね。それはどういうことだったのか。多少の心掛けは前からあったのですが、この機会につよく「いざない」を感じた。そういう話をします。

そこでまず第一の「ヒロシマ」ですが、これにも二つのことがある。一つは言うまでもないことですが、やはり現場に行ってみると九月末のヒロシマは原爆の結果として、いまも残る記念館、「原爆ドーム」くらいは目立ったのですが、それ以外は何もない。ほとんど更地みたいなものですね。道路はある。若干の橋も残っている。しかし建物は全部なくなっている。それだけじゃなくて生き物が全部いなくなっている。樹木は全部枯れて、動物もいません。文字通り何もなくて、昆虫もいない。夏ですけれども蝿とか蚊とか、トンボが飛んでいることもないし、鳥もいない。足もとの方を見ても蟻も這っていないし蛙とかその他、本当に何もいません。すべての昆虫、すべての植物、すべての生き物が全部一掃された。人間は多少歩いていました。それはまあ、爆撃のあとで家の跡にやってきて片づけるとか、いろんな理由があったのでしょう。当座はまだ、放射能が残って危険とか、そういう発想もほとんどなかったのです。しかしそれ以外は生き物も建物も何もなくて、なにしろ異様なる光景でしたね。

私はこれより前に、東京で一九四五年の三月十日の焼夷弾の絨毯爆撃に出逢っています。東京のまんなか、本郷の病院にいました。その時の被害も数字で言うと、ほぼ似たようところがあったかもしれない。ただし広い東京には、多少残ったところもあったが、亡くなった人の数は数十万ずつ、同じくらいだったかもしれません。とにかくどちらの場合にも、ただ異常な光景というだけでなく、これは地震、津波とかそういう自然の災害ではないんですね。人間がやったこと、人為の災害です。自分の作った道具で自分を殺す。一種の人類の集団的自殺みたいなものです。そのまま事態が進んだらどうなるか。あるいはこのまま終わるのではないだろうか。放っておけば、コントロールされていなければ、ですね。今も私にそんな気持ちはあります。それで今は核不拡散条約のようなものも一応は歯止めとしてありますが、ただし非常に不平等な形ですね。ともあれあの現場の目撃では、非常につよい印象を受けた。戦争の環境の中であったけれども、テクノロジー、科学技術による破壊についての印象ですね。これは大勢の方々との共通した経験だったと思います。

ところでどうしてヒロシマに行ったのかというと、理由は、原子爆弾の人体に及ぼす影響の医学的な調査団に加わったのです。米国の軍医団と、日本では東大の医師たちなどが参加した合同調査で、一番最初の組織的な調査です。米国からはイェール大学の有能な病理学者など、身分は軍人ですが専門家の資格で、調査に派遣されてきて、日本側もそれに加わる形で、私もこれに参加したわけですが、自分のことをいろいろ話すよりも、ヒロシマから得た印象では、もう一つちょっと違う第二の面もあった、そのことがむしろ今日の主題で、そのことに移ります。それは医者とか研究者の立場ということについてです。

調査をしていると、研究者として、亡くなった方には番号をつけたりするのです。まだ存命中の患者さんについても、調査研究の作業を進めるには番号をつけて整理する。するとそこでは個人というものは蒸発してなくなってしまう。「加藤さん」なんてのはなくて、名前はどうでもいいわけです。症例は症例としてある。典型的な多くの症例のうちの第○○号ということでしかないわけです。その研究者の立場に徹底すると、人体実験というところまで行きついたりする。これはまあ極端な場合ですが、そういうことにもなり得るということです。

これとつながって思い出されるのは、アルバン・ベルクのオペラ『ヴォツェック』(A.M.J. Berg, Wozzeck, 1925) を聴いたときのことです。ベルクはシェーンベルクの教えを受けた人で、十二音から進んで無調音楽の技法ですね。そういうものとして書かれた画期的なオペラです。だから聴いていて楽しい快い愉快な音なんかではない。ヴォツェックは二十世紀にオペラの概念を変えたような代表作ですが、オペラ史上あれほど残酷で冷たい音で描いたものは例がないでしょう。

下級兵士のヴォツェックは、内縁の妻のマリーが上官に言い寄られて、気持ちがおかしくなりかけているのですが、一方、家計の足しにするために軍医の人体実験に加わっている。ただし新薬を飲まされるとかそういうのではなくて、軍医がお前はこの一週間、咳をしてはいかんとか、食べるのは豆類だけとか、命令を出すのに従っている(意味不明のこんな実験計画は、分析一途の医学研究への批判も込められているのかもしれませんが、具体的にそうであるかどうかなどの議論は、とりあえず今直接の主題ではないのですが)。とにかくそういう実験計画というか命令のせいで、いっそう頭がおかしくなって、それがそぶりにも出てきます。それを見て軍医は、これで研究報告が書ける、とても興味ある症例(ファル Fall)だと、大喜びするわけです。「症例」。医学研究者として名声をあげるのに夢中な軍医にとって、ヴォツェックという個人、その個人の悲劇など何ものでもない。専門家としての業績に寄与できそうな「興味ある」症例にほかならないわけです。耳障りな金属的な不協和音のもとで、軍医のこうした興奮が描かれています。ヴォツェックはついに愛人マリーを刺して、遊んでいた子どもたちが、あのお母さん死んだよと言いつけにくるようなところで、オペラは幕になるわけです。

死というのは、ことに殺人となればドラマティックの極致みたいなものですから、オペラで取り上げるのに、まさにふさわしい題材です。ただし通常では、それはまさに個人的なドラマです。個人の名前と結びついて、はじめてドラマが成立します。ビゼーのカルメンではドン・ホセは、ちょうどヴォツェックと同じように愛人カルメンをナイフで刺すわけですが、この悲劇は二人の個人の名前と結びついて、はじめて意味をもちます。死の光景も綺麗なやり方、「ベル・カント」で描かれ、歌われるわけです。

ヴォツェックの場合には個人の名前がもはや意味をなさず、科学的研究にとりつかれた人物である軍医にとっての「興味ある症例」に解消してしまうというのは、もはやそこに人間的なドラマはないということです。

科学を追求するといっても、いろいろな立場があるでしょうが、ことに医学的な研究の場合に「個人」が解消し、なくなってしまうこと。追求を徹底的に進めれば、人体実験というところにまで行きつくこと。これはもちろん極端な話で、捕虜に対する場合だったら戦争犯罪に当たるわけです。ヒロシマでやった調査は、そういう意味で何かをやったのではないのですが、事態をもたらしたのが何であったにせよ、その結果を事後に科学的に調べて記録することでした。しかしその姿勢を構わずに徹底的に押し進めれば、人間というものがどこかに失われてしまう。これはヴォツェックの例などからもわかる通りです。

これはヒロシマの調査に従事しながら否応なく感じさせられたことで、だからすぐに医者の活動をやめるとか、そういうことではなかったのですが、臨床の面で研究を追求してゆくとどうしてもそうなりがちであり、だから個人そのものを回復しようとすれば、その「症例」を抱えている相手が、人間としてどういう立場にいて、どういう経過でこうなってきたかということなどを、多面的にとらえることが必要となってきます。まさに「総合人間学」的にとらえるということそのものですね。そういう選択へのこだわりという下地が、そこで私に生じたことといえると思います。

それから次にもう一つ、カナダでの体験に移ります。カナダの大学で教師をしていた折に、ヴェトナム戦争に関連した「ティーチイン」に列席しました。学生が主体ですが、学内の研究者も加わって議論をする集会です。

カナダはアメリカの姿勢に加担しているというので、ことに学生なんかでは批判も多いわけですね。そこで議論がある所まで進んできたとき、社会学の研究者でアメリカの政治の専門家という人が発言しました。「私はこの方面の専門家である。だから、アメリカの政策決定がどういうデータに基づいて、どういう経緯でなされるのか、いちばんよく知っている」。自分をそのように位置づけた上で、アメリカの政策に批判的な発言をした人に向かって尋ねるわけです。「あなた、ご専門は?」「中世の英文学、シェクスピアが中心です」。

するとその社会学の専門家が言う。「それではあなたは、本日のこのテーマについて専門家ではない。現代アメリカの政策決定については、ほとんど知らないでしょう。そして列席している学生諸君、君たちはまだ何の専門家でもない。これから専門家になる手前で勉強している立場だ。要するに素人である。私は専門家だからデータをたくさん持っている。ことに学生諸君は、アメリカの、ペンタゴンの政治システムについて一冊くらいは本をしっかり読んで、それから意見があれば、それを言うのがよいだろう」。

そこで私は何を言ったかというと、「専門家は専門知識、データをたくさん持っているのはその通りである。ワシントンにはヴェトナムの情報がいちばん集まっているかもしれないし、その辺のシステムのことは、あなたがいちばんよくご存じだろう。しかし、〝だから〟専門家の判断が優先するということにはならない。それは理論として正しいとは思わない」と論じたのです。具体的な例を二つほど挙げました。

まず第二次大戦の前に満州、いまの中国の東北地方ですね、そこで当時の日本軍が採った判断のことを言った。当時の満州帝国は、日本の軍部がお膳立てしてつくらせた、あやつり人形の政権でしたから、だから日本軍部つまり関東軍ですね、その情報機関がもっとも詳しく情報をもっていたことは当然でしょう。しかしそれでは、彼らが一九三〇年代から四〇年代にかけて下した方針決定は正しかったか。世界でいちばん詳しい情報を彼らは持っていて、専門家だった。しかしもっとも愚かな決定をした。その後の経過を見ると明らかだと思います。

百万人移住計画というのが、その途中で日中戦争となり、最後はソヴィエトの参戦となって、多くの移住者は見捨てられた。だから最大の情報保有者であることは、その人とか組織が下した判断の正しさを保障しない。

それからもっとあとのヨーロッパから別の例をとると、大戦後の植民地独立の機運のなかでのアルジェリアの独立運動と、それに対してフランスが対立する方針をとったことなどもあります。チュニジアの民族運動とかヴェトナムのフランスからの独立とかの流れがはっきりしてきた時期にも拘らず、アルジェリアについては、その独立を認めるかどうかということで、軍部と政府の間で方針は真っ向から対立して、首相だったドゴールが国民投票で第五共和制の大統領に選ばれて、ようやく破綻にいたらずにおさまったわけです。対立していた時点で、地中海の両側、つまり本土側のフランス本国の政府と、現地側を足場とする軍部などは、どちらもまさに紛争に直面している当事者であり、「専門家」に違いないので、彼らなりの立場からもっともよく情報をもっていたはずです。そうした両者が、それぞれの情報に基づいて判断した結果として違う方針を採り、対立したのですから、このことからも、専門家であるから、だからその判断が正しいということにはならない。もし必然的に正しい答、判断に達するのであれば、正しい答が二つ出ることはない。

まあ、いささか形式論理みたいなそういう言い方はさておくとしても、「ティーチイン」の問題に戻りますが、ヴェトナムにどう対応するかを決めるための情報は、ペンタゴンなどのアメリカ当局が最大限に抱えているのかもしれない。しかし、だから彼らが馬鹿げた判断を下さないことの保障にはならない。

このような議論は、そのとき全部その通り言ったというよりも、あとで落ち着いて考えて補ったことも追加してあるのですが、大筋はこの通りです。あとであらためて整理してみても、情報を集めて、それに基づいて科学的に判断すれば必然的にこういう結論が出るなどということはないと言えると思います。

まず、前提となる情報を集めるといっても、複雑な社会問題、人間関係の問題については、単純な幾何学の練習問題とは違って、情報は無数にあり、それがつねに動き、流れている。だから違う立場の専門家――立場が違うということ自体、あのアメリカの政治制度の専門家の論法からするとおかしいので、専門家が正しく考えていけば立場は唯一の正しいものに集まってゆくはずですが、そういう揚げ足とりはともかくとして、違う専門家は、自分の考えに合うものだけを無数の情報の中から掬い取ってきて議論を組み立てるので、専門家どうしでありながら、判断が対立するのでしょう。

さらにまた、もしも情報の洪水の中から無意味でない些末でないもの、本質に迫るものだけを選び出し、議論を進めることのできる「神のごとき」専門家が仮にいるとして、ではそうした議論から、社会の動きがどうなってゆくはずだ、そうなってゆくに違いないという歴史的必然が見通せるのかというと、これも実際にありそうもないことでしょう。歴史的必然にあくまで拘るならば、ある社会の流れがあるとき、それへの批判とか抵抗とかいろいろあっても、結局は「正しい」結果にゆきつく、予定調和みたいに落ち着くべきところに落ち着くことになるはずです。そうすると、大きな流れに対するあらゆる反対は、ドラマの中での添え物のエピソードにすぎなくて、大きな筋書きがそれで変わることはない。だから、大きな流れに対するあらゆる批判的な姿勢は、最後の到達点からみて、結局は無意味ということになるでしょう。あらゆる抵抗運動はむなしいという、なんとも「反動的」な話になります。

こうした議論のとき、おそらく見逃されていることの一つは、現在の時点から百歩も先のことが「必然的」に導かれるという錯覚ではないでしょうか。実際には現在の時点から先に進むのは次の一歩なので、進むたびに、文字通り一歩先に進んだものが新しい現在となる。その一歩ごとに必然とともに偶然の要素が入ってくるとすれば、百歩どころか十歩先についても、現在地にいてなんとなく予想していた方角よりも意外にひどく東に寄ったり、西に傾いたりしてしまうのかもしれない。つまり、うんと先のことについて歴史的必然を言い、予測を語るのは、そもそも発想が矛盾しているのかもしれない。

それではいま現在につながる一歩だけ先についても、予測は全然意味がないのかというと、そのようには言えないでしょう。もしそれが言えないのであれば、歴史というものの全体が無意味になってしまう。けれどもその逆に、一歩だけの先ならば確実に、誤りなく予見できるという主張も、さきほど述べた批判からみて、これも正しくないでしょう。

情勢の動きは、すべて必然的に進むのでなくて、偶然の要素が当然入ってくるはずでしょう。そこには本当の意味のノイズのような偶然というのもある。たとえばある重要な立場の人物が、重要な決定の際に急病などでたまたまその決定に加わらなかったということがあれば、それはそういう意味の偶然でしょう。

しかしまた、さきほど言ったように、専門家が自分の立場ですべての情報を集めて判断を下すとしても、そこには、その人物の外側のすべての物事の流れというものもあるので、そうした流れからの影響は、その人物から見れば自分の立場からは予想できないから見捨ててしまう。その人物にとってはそれは雑音であり、偶然である。しかしより広い全体からすれば偶然ではない、むしろ必然の動きであるということもあるでしょう。

拳銃を構えた兵士の隊列の前に、薔薇の花をかざした少女が立ちふさがるとします。銃で目の前の人間を射てば倒せる。これは軍事専門家などでなくても、誰にせよ普通に物理的に考えれば必然の結果ですが、むしろ普通に考えて、そうならないであろう、少なくとも少女がただちに撃ち殺されることはないだろうと、たいていの人が予想するとすれば、それはわれわれが人間というものを総合的にとらえたとき、たいていそう思うので、銃器の性能がどうであるかというような「専門的」な判断などを超えて、当然そのように思うということになる。人の心を動かすものが何であるかという本質は、総合的に人間を見るとき——いまの場合で言えば、どの兵士の心にも制止の気持ちがおきてくるのが当然だというふうに見るとき——、納得されるものでしょう。ソロモンの雅歌に、野の百合を見よと言われているのも、そういうことかと思います。

専門的に分解された人間理解を採るか、あるいは全体としての人間理解――ということは一見素直に、素朴に受け取るというのに近くなることも多いかと思いますが――を採るか。この後者を採れば、それはまさしく「総合人間学」的なとらえ方ということになるでしょう。

〔かとう　しゅういち／評論家〕

現代における知の頽廃と再生

小林 直樹

1 序説——「知」の明暗

人間は、この地球上で最高の英知の持ち主だ、と自負している。この自負は決して、なみはずれた人間の思い上がりではないだろう。他の生物とそれぞれに、生き抜くための「知恵」や「技能」を持っている。それらの中には、例えば栄養補給の技術とか、ある種の動物の擬態や巣作りのような、生命維持のためのすばらしい「知能」がある。ただ、人間の及ばない他の生物の知能は、「自然」によって与えられたままの即自《アン・ジッヒ》的なものであって、自覚的でも創造的でもない。したがって彼らは、生命の意味を問いただしたり、宇宙の成り立ちや構造を考えたり、あるいは精密な機械を作ったりすることは、できもしないし、しようともしない。その点で人間は、まったく異なる。精神発達を遂げる過程で彼は、〝自分は何のために生きているのか〟、〝生甲斐はどこにあるか〟を問うて悩んだり、〝宇宙の中で自分はどんな位置を占めているのか〟を考えたりもする。更にはロケットを宇宙空間に打ち上げ、太陽系の調査をしたり、巨大な望遠鏡を作って銀河集団のシステムを調べたり、また粒子加速器で原子を衝突させて原子の構造を探ったりもする。このような思惟や実験だけ取ってみても、人間は他の生物と大きく違った特殊な存在と自認し、自ら〈賢明なヒト homo sapiens〉と呼んだ。人類の発達させた文明の明るい面を見ると、この自己命名は不当な思い上がりではない、といってもよい。

しかし、誰もが知ってのとおり、人間とその文明は明るい面だけでなく反対に悲惨な暗い面を持っている。世界のどこかで毎日のように起きているブルータルな抗争は、その端的な事例である。なかでも戦争は、武器を使って大量な同胞殺戮をおこなう点で、歴史のページの半分を陰惨な血の色で蓋ってきたといっても過言ではない。そのような意図的・組織的な〝同胞殺し〟は、他の生物には見られない人類特有の類的「自己疎外」である。戦争につぐブルータルな行為は、権力者たちによる弾圧や〝粛正〟である。独裁的な支配者やその手先たちが、支配に服さぬ人民に対して行った数知れぬ残虐な抑圧は、歴史のダークサイドを血で彩っている。桀紂やネロたちから、ヒトラーやスターリンやポルポトらに至る、無残な殺戮は、人間という生き物に潜む恐ろしいサディスティックな性向の現われであろうか、という反問を引き起こすものである。そうした〝悪の意図〟がなくても、人類の生き方から巨大な負の現象が生ずることも少なくない。人間が自らの生活の利便や安楽のために行ってきた大量の生産と消費が、深刻な環境破壊を惹き起こしている事実は、その端的な例である。

更に人類は今日、以上のような〝犯罪的〟と呼んでいい行為のほかに、生物学や医学あるいは情報技術（ＩＴ）などのイノベーションを進めて、文明史上かつてない撹乱と混迷を生み出しつつある。生命科学やＩＴのめざましい「進歩」は、われわれの生活に多大な利益・利便をもたらしたが、すぐ後でも見ていくように、その在りようは人類を底知れぬ混乱と頽落に導いていくのではないだろうか。私はいま、現代の人類は引きもどしのできない文明の袋小路に、まっしぐらに突入しつつあるのではないかという、大きな不安を抑え切れない感じを抱いている。

文明の行方に関わるこのような事態はすべて、人間の「知」から出ている。「知」という言葉はここでは、人類の文明を推進してきた知恵と知識と技術を、包括的に呼ぶ概念である。それらはいずれも、人間の脳の新皮質を中心とする活動の所産であり、切り離しがたく連繫作業を行っている文明推進の原動力であった。文明を生み育てるこの「知」が、同時に歴史の暗部をも生み出すことは、人間が抱える大きなパラドックスである。それは知の誤用なのか、頽廃というべきか。どうしてそういうことになるのか。知の誤用にせよ頽廃にせよ、「負《マイナス》」の側に働く知を「正《プラス》」に転換するにはどうしたらよいのだろうか。人間学は、この問いに対して直面し、「正」の解答を出さなければならないと思う。

2 知の誤用や頽廃の根源を考える

最初にはっきり認識しておくべき、基本的な問題や原則がいくつかある。さし当り、三ケ条に要約してみておこう。

(1) 現代人類は、その文明と生存の行方を画する未曾有のターニング・ポイントに立っている。今日の人類の第一課題は、自らの生き残りと文明の建て直しを図り、実行に移すことである。これが優先課題になるのは、われわれが直面する文明の転換点が、人類の生死にも関わる重大な局面となっている故である。その理由は、すぐ後で掲げる若干の「世界問題」を垣間見るだけでも十分であろう。〔なお、これについては『シリーズ総合人間学』第一巻、二〇〇六年、第九章＝拙稿「現代文明の基本状況」で概観しておいたので参照を願いたい。本稿での叙述はそれと若干重複するから、簡略につとめるつもり故。〕人類史五、六百万年ほどの少し長い（宇宙史の中では極く短いが）レインジで眺めれば、ここ数世紀ほどの短期間に進んだ文明の「進歩」の異常さがはっきりするだろう。もしも大方の人々が、この深刻な状況を認識せず、旧来の生活様式を曳きずっているとすれば、それこそ危機を促進する「知」の頽廃の始まりとなるだろう。

(2) 現代の危機状況を作り出し、文明の袋小路に入りつつある状況は、人間の欲望の無反省な追求に根ざしている。〝国を守る〟という名目で、次々に大量破壊兵器を作り、ヒト・カネ・モノを大掛かりに浪費してやまない軍事競争。生活の利便と利権を追って、大量消費と生産を行い、資源の枯渇と環境の破壊を省みない経済状況。同様の理由で、次々にＩＴ機器を作り拡げて、始末にわるい精神劣化の状況を生み出しつつある、いわゆる情報化時代の有様。これら凡ては、カネや権力や利便などを盲目的に追求する、人間の欲望から発している。現代文明が出口の見えない閉塞状態に陥りつつあること自体、人間の「身から出た錆《さび》」に外ならない。〔これらについても拙著『法の人間学的考察』二〇〇三年、第八章で詳述しておいたので、参照していただければ幸いである。なお、もっと簡潔には、上掲「シリーズ」三巻本の冒頭におかれた、「総合人間学に向けて」というアピール文を参照。〕――したがって、この状況からの脱出あるいは方向転換には、人間の欲望（およびそれに伴う意思や感情）の理性的なコントロール、つまりは人間知の再生が必要となる。しかし、それは――次項に述べる理由等によって――非常な難題となる。

3 「知」の閉塞・頽廃を生むもの

一般的・抽象的に言えば、知の誤用は、主体（個人または集団）の自己中心《エゴイスティック》の欲望が理性の抑制を振り切って進み、知が欲望の充足に使えることから生ずるといえよう。そうした事態が更に昂進し、知の中の理性的部分が欲望チェックの機能を失い（或いは恒久的に麻痺《まひ》状態に陥り）、知識や技術が過剰でよこしまな欲望に仕える侍女もしくは〝用具〟とされるに至ったとき、知は頽廃に陥ることになる。――ここで注意を要するのは、通常人においては一般に低次の欲求は、高次の（精神的）欲求より強く、理性のコントロールに服さない場合が多いということである。〔この点については拙稿「欲望と感情―人間学の一試論」、『国家学会雑誌』一一八巻五・六号、九・一〇号、二〇〇五年参照。なお「欲・情のコントロール」については、同一一九巻三・四号と同九・一〇号、〇六年の参照を乞う。〕ここ数百年間の文明の進行に従って、近代以後の資本主義の盛況の中で、個人欲望の開放が進んだ結果、上記のような欲求優勢の傾向は、ますます強まってきた。それに応じて近・現代国家もまた、国民の欲求に答えるべく「国益」を前面に押し出し、国民の「知」をそれに奉仕させるようなシステムを作り出す（次節参照）。この傾向に加えて、エゴ中心の欲望は、後（5）で別の側面から検討するとおり、殆ど常に眼の前の利益を追い求める、狭隘な近視眼的視野のために、高次の精神的な欲求を斥ける傾向がある。世俗にもある「鹿を追う者、山を見ず」の譬えどおり、道を踏み間違える可能性が一段と大きくなる。現代知の対抗や頽廃は、こうした条件の重なりによって、一気に進んできたといえよう。次に、ケース・スタディの方式で、上述の問題状況を少しく具体的に見ておこう。

4 「世界問題」に見る知の頽廃

(a) 戦争と軍備競争の愚行　戦争は最も人道に反する《インヒューマン》悪であり、人工の大災害である。そのことが、〝分かっていながら止められない〟として、軍備に多大な労力と費用を傾けているのは、なんという馬鹿げた浪費だろうか。人殺しの兵器の開発や改良、軍隊の編成や配置などに傾けられる「知」は、殺戮と破壊のために動員される点で、有能かつ効率的であればあるほど、悲惨や不幸を作り出す元凶となろう。組織的な殺人のために奉仕する「知」は、〝国家防衛〟の美名で飾られようとも、倫理的には頽廃というほかない。——にも拘らず国家（とその支配者たち）は、〝戦いに勝つ〟ことを至上命題として、国民の知と力を総動員しようとする。国家（およびこれに準ずる民族）が〝存亡〟を賭けて戦うとき、そうした総動員体制をとって、その成員たちに奉仕や犠牲を求めることは、集団の〝生理〟的欲求といってもよいだろう。しかし、それらの集団も常に他者との相関関係の中で〝生活〟するものであって、他者との共存を考えない集団エゴが許されない筈である。まして、人類の存亡を度外視して、その絶滅を可能にさせるような「核」や生物学兵器を大量に作り・蓄えるといった所業は、人間の英知に最も背反する愚行である。人々の「知」をこのようなインヒューマンな悪行のためにささげることは、まさに知の頽廃の極致というべきである。

(b) **環境破壊を進める経済知の矛盾**　二十世紀の後半から顕著になってきた環境の汚染と破壊は、人間が経済的欲求のために、自らの生存基盤を掘り崩す愚行である。それもまたしばしば、わかっていながら、〝総論賛成・各論反対〟で、経済の論理がまかり通り、環境保全は〝後回し〟にされる傾向がつよい。消費者たちの利便や享楽の欲望が大きく、それにも増して、企業などの利潤要求が前面に押し出されると、経済計算の「知」が優越することになるからである。しかし、その結果として、広範なエコシステムまで破壊され、多数の動植物が死滅しつつある現状では、人間の経済知は地球を危うくする〝犯行〟になりつつあるといわざるを得ない。いわゆるグローバリゼーションにともなって、その禍害も大きくなると考えられるだけに、それを振興させる経済知の矛盾には厳しい批判を要する。——地球レベルにおけるこの矛盾は、すでに個別の企業や地域のレベルでも、例えば水俣やチェルノブイリなどで実証されていたことも、忘れてはならない。これらの地域でおき諸活動が生じた大災害は、それらの企業のあげた全利益を以ってしても、到底償いも回復もできない深刻で危険な事態であった。そうした象徴的な事態に学ばずに、利益追求を続けるならば、経済知の頽廃は、回復不能のカタストロフィに終わることになろう。

(c) **情報化社会の「知」の劣化と頽落**　今日急速に進行中の情報化も、「知」の流通・交換を飛躍的に高めた半面で、深刻な「知」の劣化をうみだしつつある。コンピュータの進歩による情報処理の迅速化と大量化は、個人・企業・国家などのあらゆるレベルで、社会関係を一変させるに至った。情報の重要さは古代から、戦争を左右する鍵として認識されていたし、もともとは生命現象に不可欠なファクターとして、生命の発生にまでもさかのぼるが、現代では情報インフラは地球規模で社会構造の基盤となってきた。ハードの面だけとってみても、テレビパソコン―ケータイ電話といった電気機器の目覚しい普及によって、人々の生活と意識は、半世紀前と比べても著しく変わってきている。在来の語法で言えば、古い義理・人情の意識が減退し、合理的な計算勘定が強くなる、といった指摘がなされるが、――それだけならば、テンニースのいう「ゲゼルシャフト化」の一態様にすぎないのだが、――もっと不気味な〝機械的人間〟の増大が見られるといえようか。生まれたときからテレビやゲーム機の映像と向き合わされ、無機質のコンクリート・ジャングルの中で、型にはまった教育を与えられた〝現代っ子〟は、感性も意欲も体力も乏しい不完全ロボットに似たものとなるだろう。そこまで行かなくても、テレビの（暴力や性などに関する）劣悪な放映の影響、ケータイによるゲームや愚にもつかない会話、それらの反面としての活字文化の凋落といった状況から、思想欠如の人間群落がつくられつつある。このようにして、みせかけの情報過剰の中で、真に必要な情報の欠如が常時、かつて自嘲的に戯画化したような〝一億総白痴化〟に向かうことになる。これは「情報化」社会のパラドックスとしての「知」の劣化と頽廃である。

(d) **その他の諸問題**　以上のほか更に、現代人は生命操作による救済と危険の両極の間を行き来して、そこでも倫理上どこまで・何をなし得るかの判断も確立し得ない混迷の中にある。バイオ「知」の最先端を走る専門家たちが、例えばクローン人間を作り出そうとするような、方向喪失（それによって何を得ようとするのか⁉）の冒険を冒そうとするのは、やはり現代の知の頽落をもの語るものではないか。更にまた、現代人は自らの〝幸福追求〟のために、未来の子孫の生活を考慮せずに、乱暴な資源の浪費を続けている。たとえば、海底油田（やガス田）の開発に努める「知」は、〝現実の必要〟に応える実用知ではあるけれども、将来に目を向ける余裕も配慮もない点で、近視眼的な欠陥知である。将来の人々から見れば、それは自己中心の「知」の頽廃と批判されても已むを得ないであろう。このようにして、現代人類の大多数者が取る現実主義は「知」の開放ではなくて、衰弱と頽落に向かって進むことになる。

5　「現実主義」の視座と問題

上述の諸点は全て、個人や集団のエゴイズムに根ざす〝現実主義〟の根本的な検討を要請する。「知」の劣化や頽廃を示す諸現象は全て、目前の利益や成果を求める自己中心的な〝現実主義〟から発しているからである。軍事でも、経済でも、教育などでも、自らの欲求を満たすためには、目の前の〝競争に勝たなければならない〟という。〝現実の要請〟に応えることが必須だとする判断が、その行動原理となっている。言い換えれば、現実主義は、エゴの欲望を最も効率的に充足しようとして、周囲をも他者をも度外視し、また少し遠い未来にも目を向けず、もっぱら目前の事象に対応する行動様式を意味する。その効率主義は、その場その場の利益を手に入れ、巧みに世間を泳ぐ方法として、時にはそれなりに個別の成功をもたらすかもしれない。――しかし、周囲や他者を顧慮しない〝自己中〟のやり方は、やがては世間や他者の非難や反発を買って、かえって非効率に終わり・あるいは大きな挫折を味わうことにもなろう。また、少し時間がたてば、予測に反した事象も出てくる、あるいは自らの行為によって思わざる結果が生じ、カタストロフィに当面することにもなる。先に挙げた典型例で言えば、〝安全〟のための軍備の増強が、仮想敵国を刺激し、戦争への誘引を作り出し、ついには敗戦や疲弊によって亡国の悲運に至る、といった事態がその一つである。環境破壊は、これとは違ったプロセスをとる。各企業や各国が自己の利害計算で、環境保全に必要な基準を超えたり、汚染を広げたりして、地球環境の悪化を招き、自らもその禍害を引き受けざるを得なくなる、というパラドキシカルな始末である。情報化社会では、前にも見てきたとおり、もっと目立たない仕方で、全体としての知力の衰弱や劣化という、一層深刻な事態を生じている。教育における受験競争なども同様である。各家庭・各学校・各個人が、目前の利益（上級試験のパス、名声の獲得など）を追って、競争に勝つための技術の訓練に終始し、本格の学問や心身の発達・人格の要請という教育の眼目を失う場合、教育は破綻し・知の退行は必死となる。更に国家権力が教育に介入し、権力者たちに都合のいい人間像を押し付けるようになれば、知の頽廃は決定的となろう。今日の学校での暴力行為やいじめの横行などに見られる荒廃は、そうした病理の進行を示す重いシグナルというべきである。

これらの事態の全てに共通する現実対処の人間行為には、三つの特徴が見られる。この一つは、周辺の環境や他者を省みない視野狭窄。もう一つは、少し遠くの未来さえも見ることができない短見性（あるいは近視眼的兆候）。更には、理想を追求する意欲に欠け、むしろ理想や理念を蔑視し・嘲笑さえもする、文字通りのリアリズムである。――「現実」に即応しようとするこの現実主義は、ほかならぬ人間の実践知であり、大方の個人・集団はその行動様式で今日まで何とかやってきたといえよう。しかし、文明進化の速度が加速し、地球全体にわたる影響が今日のように拡がるに到ると、部分システム（例えば国家・企業など）での最適効率の作用が、地球＝あるいは人類全体の視座から見れば、〝最悪〟の選択にもなるという可能性が少なからず生じてきた。そもそもある一定のシステムでの最適効果が、ほかのシステムにおいて〝不適〟や〝禍害〟になり得ることは、一般的通則とも言える現象である。しかし、地球時代になると、部分システム中心のエゴイズムは、全人類の見地から見て克服せざるを得ない状況となった。それにも拘らず大方の個人も企業や国家も、右の自己中心の視座に立って独断的な現実主義に走る傾向がある。知の退行と頽廃が、そこに生じてくること、およびその狭隘なシステムの中で「知」が有効に働かされれば、されるほど「知」の腐敗や退化が深まることは、これまで見てきたところで明らかであろう。

むすび――知の再生の原理

現代知をこのような頽落――それはそのまま現代人の自己疎外を意味する――からどう救い出し、再生するか。これは同時に、人類およびその文明の救出と再生に関わる重要課題である。そしてまた、「知」の頽落の淵源が、人間の自己愛に根ざす欲望にある故に、それをコントロールするという以上に困難な仕事になろう〔これについては、拙稿「欲望と感情」のⅥ、『国家学会雑誌』一一八巻三・四号と九・一〇号の参照を乞う。〕ただ、その方途と原理は、上述の諸点の中に示唆されている。５の問題に即して言えば、われわれの視野を広げ、遠い未来に視野を向け、人間の存在にふさわしい理想を掲げて、その実現に努めることである。そのこと自体、ほかならぬわれわれの知性の回復を意味するから、口でいうほど容易な仕事ではない。しかし、その達成なしには、人類も文明も「知」の落とし穴にはまったまま没落していくしかないであろう。そのことが〝分かっていながら、どうしようもない〟ほど、人間がおろかな生きものとして滅びるとは、考えられないし考えたくない。私はやはり、ホモ・サピエンスの英知の可能性を信じたい。

〔こばやし　なおき／東京大学名誉教授・憲法学〕

科学・技術文明をどう生きるのか

池内　了

1　はじめに──現代の科学・技術文明

現代人は、否応なく科学・技術の所産を利用して生きてゆかざるを得ない。十八世紀後半に始まった産業革命では科学と技術は分離していたが、十九世紀には近代工業技術の開発に科学の知見が動員されるようになった。エジソンがモンローパーク研究所を設立して数学者や基礎物理学の科学者を雇用して新製品の開発を行ったように、企業は意識的に科学と技術の結合を図るようになったのである。二十世紀に入ると科学と技術が緊密に結合する体制が整い、この百年の間に科学・技術は私たちの日常周辺に隈無く入り込んできた。科学・技術が現代文明の欠かせざる基礎となったのだ。二十一世紀には、情報技術（ＩＴ）のいっそうの発展、生命工学（ＢＴ）の具体的な適用、ロボットやナノテクノロジーなどの新技術の展開、などによって私たちの生活様式を大きく変貌させるだろう。今や、科学・技術が現代文明を牽引していると言える。その背景には、「科学の技術化」と「科学の商業化」がいっそう進展し、科学・技術・社会が一体化している現代的特徴がある。

科学・技術の成果のお陰で、人々は、便利で快適な生活を満喫し、健康的で優雅な長い人生を送れるようになった。例えば、全世界六五億人の人間を養うことができる食糧生産は、農学と化学の成果の上にもたらされたものである。(現在の食糧生産能力では一〇〇億人を飢えさせないと計算されている。) 医学の進歩による平均寿命の伸び、世界を結びつける交通の発達、数々の電化製品による安寧な生活と、現代の文明世界を成立させているのは科学・技術のお陰であることは疑いない。(いわゆる先進国と第三世界との間に大きな格差があることを押さえておかねばならないが。)

しかしこれ以上、科学・技術に依存することへの人々の不安は大きい。科学・技術が我々をどこへ連れて行くか先が読めなくなったためである。食糧生産を高めた農業技術は生態系を破壊し、高度な医療技術は生と死の境界を曖昧にしてしまった。科学・技術の過度な乱用による地球環境問題は人々の未来を閉ざすかのように悪化の一途をたどっている。さらに、日常的にさまざまな科学・技術に関わる事件・事故が頻発し、発達し過ぎた科学・技術に対して反撥する空気も強くなってきた。高速鉄道にしろ飛行機にしろ科学・技術が進展すればするほど、いったん事故を起こせば、より大きな犠牲を生みだす根源となっているからだ。科学・技術の粋が集まった都会生活に見切りをつけ、あえて不便な田舎暮らしを選ぶ人々も増えている。「科学・技術は結構なものだが、これ以上はもう結構」なのである。その意味で、科学・技術文明は一つの曲がり角に差しかかっていることは事実であろう。今後、科学・技術とどうつきあっていくべきかを考えることは、現代の重要課題であることは論を待たない。

とはいえ、現実に進行しているのは、科学・技術への感覚的な拒否感であって、現在の在りようを冷徹に分析し、あるべき未来像を描き出そうというものではない。人々の科学リテラシーがむしろ弱体化し、子どもたちに理科嫌いが増えている(これは大人の態度の反映である)ことがそれを物語っている。このままではウヤムヤのうちに科学・技術のみがバベルの塔のように聳え立ち、人々は科学・技術に飼い慣らされていくだけになるのではないだろうか。(やがて空しく朽ち果てる?) 実際、経済論理に駆動されて業績主義に走る科学者や、科学の技術化・

商業化に短時間のうちに対応している技術者が増える一方、科学・技術に疎く利用するのみの一般市民という、その間の乖離はいっそう大きくなっている。科学・技術を基礎とする現代文明は、ますますひ弱になりつつあると言えよう。

このような現状をみたとき、私たちにはいかなることが為し得るのだろうか。おそらく、科学・技術の発展を呆然と座視するのではなく、現状の批判と具体的な実践を通して、今後の科学・技術に対処する新しい英知を育むことが求められていると思うのだ。それは人間を総合的に捉え直し、幅広い視野の下で現代文明を鋭く問い続けるような、新しい人間観を形成することに通じていると考えている。

大上段にかまえたが、ここでは科学・技術文明を問い直しながら、私が関係する（関係しうる）範囲で可能な事柄について提案したい。

2　市民の科学リテラシーを養う手だて

現在の一番の問題は、文系知と理系知の不幸な分裂状態である。既に五〇年近く前にC・P・スノーによって指摘されたことだが、その分裂状態はいっそう深刻に進行している。科学の細分化と技術の複雑化が科学・技術をブラックボックスに押し込めてしまい、もはやそれを専門とする人間以外には理解しづらくなったことがその一因であろう。また、情報過多の時代になって溢れる知の所産に振り回され、かえって幅広い視点から文化を見直す姿勢を失ってしまったこともある。情報の多さが文化への眼差しを狭める、というパラドックスが生じているのだ。それが教育にまで及び、高校のレベルで文系と理系に分けられたまま一生その垣根を乗り越えられなくなってしまった。この分裂をどのようにして回復するかが次代を考える一つの鍵なのではないだろうか。

私のような科学者の立場から言えば、少なくとも文系のレッテルを貼られても科学に憧れを持ち続けている人たちに対して、いかにその興味を持続させ、さらに最先端の話題にまで関心を広げるかを考える必要があると思っている。具体的には、「市民の科学リテラシーを養う手だて」を考え実践することである。最近あちこちで催されるようになったサイエンス・カフェや市民講座は、科学の話題を噛み砕いて語るとともに、人間にとっての科学の意味、科学との付き合い方、科学に関わる事故や事件の見方など、科学と社会をつなぐ視点を共有してゆく試みである。科学の楽しさを語るだけでなく、社会的な位置づけを共に考えていこうというものだ。それを至る所で実践する必要があるだろう。

また、「新しい博物学」として、あるモノやコトを取り上げて科学を巡る話とともに、それに纏わる文学や歴史など文系の知の成果を交えて物語として語ることを考えている。人間が発見し作り上げた理系と文系双方の文化の所産を味わいつつ、世界を見る目の多様性を獲得することが目的である。日常の何気ない事柄にも科学の種はあるし、それは人間の歴史の積み重ねの結果でもある。それら全体を味わい尽くし、世界を丸ごと捉えて偏りなく理解する視点を身につけることにもつながるだろう。かつての博物学はそのような役割を持っていた。世界中の物珍しい動物・植物・鉱物などを収集分類し、自然の豊穣さを目の当たりにしたのだ。それは市民科学の萌芽であったが、同時に文化の多様性を学ぶ材料ともなった。

現代における「新しい博物学」は、博物学の復権であるとともに、人間が培ってきたさまざまな文化を統合するという意味も込めている。今、文系にしろ理系にしろ、学問が市民と切り離されて干からびつつあるのでは、という懸念がある。どの分野でも専門家が狭い世界に閉じ籠っているからだ。そのような殻を破り、市民の自由な発想を縦横に展開させる学問を模索したいと願っている。それぞれ各人があるべき新しい学問の形を提案してみてはいかがだろうか。それは専門分化が進んだ現代の学問への異なった角度からのアプローチの提案、と言えるのではないだろうか。

3　教育への提言

教育の面から言えば、例えば日本語（国語）の時間に科学に関わる文章を読ませて論理性や科学的思考を学ばせ、理科や数学の時間に文学作品に接してその科学的要因や文学的表現の妙を知っていく、というような方法を提案したい。ある現象を見て仮説を持ち、順序立てて論理を積み上げて実証する、そんな思考法はどのような分野にも共通しており（実際に誰でもが自然に採っている思考法でもある）、それを意識的に実践していくことが重要であるからだ。また、自然現象を見たとき、その理由を定性的に論理の飛躍なく表現する能力を涵養することにも役立つだろう。問題を早く解けることが優秀なのではなく、段階を追って解決に向かっている感覚を身につけることが必要である。そのような基礎的な知的体力を養うことが教育の眼目であるまいか。

むろん、現在の学校制度や受験体制の下では、このような理想的な学校教育を望むことは不可能のように思える。しかし、私は家庭や地域で「伝える」ことの重要さを強調したい。子どもたちは単に学校で学んだことだけを知識として身につけているだけでない。親と子の対話、兄弟姉妹との対話、友達同士の対話を通じて、実に多くのことを学び日常化しているのである。学校で教えられていないにもかかわらず、半数近い小学生が地球は太陽の周りを回っていると答えている。目で見えているだけの世界では太陽が地球の周りを回ると解釈するのが当然なのに、そうではないと知っているのである。それは必ず年長の者から伝承された知識であり、それを大事に蓄積しているのだ。人間は、そのような積み上げのなかで育っているのであり、学校教育のみで純粋培養的に学んでいるわけではない。現在では、百科事典やインターネットを介しての対話によってさまざまなことが伝えられるし、博物館や科学館など社会教育施設も格段に充実している。それらを「伝える」場として利用しない手はない。そのような習慣の中で、ものの考え方を伝承していくことが大事なのではないだろうか。

そのような日常的な教育の一つとして、テクノロジーとの付き合い方や環境問題への取り組みを子どもたちに刷り込んでいくことがとりわけ重要である。買い換え使い捨ての消費生活を見直し、大事に使って長持ちさせること、そんなテクノロジーこそが今後求められていることを学んでいく日常教育である。あるいは、自ら廃棄物を処理する困難を味わわせながら、リサイクルしやすい製品や廃棄物の少ない製品の良さを発見していくこともある。これらは学校教育では不可能な側面であり、家庭や地域で伝えることが欠かせないテーマだろう。そのような知を体得するうちに、科学・技術と付き合う新しい英知へのヒントが見出されるのではないだろうか。

4　科学・技術・社会論の実践

私は六〇歳を越える年齢となって、専門としてきた宇宙物理学を離れて、科学・技術・社会論の構築と実践に足を踏み入れることになった。科学の最先端を走り続けることに息切れしたこともあるが、科学・技術文明下に生きる人間の在り様を深刻に考えねばならないと思い至ったためでもある。既に「科学・技術・社会論学会」が発足していて何程の寄与ができるかと思いはしたが、重要な一点があることに気がついた。この学会には科学者の参加が非常に少なく、科学論・科学史・科学哲学などを専門とする研究者がほとんどなのである。科学の現場を知り、科学研究の実体験を持った人間の立場から、科学と社会の関わりを議論する重要性を感じていただけに、そのような観点から新しい分野が築けるかもしれないと思ったのだ。科学者であるからこそ持ちうる視点から科学の現状を見直す作業である。その試みを報告しておきたい。

まず、第一に考えたことは、科学研究者が陥り勝ちな弱点を正直に取り上げ、それを広く人々と共有することであった。例えば、科学者は、「真理と倫理のジレンマ」に悩み、「科学の普遍性・国際性と愛国心のジレンマ」に追い詰められる存在である。そのようなジレンマは、科学と社会をつなぐ格好のテーマであり、次代の科学者に投げかけるべき重要な問題であるに違いない。かれらは真理のみに邁進するのが科学者と思っているのだから。

それとともに、広く市民と科学者が対話を重ねねばならない論点でもある（科学者に幻想を抱かないために）。市民と科学者の連帯を築く上では欠かせない論点であるからだ。このような視点は、科学者でなければ踏み込めない視点ではないだろうか。それを実践することを自らに課したのである。（その最初の試みは『禁断の科学』晶文社、二〇〇六年、として上梓した。）

現在準備中であるのは、現在勤務している総合研究大学院大学において、専門として科学研究を行いながら科学と社会を常に考える若者や科学の現場に密着しながら科学社会論を専攻する若者（大学院生）を育てる仕事である。ありていに言って、シニアの科学者は完全に現在の成果至上主義に巻き込まれ、科学と社会の関係を論じたり実践することについて後ろ向きである、そうでなければ科学者として生きてゆけないかのように追い込まれた心情を持っているのが通常である。（「競争的資金」を獲得できねば生き延びられないという脅迫感を持たされているのだ。）それを見ている若い大学院生には懐疑的になっている者が多い。論文生産工場化した研究現場に疑問を持っているのである。それは健全な疑問であり、疑問を持続している間に科学と社会を考える習慣を身につかせたいと考えている。（疑問を持つ感覚を失うと狭い目の科学者にしかならない。）そのため、「科学・技術と社会」の講義・演習によって、科学者としての出発点で科学と社会の関係を考え続ける若者を育てる活動を行う予定である。また、科学・技術・社会論を専攻する院生に対しては、科学研究の現場に通暁し、科学者の真理や生き甲斐なども知りつつ社会学的研究を行うことを期待している。

さらに今後は、私の所属する大学に「「科学と社会」教育センター」を立ち上げ、全国の若い世代に開かれた場としたいと考えている。全国的に見れば、科学と社会との関係をきちんと位置づけた上で科学者となることを望んでいる大学院生は多いだろう。科学研究の現場がすぐ傍にあることを強みにして、それらの一部の院生に対してでも、問題を考え教育する場が提供できれば良いと考えている。（大学院生にターゲットを絞っているのは、研究の実質を知ることができる場で育てたいためである。）それは、おそらく市民の科学リテラシーを養う機会を提供し、教育の現場にフィードバックをかける役割を果たせるようになるのではないだろうか。

まだ踏み出したばかりであり、今後どのように推移していくかわからないが、私が社会に寄与できる最後の場面として地道に励んでいきたいと思っている。

5　おわりに――次代のために

現代と人間の諸相を語ることは、未来につながる何物かを生み出さねばならない。単に現状批判に留まったり、理想論だけを弄んでいるだけでは社会に影響を与えることができないからだ（むろん、理想論も必要だが）。現実を変革する力の源泉となる教育や知的交流の実践を積み重ねることが今求められていると思うのだ。特に科学・技術と私たち人間の対応の仕方は、今真剣に考え取り組まないと科学・技術に翻弄される人間ばかりを作り出すことになりかねない。

そのために私ができること、していること、やろうと思っていることを書いてきた。「書を捨てて街に出よう」は、現在の知識人に要求されている一つのスローガンではないだろうか。「知識人」という言葉が廃れ始めたのは、攻撃や批判を懼れて縮こまったことにも原因があると思われる。シニカルに社会を見るだけで何もしないとあっては「知識人」の名に値しないだろう。「何を言っても無駄」と思いかねない社会状況にあるが、何も言わなければ伝わらない。何かを言うことで、たとえ一人でも同調者が出れば成功なのである。

同時に、個々の研究者が自分の居る場において可能なプログラムを提示し、それを実現する方向で可能な道を探ることが大事であると思っている。今の時代は経済人や法曹人（政治家を含む）ばかりが大手を振っていて、真に教養ある知識人が縮こまり、影響力を失っている。それは金力と権力が跋扈して、文化が廃れていく兆候である。その状況を変えない限り、実りある次代の文化を作り上げることが不可能になってしまうだろう。そんな危機感を持っている。

〔いけうち　さとる／総合研究大学院大学教授・科学・技術・社会論〕

新千年紀——人間像の大変革の時代

坂本　百大

前編　近代ヒューマニズム時代の人間観とその帰趨

(1)　人間学の始まり

人間学（Anthropology）という語は十六、十七世紀ヨーロッパにおいて吹き荒れた宗教改革の運動のさなかプロテスタントの思想家、O・カスマンという人によってはじめて造語されたものといわれる。語源的には、ギリシヤ語のAnthropo（人間、または人類をあらはす語幹）とLogos（論理、または、学問を意味する）の合成語である。当時、ルネッサンス期の新しい革新思想としての「ヒューマニズム」の立場に立って、改革を迫られるキリスト教的宗教観のもと、改めて人間の本質を考え直そうということであったと思われる。

「ヒューマニズム」という語は一説によれば、ローマのキケロがはじめて用いたhumanitasという語に由来するという。これに対し、その後、中世から近世初頭にかけて新たに得られた、人間の本質、属性に対する多方面にわたる革新的な知見を付け加えて、徐々に、いわゆるhuman being（英）という近代的意味の「人間」の概念が形成されていったものと思われる。とくに、中世を通じて無視されてきた、人間の価値、さまざまな権利主体としての人格とその尊厳などの特性を人間概念の中に取り込んで、神や王と対抗しうる独立した主体としての人間観の確立が西欧ルネッサンス期のヒューマニズムという思想運動の核心であったのである。

約一世紀遅れて、この「人間学」という語を再発見した哲学者カントは晩年の自著を『哲学的人間学』と称し、主として、人間独自の所産としての倫理、道徳を論じ、ヒューマニズム的人間観を哲学的に補強しようと試みた。かくして、ヒューマニズムという思想は人間学という新たな哲学領域を開発しつつ、近代を貫く時代精神として確立し、この数百年の西欧文明を指導し、新しい、近代的な人間観の基礎を築くことになった。

しかし、人間学（Anthropology）という語はその後の科学的発見の急展開を背景に次第に、「人類学」という意味合いが強まり、形質人類学（Physical Anthropology）、文化人類学（Cultural Anthropology）などとして用いられるようになった。ここで、日本語においては意味の異なるように見える「人類学」と「人間学」のふたつの語が欧米語では同じ“anthropology”であるということは留意する必要がある。

このような「科学的」人類学の興隆に対して、一九二〇年代後半、なおも哲学的人間学の可能性を確認しようとしたのがM・シェーラー、M・ハイデガーらの、哲学的人間学（philosophische Anthropologie）復興の哲学運動であった。しかし、この運動は哲学内部にとどまり、一部の社会科学の領域をのぞいて、学問運動全体に拡散した形跡は薄い。

このような「人間学」という語の近代における使用の歴史を通じて、この語が、つねに、当初のルネッサンス的人間観にもとづく、ヒューマニズムの根深い思想的根拠に導かれて展開されてきたことは疑いの余地はない。近代はヒューマニズムの時代と特徴付けることができよう。ヒューマニズムはまさしく、前千年紀後半を彩る時代精神であったのである。

しかし、今現在、世界は新しい大変革の、次の千年紀に突入しつつある。われわれはいまや前千年紀を的確に振り返り、そしてこのヒューマニズムの本質を根源から問い直し、評価し直おさなければならない。しかし、この再評価の試みは、逆に、この美名に輝く「ヒューマニズム」の底に潜む、根源的欠陥を暴きだし、むしろこれを人類文明の最悪の失敗、罪過として糾弾し、その廃棄を迫り、そして、そのことにより、新たな、かつてのヒューマニズムを超え出る、いわば、「ポストヒューマニズム」の斬新、驚異の世紀を望むことになるのかもしれない。

(2) 市民「妄想」の起源と暴走

ルネッサンスは社会的には、市民運動として起こり成功した。すなわち、中世期を通じて権勢をふるった王とキリスト教勢力に対し、新しく台頭した市民たちが自らの諸権利(市民権)を求めて立ち上がった動きがルネッサンス運動の核心であった。それを、新科学や絵画、彫刻、戯曲などの文芸の復興、さらに革新的な政治思想などが、有効に支援した。

では、ここで言う〝市民〟とは誰のことであったのか。それは典型的には字義通り「市に住む人」、すなわち「城壁の中に住むことが許されたひと」、たとえば、商人(メディチ家のような)や新興の科学技術者、(レオナルド・ダヴィンチらのような)あるいは、さまざまな職人たちであり、新しい特権階級の人々のことであった。(ドイツ語では、市民は今でもBurgerと呼ばれる。Burgとは「城」、または、「城壁」のことである。フランス語でも同じく、Bourgeoisと呼ばれた。)ここで注意すべきことは、この「市民」の概念の中にはほとんどの場合農民が含まれていなかったということである。つまり、国民の大多数(農民)は城市の外に住み、したがって、市民ではなかったのである。この時期、ヒューマニズムとは、この意味における特別な階級としての市民のみの権利を主張する思想であったのである。

(3) 「人間の尊厳」という思想の開始

このヒューマニズムの思想の中で「人間の尊厳」という観念がはじめて承認されたことはそれ自身、画期的なことである。「人間の尊厳」(hominis dignitate)という言葉は十五世紀中葉、イタリア、ルネッサンス期ローマの思想家ビーコ・デッラ・ミランドラによって、公開討論会の演説原本〝Oratio de hominis dignitate〟の中ではじめて用いられたものといわれる。市民に対して「尊厳」の語を冠するはじめての試みはルネッサンスの市民運動の中ではじめてなされた偉大な事業の一つであった。しかしながら、ここでも、人間とはこの意味の「市民」のみを指示していたことは忘れてはならない。そして、後述するごとく、このことが、皮肉にも、やがて、西欧近代史を汚す、近代ヨーロッパ諸国の政治的暴虐を促す不当な思想的根拠となるのである。

(4) カント哲学の失敗と欺瞞

このヒューマニズムの人間観の上に立って、これをさらに哲学的に正当化したのがカントを中心とするドイツ観念論の哲学であった。

カントは人間の尊厳性、権利主体としての資質の根源を求めて、結局、「人間」のみに普遍妥当な理性能力を先験的に仮構した。いわく、純粋理性、実践理性、構想力。しかし皮肉にも、その後の近代における学的知見の発展は、これらの資質が、人間以外の動物が本能的に具備する資質、能力と同種、連続するものであることを明らかにした。しかし、ここでは、この事実に関する、文化人類学、動物生態学、大脳生理学などの最新の研究成果を称揚するにとどめよう。今やわれわれは、カント的な哲学的人間学、したがって、彼の理性主義的倫理、道徳論を、実証的データの乏しかった時期の学的予測として同情の余地はあるものの、哲学史上の最大の失敗として批判、糾弾し、理論上の欺瞞の創作としてこれを廃棄せざるを得ない。要するに、人間のみが尊厳であり、そして、さまざまな権利の、そして、倫理道徳の主体であり得るということを実証(仮構ではなく)することは、科学的に不可能なことであり、また、いまや、哲学的にも不適切な事柄であるのである。

(5) フランス大革命の残虐と狡知——自由と基本的人権の虚構性と隠された根源的危険性

カントが理性主義哲学の構築にいそしんでいたころ、フランスにおいてはいわゆる「フランス大革命」が進行していた。この事件もヒューマニズム展開の歴史の中の重要な一こまである。この革命運動の中で、「基本的人権」という語が発明され、その思想が世界的に拡散し、定着した。また同時に、政治的に、自由民主主義という政策傾向が世界的に承認されることになる。歴史的偉業といえよう。しかしここにもヒューマニズム思想の偏狭性と独善性がその根底に潜む。まず、あのフランス革命の、とてつもない残虐性は一体、何だろう。あの時処刑された人の八〇パーセントは政治と無関係な一般市民だったという。処刑の残虐性を少しでも軽減しようとして発明されたのがあの殺人マシン、ギロチンだったというのも皮肉である。動物は同類と争う。だが同類を死にまで傷つけることはまれである。このことは動物生態学者の共通の観察である。すると人間は同類を殺害する、もっとも残忍な動物ということになるだろうか。「美しい人間性」という言葉が宙に浮く。

(6) 正義という名目 振り返れば、悠久の人類文明史は、人類残虐史の様相を呈している。人類は文明の転換の折り目、節目で必ず大虐殺を行っている。しかも、正義の名において。「正義」とは今も昔も、戦争と虐殺の正当化としての意味しかない狡知、空虚な概念であろう。人は正義のために戦い、そして、正義のゆえに他者を虐殺するのである。しかし、われわれが正義という語を通常の生活の場で使用することはない。この語の使用されるのは、メタ言語としての抽象的、学的論争の場以外には、戦争と虐殺の現場で、その行為を鼓舞し、正当化するためにのみであることに気づくことが重要である。正義とは何か。これほど二重意味的、曖昧で、かつ危険な抽象概念はない。しかるに、今、世界的に「正義」という言葉は政治、社会の現場で野放図に氾濫し、また、「正義」という概念を称揚しそれを思想的に基礎付けようとする時代錯誤の「正議論」の試みが居丈高に流行しているということはまことに奇異としか言いようがない。正義という語は早急に禁句とすべきであろう。

さて、われわれの新しい人間学はこの人間の、あるいは、人類の根源的残虐性を尊厳、自由、正義などの〝高貴な〟価値概念との関連において、どのように取り扱うべきだろうか。現代人間学の最大の難問、課題の一つがここにある。

(7) 基本的人権の虚構性 基本的人権という概念もヒューマニズムという思想と結託してエゴイスティックな残虐性の影を落とす。基本的人権は自然権によって担保されているという。自然権とは何か。イギリスの哲学者ホッブスによれば、それは「各人が自然全体に対して持つ権利」ということになる。これに自然法という観念が寄り添う。ホッブスによれば自然法とは、「あらゆる手段を尽くして身を守れ」ということだという。これはすざましい本能的残虐世界である。しかし、ホッブスの観察は人間の本性を見極めて、見事に正鵠を射ている。

さらにこの時期の「基本的人権」という概念のいかがわしさは、この人権が人間全体ではなくフランスの市民（ブルジョア階級）および、それと同等のヨーロッパ人のみにしか与えられなかったという事実の中に見て取れる。あの、大革命の時期、当然のこととして、農民や女性にはこの「基本的人権」は認められなかったのである。いわんや、アジア、アフリカ人は論外である。そのため、農民や女性は解放されず、また、アジア、アフリカは大規模に植民地化され、悲劇的な差別をこうむるのである。そしてこの差別はその後一世紀半に及び、その解放は二十世紀後半まで待たなければならなかったのである。もし、基本的人権という思想が市民ヒューマニズムの一つの帰結であるとすれば、これははなはだ偏見に満ちた差別の思想であったのであり、また、将来の地球的規模の人間学にとって早晩切り落とさざるを得ない、危険思想であったのである。もちろん基本的人権という語、概念の法社会における有効性は現在、また、将来においても否定すべくもない。しかし、この概念の思想的意味内容、またその成立根拠は人類史にたいする根源的反省をも含めて、大きく変更されたものでなくてはならない。

(8) 「自由」、「自由主義」という思想の欠落

「自由」、「自由主義」という思想も、市民ヒューマニズムという限定状況の下では危険をはらんだ思想であった。自由はあくまで市民の自由であり、かえって逆に、市民以外のものの自由を制限する恐れのある思想であり、市民以外のもの（たとえば、女性、アジア、アフリカ人、さらに、自然環境など）にとってははなはだ迷惑なエゴイズムであったといわざるを得ない。実際、この「自由」概念の重大な欠陥はいわゆる「市民」の尊大な暴虐（マルクスが見事に抉り出したような）を許し、近代社会に対して、今に至る暗い影——差別的格差、自然破壊など——を落としているのである。自由という概念の非‐市民主義的、ないし、反‐ヒューマニズム的再定義、したがって、反‐カント的再定義はいまや急務である。ではいかなる「自

由」の再定義が今、可能であり、また、緊急に期待されているだろうか。後に、後編⒂において検討、提案しよう。

⑼　差別思想の原点としての「尊厳」概念

人間の尊厳という見方は市民ヒューマニズムの中核となる人間観であった。しかしこの観点は逆に、その後の人類史を汚すさまざまな差別意識をもたらし、結果として南北問題、環境問題など、現代の地球規模の危機を招来している。

尊厳の強調は逆に、尊厳ではないものの存在を予見する。ここに差別が新しく発生する。もし市民のみが尊厳であるとすれば、市民以外のものは尊厳から外れる。まず、農民と女性は当時の市民社会から差別された。しかし最大の差別はアジア、アフリカ人の差別である。したがって、彼らアジア、アフリカ人は人間（市民）とみなされず、人権を認められなかった。結果として、ヨーロッパ市民によるアジア・アフリカの征服、植民地化は市民の自由な権利の行使として正当化され、さらに、「啓蒙」というヒューマニズムの美徳の栄誉を背負って近代を通じて地球上の隅々まで浸透した。実際、啓蒙とは、ヒューマニズムの思考においては、権利（人権）を持つ尊厳なる者が、尊厳ではない者に施すべき「恩寵」であり、また、責務であったのである。

⑽　アルバート・シュワイツァーの悪業

ヒューマニズムの悪の側面を個人として見事に体現したのがアルバート・シュワイツァーであった。彼はまさに尊厳の名に値しない劣ったアフリカ人を啓蒙すべくアフリカに赴いた。そしてアフリカ人に啓蒙の名目でヨーロッパ文明を与えた。しかし、もし、彼にいささかなりともアフリカに対する敬意があり、また、アフリカを高めようとする動機があったならば、何故彼はアフリカ文化を謙虚に学ぼうとしなかったのか。結局、彼はアフリカに西欧文明をもたらし、アフリカ文化を啓蒙の名において破壊した。彼はオルガンをアフリカに持ち込み、バッハの宗教曲を荘重、敬虔に演奏し、アフリカに伝来する貴重な音楽の価値を踏みにじった。さらに悪質なことは彼が西欧近代キリスト教という異質な宗教をアフリカに持ち込み、人々の伝統的な宗教心を幻惑し、改宗させたことである。布教という名において。なぜこのような傲慢な「おせっかい」を彼は為し得たのだろうか。明らかに彼の人間観の根底にあるヒューマニズムの持つ市民尊厳観にもとづく強烈な差別思想を彼は無意識のうちに確信していたからであろう。

かくして、アジア、アフリカ人に対する西欧市民の差別観はあまねく浸透し、これら「未開発」地域の植民地化は正当化され、世界的に蔓延してしまったのである。アジアにおける傷は今は癒えつつあると言えようか？しかし、アフリカにおける収拾のつかない政治的、経済的、文化的混乱の重大な遠因は近代ヨーロッパ諸国による、その植民地化にあることは明らかである。このような差別思想は意外にも、「尊厳」、「人権」等のヒューマニズムに由来する美名がもたらした悪しき負の帰結である。

⑾ **アメリカの奴隷制**はまさしく、このような近代的差別思想の上に立った，人類史上最悪の罪過であった。この場合の奴隷制は悪質な人種差別思想をも伴っていた。実際、古来さまざまな奴隷制は存在した。だがそれは征服者が被征服者を奴隷とするものであり、必ずしも人種的偏見、差別によるものではなかった。アッシリア人はバビロニア人を奴隷にした。かなりの残虐行為もしている。しかし、アッシリア人はバビロニア人奴隷を教師にもして、かれらから学んでいる。そこには人種的偏見、蔑視はない。

これに反し、アメリカ奴隷制の場合は徹底した人種的偏見、蔑視がその根底にある。これも結局は、ヒューマニズム思想にもとづく、いわれのない市民尊厳観、したがって、非市民の蔑視、差別、そして、間接的には、偏頗な人権思想に起源を持つ排他的な権利意識によるものであったのである。しかも自由主義の名において。自由という概念もそれが「市民的自由」を意味するとき、差別思想に対し根拠を与える恐れがある。

⑿ **「自然の征服」**という掛け声もヒューマニズム運動の中で叫ばれた。なぜか。理由は人間（実は、市民）でないものとしての「自然」は尊厳ではなく、したがってそれは人間による啓蒙の対象であるからである。森は蒙《くら》い、ゆえに、森は切り啓かねばならない、そしてまさに、啓蒙、開発の名によって人類の貴重な遺産、自然環境

の破壊が近代を通じて猛然とグローバルに進行したのである。環境破壊。これも人間尊厳思想の恐るべき負の含意である。

われわれはこの新しい千年紀にあって、「人間は尊厳である」という軽率なヒューマニズム的憶断を持って大自然に立ち向かってはならない。自然の前に立って、人間も動物もさらには、細菌やウィールスもともにこの生態系を支える重要な生命体として、同等に尊厳なる、価値ある存在であるとみなさざるを得ない。その上で、共生の道を探るという政策を採る以外人類生存の道はないだろう。

⒀ **人間中心主義からの離脱**　さらに論を進めるならば、この人間尊厳思想の原点は明らかにヒューマニズムの宿命とも言うべき人間中心的思考態度の中にある。今やわれわれはこの人間本位の思考態度に対する深い反省を持って、大きく発想転換を試みるべきである。ここで求められる新しい理念は、一言にしていうならば、価値の平等化であろう。人間も他の動物や生物と同等の価値しかなく、また、自然とも価値差別はない。人工物とも同等である。したがって、人間と機械も価値的には隔ててはならない。人間機械論は新しい人間論の最底限の前提でなければならないだろう。その上に立って広く人間的現象の実態を偏見なく、精密に調査し、そして、公正にその価値評価を試みる、まさにこの視点こそがこの新しい千年紀のポスト・ヒューマニズム人間論の起点とならなければならない。

後編　二十一世紀　ポスト‐ヒューマニズムの人間観

前編において近代ヒューマニズムに依拠する、人間を孤高の価値的存在とする人間観の根拠を徹底的に破壊した。それでは、脱近代の二十一世紀に足を踏み入れた現在、われわれはいかなる人間観を新たに構築すべきだろうか。以下、来るべき時代の新しい人間論構築のための支柱ともなるべきいくつかの基本概念について新しい構想を試みてみたい。

⒁　人間機械論の良識

近代諸学の成果の最大の遺産は新しい意味での「人間機械論」の確立であろう。もちろんそこには科学的発見と創造のみならず、「人間」と「機械」という両語に対する熾烈で大規模な、また徹底的な意味の改定が、日常的言語使用の世界と他方、哲学的言語分析の世界とを通じて着実に行われてきた。人体部品を「交換する」あるいは、「製造する」という機械的行為はいまや日常のものとして観察されるし、また、デカルト以来の「心身問題」という、かつての「こころの哲学」の難問も今や哲学ジャーゴンと化し、その真の哲学問題としての資格を失いつつある。そしてさらに、人間機械論に対する最大、最強の反論論拠と期待された「自由」、「尊厳」の概念もその高貴さの基盤を失い、空虚な虚構概念に堕ちた。人間機械論は、日常的にも、哲学的にもいまや最低限の確固たる良識となったと見るべきだろう。

では、かって威容を誇った自由、尊厳の概念はどこに失せ、そして、この新世紀においていかなるものとして再生するのだろうか。

⒂　自由、自由意志の規約認定性

「市民的自由」概念のエゴイズム性、危険性についてはすでに指摘した。しかしわれわれは自身の行動に関して自由の意識を持つことはわれわれの確かな体験である。私のある行動は、それが私の自由意志による、自由な行動であるがゆえに、時に称賛に値し、また時には、それにたいして責任を追及されるのである。自由の概念なしには法、とくに刑法は成り立たない。自由な行為すなわち、自由意志による行為のみが有責であり、可罰である。一つの殺人事件を想定しよう。それは包丁により他人の心臓を突き刺すという私の身体動作によって為されたとしよう。これは私の自由意志による自由な行為だろうか。しかしこの行為に関してその物理的因果系列をたどって自由意志という原因に到達することは不可能である。刺激反応の因果系列は大脳に入ったところで途絶える。そして大脳のどこにも自由意志という物理的実体は存在しない。しかし法廷はこれを自由意志による行為と判断し、殺人罪を判決する。いかなる理由によって?

近代以降の通常の法過程においては、状況の物理的検証によってある行為を自由意志による行為と判定する。その規準は概して、一、外的強制（物理的、心理的）がない、二、精神的疾患がない、三、殺人行為の自意識（自白）がある、というものであろう。すなわち、「自由意志」という概念がまったく現れない判定基準により「自由意志による行為」と判定するのである。またこれら三つの規準そのものにしてもその内容は時と所により大きく変わる。何をもって物理的、心理的強制というか、いかなる程度を精神疾患と認めるか、また自白はときに信憑性がない。

結局のところ、自由意志なるものが存在して自由な行為があるのではなく、むしろ、その時代の社会状況に応じて適宜、物理的に判定可能な基準を規約的に設定し、そして、その基準に合致すると判断されるとき、われわれはある行為を「自由意志による行為」と認定し、時に称賛し、時に処罰するのである。このような形の自由意志論を「自由の規約認定論」と名づけよう。そしてこれを新千年紀において可能な唯一の自由意志論と定位させよう。要するに、自由意志なるものは実在するものではなく、それは単なる架空な構成概念としてしか存在しない。しかし、それでもなお、それははなはだ有効に現実社会において機能する虚構概念なのである。しかし、このような虚構概念を創作し、現実社会の中で有効に機能させるという能力は人間のみに与えられた驚くべき創造力であるかもしれない。これを理性能力と呼ぶべきか。理性という概念をこのようなものと読み替えよう。

(16) **人間の尊厳?** 先に、人間の尊厳という語について、それがはじめてヒューマニズムの思想運動の中で用いられたときの危険性、すなわち、人間以外のものにたいする人間の価値的優位性を主張すると見られる限りにおいて犯した罪過を警告した。しかし、この語がその罪過についての十分な反省を伴い、かつ、それが人間の美徳を確認、称揚するためだけのものであるならば、その使用を拒否する必要はない。しかしその際、その美徳は人間以外のものも持つ可能性があることを考慮に入れることが必要である。牛に仏性あり。しかし、人間は牛を食う。牛は尊厳ではないのか。カレン・クインランの父親はカレンが尊厳を保っているうちにと尊厳死させた。だが、見る影もなくなってなおも生き続ける姿の方がより尊厳な姿であるかもしれない。尊厳とはやはり定義の困難な曖昧な言葉であり、たぶんに情緒的な創作である。科学的な文書や法文の中では用いるべき言葉ではない。またこの言葉に安易に寄りかかって生死にかかわる重大な決断をすべきではないであろう。とくに法的な判断の根拠にかかわる文脈の中にこの語は潜入すべきではない。

しかしそれでもなお、尊厳という言葉は人をしてある種の〝憧憬〟の気持ちを引き起こし、そして人をして高貴な行動へと奮い立たせる力を持っている。その源泉は何か。それは、現代という知的、思想的状況の中では、ヒューマニズムという思想の周辺には求められず、むしろ生命、生存という驚異的な事実の中に求められる方向に進むのではなかろうか。人間は生き残り（生存）を賭けて、熾烈な環境と共生をたくみに図りつつ、生命活動を続けている。この生命、生存の事実のいっそうの解明の努力の中にこそ、われわれは人間の尊厳という価値を見出し、そしてその言葉に言語行為としての力を与えようとする方向に進んでいくべきなのではあるまいか。

生存、生命活動は生命体一般、さらには生態系一般に及ぶ共通の営為である。かくして「尊厳」は生命体に広く及ぶ、差別のない価値概念として再生し、われわれの生活を律し、また、グローバルな、さまざまな政策の立案の指針となることになると期待されるのである。

⒄ **倫理、道徳の根拠**　以上のように人間の尊厳や自由を再解釈したとき、われわれがよって立つ道徳や倫理というものはいかなるものとして存立可能であろうか。

倫理、道徳の成立は人類社会文明の歴史とともに古い。むしろ、逆に、倫理、道徳の発生をもって社会の成立と定義すべきかもしれない。しかし、少なくとも近代以降われわれはヒューマニズム的人間観のもとで人間の尊厳の観念と、自由意志の高貴さをよりどころとして道徳、倫理を解釈し、またそれを基礎付けてきた。しかしこの根拠を失った今、われわれは人間のヒューマニズム的価値状況を離れ、むしろ倫理、道徳の発生の現場、人間の生存という生の厳粛な事実に立ち戻り、その状況の中に倫理、道徳の根拠を見いださなければならない。

倫理と道徳は連続、同質なものであろう。やや制度化されたものが倫理であり、むしろ内心の心情として行動規範を与えるものが道徳であると概括定義されるだろう。

モーゼの十戒はキリスト教倫理の原点といわれる。おそらく、文章化された最古の戒律、倫理体系の一つであろう。その成立の過程は示唆的である。モーゼは信仰を同じくする一群の民衆を引き連れて約束の地カナンを目指して長途に出る。だが、苦難の旅は多くの離反者を出し、結束が乱れる。そこでモーゼは民衆全体の生き残りを賭けて、神の名を騙って、十項の倫理条項を民衆に提示し、承認を得て再び結束を図り、民衆は生き延びて約束の地に到達する、という筋書きである。

ここでは明らかに、倫理とは生き残りを賭け、そして集団全体の目的を達成するための欺瞞の方便である。また、この十戒の多くが禁止的形態をとっているのも示唆的である。〝汝盗むなかれ〟、〝汝姦淫するなかれ〟など。これらの行為、盗み、姦淫などは直情的本能の発露としての自然な行為であるが、しかし、それを許せば、集団社会の秩序が破壊され、結果として集団は闘争と懐疑と復讐に明け暮れし、生き残ることができない。

この寓話にもとづくならば、倫理とは結局、〝社会集団の生き残りを賭けた、ある種の内発的欲求を抑制、禁止する社会調整技術〟ということになろう。もちろんある種の別な内発的欲求はこの目的のために禁止する必要はない。無害なものが多数あり、また、なかにはかえって奨励すべきものもあるだろう。倫理は必ずしも禁止、抑制的形態をとる必要はない。実際、モーゼの十戒の中には、奨励、推奨の形をとった条項もある。また、その識別の微妙なものもあるだろう。また倫理、道徳はそれぞれの種にとって相対的なものとなるだろう。倫理は普遍的であることが要請されるが、その普遍性は、その特定種の中における限られた普遍性としての意味しかない。したがって、この〝調整技術〟は時に、流動的で細密な〝微調整技術〟であることが要請される。結局、このポスト‐ヒューマニズムの世界においては「倫理とは、生命体が個として、また、種として生き残るための社会微調整技術である」という定義が最も適切なものとなるだろう。

以上の倫理解釈の中に〝尊厳〟も〝自由意志〟も現れないことに注目しよう。要するに、この解釈は、まことに、次の千年紀にふさわしい新しい「倫理」解釈となると期待されるのである。

また、以上の観点は、倫理が人間にのみ特有なものではないということを示唆する。他の動物も種や集団の生き残りを賭けて、その種独自の集団的技術を駆使する。この点においても倫理の有無をもって動物を差別することは許されない。ただ、動物においてはその調整技術は画一的に本能に組み込まれていることが多いということが動物生態学者の共通の観察である。アリやハチなどの昆虫は自己犠牲なども含む、まことに倫理的な行動をする。そのようなシステムを進化の過程で本能の中に組み込むことに成功したがゆえに彼らは生き残りに成功したのだろう。見事な「倫理」である。しかし、倫理的意識を経過した行動のみを倫理と呼ぼうとするのがヒューマニズムの思想家たちの戦略であった。いまやこのような人間中心の倫理観は動物学的にも、哲学的にも許されないであろう。動物と人間を同列に含んだ倫理も開発しなければならない状況が現在すでに現れているのである。

さらに将来を見越していうならば、倫理はこれら動物に関してのみに用いられる概念ではなく、高度にオートマチックな組織体すべてについて可能な概念にならなければならないだろう。今、ロボット工学は盛んである。また、人体幹細胞を利用した再生医療も有望である。これらの技術を用いた製造物が現れ、そして、われわれ人間社会に溶け込んだとき、これらを含んだ倫理はどのようなものとなるのであろうか。法は依然として、人工物に権利を与えることを拒否するのだろうか。われわれは間もなく、この様な状況を予測して、さらに革新的な〝倫理〟

概念、さらに、〝法〟概念の意味の改定を行わなければならないときが訪れることを今、覚悟しなければならない。

⒅　生命倫理の基本原理——惻隠の心

「生命倫理」は前世紀末を飾る先端学際的総合学として成立した。物理科学的な「生命科学」と、価値論として「倫理学」との学際的融合である。総合人間学の典型的一形態といえよう。またそれは新型の学問としてかなりの成果を挙げている。しかしここにもなおヒューマニズムの悪しき影がことの当初から漂っていた。そして国際的に見ても、日本という状況を見ても今もその影は生命倫理の新世紀への離陸を妨げている。以下その一例を指摘し、将来に向けての人間論としての生命倫理の発展と改革を促すにとどめよう。

生命倫理という運動は一九七〇年代、往時の社会的状況を背景にアメリカにおいてさまざまな形をとって現れた。最初に現れた、V・R・ポッターの生命倫理は環境保護論の色彩が強く、また、後にアメリカ生命倫理の主流となったヘイスティング・センターやジョージ・タウン系の生命倫理は医療倫理の傾向が強い。最初これらの医療倫理の理論家たちは頻発する医療上の倫理問題に関して統一的な指針もなく場当たりの倫理判断を行った。やがて、このような無原則な「状況倫理」の状態を脱して、何らかの根本原則よって倫理的判断を成すべきであるとの共通理解にいたり、さまざまな生命倫理の原則が模索された。中でも、ビーチャム、チルドレスのいわゆる「生命倫理の四原則」なるものが多くの支持を得て国際社会においても拡散した。現在においても多くの米国内外の生命倫理の著作、教科書などにはこの四原則なるものが唯一承認の受けたもののごとく引用されている。しかしこれらの記述を見ると、そこには古代ギリシャのヒポクラテスに由来する〝無加害原則〟のようなものもあるが、他のほとんどはヒューマニズムに由来する、いかようにも解釈できる名目的な虚構概念、たとえば、「正義」、「恩恵」、「自律」というような言葉で綴られている。西欧社会の限界か。

これに対し、これらの、高度に抽象的な虚構概念によることなく、むしろ、生々しい現実感に満ち、誰もが普遍的に実感し得る、そして日常的、具体的なものに生命倫理の、さらに、倫理一般の源泉を求めることはできないであろうか。以下にそのような倫理の源泉をむしろ東洋思想の中に求め、これを新しい総合人間学成立の根拠とする試案を提示してみたい。

孟子の人性論の中にその根本概念として〝惻隠の心〟というものがある。いわく、〝惻隠の心人皆これあり〟。またいわく〝惻隠の心無きは人にあらざるなり〟と。ここで、「惻」も「隠」もともに〝いたみ〟を意味する。この〝いたみ〟は体を傷つけたときの痛みでもあるし、また、〝心が痛む〟という意味の痛みでもあろう。孟子はこの〝惻隠の心〟を人間が普遍的に備える根本心情であるとし、これを倫理道徳の源泉とする。似た考えは西欧思想の中にもある。英語に'compassion,' 'sympathy'という語がある。しかしこれらは同情、哀れみという意味が近い。しかし、ショーペンハウエルが'Mitleid'（共苦）という語を用いて倫理を述べていることは驚異である。しかも、このドイツ語単語は実はショーペンハウエルが孟子の〝惻隠の心〟の訳語として造語したものであるという事実はさらに驚異であり、示唆的である。反カント的心情は孟子に通じるということであろうか。ともに、人間を尊厳なものとしては認めていない。

この惻隠の心を倫理、道徳の源泉として新しい人間論を構築することはできないだろうか。またかくすることにより、東洋的価値観も含めた、真にグローバルな人間論が期待できるだろう。もし生き残りを賭けて人間社会のグローバルな現実を微調整し続けるということが人間的営為の宿命の姿であるとするならば、この惻隠の心を源泉とする倫理道徳の体系を社会の変化を追って不断に再構築しながら、それを社会的微調整のための指針として生存を続ける人間の姿を克明に描き出すことこそを新千年紀の人間学は企図すべきではあるまいか。

〔さかもと　ひゃくだい／青山学院大学名誉教授・哲学〕

義務教育は手段か目的か――義務教育の行方を問う

柴田 義松

義務教育の構造改革

「義務教育の構造改革」と銘打った中央教育審議会の答申「新しい時代の義務教育を創造する」が発表されたのは、二〇〇五年十月二十六日のことである。

「義務教育の構造改革」という言葉を最初新聞で見たとき、私は少々驚いた。この大げさな見出しは、新聞社が勝手につけたものではないかと疑いもした。しかし、そうではなく、これは答申の「総論」のなかで正式に使われている言葉であった。

そして、その中身を読んだときには、あらためて首をかしげることになった。いったいこれは何なのか。「構造改革」などとは到底言えないようなこの改革の本当のねらいはどこにあるのだろうかと。

今こそ、義務教育の構造改革が必要である。
義務教育システムについて、①目標設定とその実施のための基盤整備を国の責任で行った上で、②市区町村・学校の権限と責任を拡大する分権改革を進めるとともに、③教育の結果の検証を国の責任で行ない、義務教育の質を保証する構造に改革すべきである。

これが「義務教育の構造改革」の三つのねらいとされているものである。はたして、これが「構造改革」と言えるほどのものであろうか。この三つのねらいは、善意に受け取ったとしても、ごくあたりまえのことを言っているにすぎないのではないか。

「義務教育の質を保証する」とか、そのための「基盤整備を国の責任」で行うというのは、国のするべき当然の仕事であり、特に②の「分権改革を進める」ということは、これまでの中央集権的で画一的な教育行政のあり方を改めるものとして歓迎すべきことのようにも思われる。

だが、①の義務教育の「目標設定」を「国の責任」で行なうとか、③の「教育の結果の検証を国の責任」で行なうということになると、「ちょっと待てよ」と言わざるを得ない。

学習指導要領をはじめとしてこれまでも国の行政措置で義務教育の目標から内容まで、がんじがらめに統制してきたのに、そしてそのこと自体が、旧教育基本法第一〇条で規定する「教育行政」の任務範囲を逸脱する「不当な介入」にあたるものという批判もあるのに、その国家統制をもっと強めようとするのか。いったい、それはどんな意図からなのか、という疑問が生じてくるのである。

それは「国の責任によるインプット（目標設定とその実現のための基盤整備）を土台にして、プロセス（実施過程）は市区町村や学校が担い、アウトカム（教育の結果）を国の責任で検証し、質を保証する教育システムへの転換である」とも言い換えられている。外国語を交えると、少しでも新味が出るとでも言うのか。しかし、ころもは新しくても、中身は古めかしい。いわば義務教育という商品の品質管理は、一切合切国の責任で行なうということなのだろうか。

実施するのは学校側であるけれども、「義務教育を何のために、だれのためにおこなうのか」といった基本的なあり方、基本目標、目指す人間像のようなものはまったく明らかにされていない。それらの一切は国の側で決定し、その結果も国の責任で評価し、検証するのだという、居丈高な権威主義が、この「答申」全体の行間ににじみ出ているように思われる。

しかし、この「答申」の真のねらい、その魂胆をつかむのはそれほど容易なことではない。なにしろ「答申」の総論・各論の全体にわたって述べられていることは、当たり障りのないきわめて一般的・抽象的な表現でほとんどが終始しているからである。

たとえば、「義務教育の質の保証・向上のための国家戦略」の第一として、「義務教育の到達目標を明確化」し、「学校教育法の改正」にそれを持ち込むと言われているのだが、この総論で「新しい義務教育の姿」として述べられていることは、「学校の教育力、すなわち〈学校力〉を強化し、〈教師力〉を強化し、それを通じて、子どもたちの〈人間力〉を豊かに育てることが改革の目標である」というのである。「学校力」「教師力」「人間力」――改革の目標としてなんと無内容な抽象的概念を並べ立てたことだろう。

外延は限りなく広がって何でも包含されることになるが、それだけに内包の規定は曖昧であり、限りなく無駄な議論がその後つづくことにもなる。

実際に、各論の第一章「義務教育の使命の明確化および教育内容の改善」からはじまって、第二章「教師の質の向上」、第三章「学校・教育委員会の改革」、第四章「教育の質の向上、財源確保の確実性・予見可能性、地方の自由度の拡大」にいたるまで、考えられるさまざまな関係事項が網羅的に羅列して述べられているが、そのために焦点は定まらず、いったいこのなかの何がどのように具体化されるのか、その方向性さえ容易にはつかみにくい「答申」となっているのである。

しかし、この「答申」の本質の一端がはからずも暴露されるような事実がその後に発生した。「答申」では、「義務教育の費用負担の在り方」について「義務教育制度の根幹を維持し、国の責任を引き続き堅持するためには、国と地方の負担により義務教育の教職員給与費の全額が保障されるという意味で、現行の負担率二分の一の国庫負担制度は優れた保障方法であり、今後も維持されるべきである」と明言されていたのに、それからわずか一カ月後の十一月三十日に、政府・与党合意として「義務教育費国庫負担金を現行の二分の一から三分の一に削減する」ことが決定され、発表されたのである。

それを知って、さすがに何人かのこの審議に参加した中教審委員のあいだからも強い不満の声があがった。「一〇〇時間以上かけて審議し、答申をまとめた」、「八カ月の四一回にわたる議論は、一体なんであったのか」、政府・与党の三分の一削減案は「義務教育に対する国家責任を無視し」、「民意を無視」した「何の理念もない単なる数字合わせの結論」だという批判が出されたのも当然のことといえよう。(1)

しかし、まさにこのようなやり方に、今の審議会制度の実態、その本質が浮き彫りになって出ているのではないだろうか。

審議会には、一応各界の代表を素人玄人交えて、当局の思惑通り適当に配置し、自由に議論させておく。すると、さまざまな委員がいるので、考えられる限りのさまざまな意見が出され、審議経過報告とか答申にはそれらが一見民主的であるかのごとく網羅的に羅列されるのだが、最終的な結論をどこへ持っていくか、その素案はたいてい最初から決まっているか、もしくは当局側で結局決めてしまうのである。

だから、日本の義務教育がこの「構造改革」によってこれからどこへ向かって進んでいくのかは、「答申」を読んだだけでは分からない。「答申」から表面的に読み取れることとはまるで違った方向に進むことさえあり得るだろう。義務教育費国庫負担金の場合がそのよい例となった。

しかし、その方向がまるっきり予測できないかというと、そうではない。国がこれまでに歩んできた路線、その事実の歴史が未来を示唆するからである。実際のところ、「義務教育の構造改革」として言われている「改革」

のほとんどは、すでに実施されてきていることの延長線上にあるものと言って過言ではない。

それが、義務教育の発展・充実の方向であるのならよいのだが、残念ながらそうではない。むしろこの「構造改革」は義務教育崩壊の道を暗示しているとさえ言えるのである。

義務教育は手段か目的か

私は、今から二年ほど前に、「義務教育の行方を問う」という『教育新聞』二〇〇五年一月一日の特集欄に「義務教育は手段か目的か」と題して次のような文を寄稿した。

「義務教育崩壊の兆しはすでに見えている。その発端は、中曽根元首相の主導する臨時教育審議会(一九八四―八七年)によって打ち出された教育〈自由化〉、すなわち自由競争の市場原理を公教育の世界に持ち込み、〈自由・自律・自己責任の原則〉に基づき、公教育のスリム化、民営化を図ろうとしたことにある。……

実は、それまでの日本の義務教育制度の発展は、日本の経済発展の秘密の一つとして、しばしば諸外国から賞賛されるほどのものであった。……

しかし、この義務教育は、国民の三大義務の一つであり、国家に忠誠を尽す国民育成の手段とされるものであった。第二次大戦後の改革で、国民は〈教育を受ける権利〉を有することになり、国との権利―義務関係は逆転することになったのだが、その実質的内容の点では、新しい九年間の義務教育は、国に奉仕するかわりに〈企業〉の経済発展に奉仕する〈人的能力〉育成の手段となっただけで、〈人格の完成〉そのものを教育の目的とした教育基本法の精神が生かされることにはならなかった。役に立たなくなった手段、つまり道具が、見捨てられる運命になるのは当然である。

日本の義務教育は、今まさにこのような岐路に立たされている。世界経済の大競争時代に日本の企業が生き抜くために必要なエリートの教育は別として、凡人の教育は〈せめて実直な精神〉を養っておればいいというのが、新自由主義の教育観である。」

ここに述べたことの基本的趣旨は、そのままこの「義務教育の構造改革」についても当てはまるものだと私は思う。「構造改革」は、一見「義務教育の崩壊」とは無縁で、むしろ逆のことを提案しているように見えるが、実際はそうではない。「崩壊」の危機はいっそう近づいてくるかもしれないのである。(2)

学力低下・格差拡大の懸念

二〇〇二年度から実施の現行学習指導要領は、「ゆとり」と「生きる力」をスローガンに、これまでの学校教育の「基調の転換」を図ることを求めた中教審答申（一九九六年）に基づくものであったが、この答申発表の直後から「学力低下」への懸念をはじめとするさまざまな疑問や批判が各方面から噴出した。

文部科学省もさすがにこれを無視するわけにはいかず、二〇〇二年度実施の直前に「確かな学力向上のための2002アピール「学びのすすめ」」（一月十七日）を遠山敦子大臣が発表したり、翌年の十月には早くも学習指導要領の一部改正を図るための中教審答申「初等中等教育における当面の教育課程及び指導の充実・改善方策について」を発表したりして、このような懸念や批判を沈静化させようとしたのだが、学力低下・格差拡大への不安は一向に収まりはしなかった。

現実に学力格差をますます広げるような現象がつぎつぎに起こっているのである。

① 学校週五日制の完全実施のはずが、私立学校だけでなく、公立学校にも「不完全」実施が広がっている

② 東京都などで進められている学区制の撤廃、学校選択の自由化による学校間格差の拡大

③ 新教育課程における選択科目の大幅な拡大

④　習熟度別指導の導入による学力格差のいっそうの拡大
⑤　教育内容三割削減の検定教科書への不満と批判から「人気」を呼んでいる日本語・数学・理科などの検定外教科書の発行

このように国民一般に広がっている学力低下・格差拡大への懸念に対して上述の中教審答申（二〇〇三年十月）はどのように応えようとしているのだろう。この答申は、諮問の段階（同年五月）からすでに答えはほとんど決まっていた。

審議会に委ねられた検討事項というのは、①学習指導要領の「基準性」の一層の明確化、②必要な学習指導時間の確保、③「総合的な学習の時間」の一層の充実、④「個に応じた指導」の一層の充実、⑤全国的かつ総合的な学力調査の在り方やその結果の活用の五点であった。

つまり、学習指導要領の「基準性」の一層の明確化を図るということは、世論からさんざん叩かれているのに、「基準性」自体には何ら問題はなく、教育現場における理解の仕方に不十分さや間違いがあるということなのだろう。したがって、「当面の教育課程及び指導の充実・改善の方策」というのも、学習指導要領の中身の質的な吟味などは一切しなくて、「必要な学習指導時間の確保」といった形式的な量的問題に解消されてしまっている。

一方では、各学校や教師に「創意工夫」を求めながら、この「答申」は、教育課程編成・実施状況調査から、必要な指導時間の標準を下回っている学校が何割あるとか、学校行事の時間数が減少しているとかいった状況に異常なこだわりを見せている。これは、臨教審答申でも批判していた日本の教育行政の画一的・形式主義以外の何物でもないだろう。

学習指導要領の姑息な一部改正

この答申に基づいて「小学校、中学校、高等学校等の学習指導要領の一部改正等について」の「通知」が二〇〇三年十二月二十六日に出された。このような「一部改正」が行われるということ自体は異例のことなのだが、その中身というのは、結局のところ「内容の範囲や程度等を示す事項は、すべての児童生徒に対して指導する内容の範囲や程度等を示したものであり、学校において特に必要がある場合等には、これらの事項にかかわらず指導することができる」ということが主たる内容にすぎなかった。

この短い文の中で三度も使われている「等」が曲者である。これは要するに、「確かな学力向上のための2002アピール」の中でもすでに言われていたことだが、「学習指導要領は最低基準であり、理解の進んでいる子どもは発展的な学習で力をより伸ばす」ことができるようにするということなのである。

「学力低下」の恐れがあるとしてマスコミなどでも大きく取り上げられた、小学校で「円周率の計算はおよそ3でもよい」、「台形の面積は教えない」とか、中学校で「二次方程式の解の公式は教えない」、「必修の英単語を五〇七語から一〇〇語に減らす」といった三割削減の問題についてはまったくふれていない。

この三割削減の学習指導要領が発表されたとき、著名な学者や経済人の集まる「地球産業文化研究所」の地球産業文化委員会から「新学習指導要領」実施の全面中止の緊急提言書（二〇〇〇年十月）が出されるなど、かってないほどの強い批判の声が有識者からあがっていたのだが、そのようなことについてはまったく頬被りを決め込んでいる。

たとえば、英語教育専門家の間からは、英語教育の目標で「実践的コミュニケーション能力」の育成を一方で強調しておきながら、授業時数は週三時間に逆戻りし、必修の英単語一〇〇語の中には、yes, no も、not もなく、there, did も more, most もないという、ひどく矛盾した「基礎・基本」の精選のあり方に強い疑問が出されてい

るのだが、そのような問題についても何も応えていないのである。(3)

このようにして、学習指導要領の「基準性」そのものの内容的吟味は一切なしに「指導の充実・改善」を図ろうとするのであるから、指導の充実は指導方法の改善を考えるしかなくなるのは当然である。しかし、その場合も中教審が出す対策というのは、「個に応じた指導」という名の「習熟度別指導」にもっぱら重点がおかれている。教育現場で実際に行なわれている指導の充実・改善にはもっと多様な創意工夫を生かした方策があるのに、文部当局が習熟度別指導にこだわるのは何故か。

平等主義教育の否定

その答えも、これまでの臨教審や中教審の答申のなかにすでに出ている。「個性重視の原則」を「今次教育改革において最も重要なこと」とした臨教審、それを「個性を生かす」とか「個に応じた指導」などと言葉を変えてきてはいるものの、要するにそのねらいは、日本教育の良き伝統として外国の教育者からは高く評価されてきた「平等主義の教育」を捨て去り、「落ちこぼれ」も個性だとして、「できる子」と「できない子」をできる限り早くから選別し、能力主義教育を徹底することにあるのである。

このようにして「創造性」豊かな人材育成を求める経済界のエリート教育要請に応えようとしているのだが、習熟度別指導がはたして本当にそのような要請に応える最善の道かどうかにも大きな疑問がある。少なくとも、わが国の数学・自然科学教育の専門家を含め欧米の教育学者の間にも、このようなわが国の改革動向に反対に、むしろ逆方向の改革を推奨している者が少なくないという事実は明らかにしておく必要がある。

たとえば、アメリカの教育学者カミングスの『ニッポンの学校』(友田泰正訳、サイマル出版会、一九八一年)は、アメリカにおける「能力別のグループ編成」を批判し、「(日本の)教師は、生徒間の能力差を認めてはいるが、すべての生徒を共通のレベルに引き上げようと努力することこそ、民主社会における公立学校教師の責務だと考えている」として、日本の平等主義教育を高く評価した本である。

また、日本の学校の授業を研究し、日本の教師たちの授業技術や授業研究の仕方に学ぶ運動をアメリカ国内で最近広めようとしているアメリカの教育学者キャサリン・ルイスは、「日本の幼児・初等教育は、世界の教育改革のモデル」だとしながら、「習熟度別授業」については次のように述べている。

「これは、これまでせっかく日本の先生が気を配ってきた平等に対して、問題を起こす可能性があります。習熟度別学習は、すでにアメリカでいろいろな問題が出てきています。そうした悪い事例があるにもかかわらず、最近の日本の学校改革では一生懸命取り入れようとしているのです。……私は、習熟度別のコース分けや少人数学級は、日本の教育がせっかく築いてきた「子供を whole person としてみる」という全人教育のよさを見失ってしまうことになると、大変危惧しています。(4)」

このようにして八〇年代の頃からアメリカでは、日本の学校や教師の平等主義的教育の実践や研究に学ぼうという動きが始まるのだが、皮肉なことにちょうどその頃から、日本では逆に平等主義教育を否定する動きが急速に勢いを増すようになるのである。

必要なのは学習指導要領体制の構造改革である

さて、上述の中教審答申「新しい時代の義務教育を創造する」は、「教育内容の改善」についてどのようなことを述べているのか。

「学習指導要領の見直し」という項目まで立てているのだが、基本的なスタンス（姿勢）は二年前の答申内容とほとんど変わっていない。

国際的な学力比較調査の結果などから、子どもたちの間の学力格差の拡大や学習意欲の減退という事実が見られることをしぶしぶ認めはするものの、それが現在の学習指導要領体制とかかわりがあるということについては何としても認めたくないように思われる。

「現行の学習指導要領については、基本的理念に誤りはないものの、それを実現するための具体的な手立てに関し、課題があると考えられる」というのであるから。

したがって、「学習指導要領の見直し」として述べられていることは、「各教科の到達目標を明確にすること」の必要性を述べた点や、専門家の間から強い反対の声もあがっているのに、「小学校段階における英語教育を充実する必要」を述べた点にいくらかの新味がある程度にすぎない。

ただし、この答申を受けて中教審の教育課程部会で進められている審議のなかで新しく重視されているのは、「人間力の向上」である。(5)

「ゆとり」のつぎは「生きる力」、そのつぎは「確かな学力」、そしてこんどは「人間力」と、改訂のたびにこのようにして新しい標語をつくりだすのが、中教審の慣例となっているが、どれもこれもきわめて抽象的なスローガンであって、ほとんど無限定の内容である。

外国の学者に日本の教育の目標は「生きる力」だと言ったところ、意味が通じなかったという話があるが、「人間力」と聞いたら、もっと目を白黒させるのではないか。

「人間力」の出所は、内閣府の「人間力戦略研究会報告書」(二〇〇三年四月十日)にあるようだが、これを中教審が取り上げて、早速、教育学者たちがその解釈と解説に努めている姿は何と表現すべきか。敗戦後の一九四六年、教育基本法制定や教育委員会設置などを建議した「教育刷新委員会(安倍能成、南原繁など委員、後に教育刷新審議会と改称)」などと比べたとき隔世の感どころか、まったく比較にもならない審議会の変質ぶりに驚かざるを得ない。

「人間力」の育成をめぐっては、当然のことながら各委員から思い思いの意見が延々と続くのだが、「早寝早起き」の「生活習慣」からはじまって、「確かな学力」、「社会的自立、職業的自立」、そして「国家・社会の形成に主体的に参画する日本人の育成」で締めるのが一つのパターンのようで、ある時の論議では、この「人間力」は、つぎのような「構成要素に整理することができるのではないか」とまとめられている。

・主体性・自律性――

（例）自己理解（自尊）・自己責任（自律）、健康増進、意思決定、将来設計

・自己と他者との関係――

（例）協調性・責任感、感性・表現、人間関係形成

・個人と社会との関係――

（例）責任・権利・勤労、社会・文化・自然理解、言語・情報活用、知識・技術活用、課題発見・解決

さらに、「この個人と社会との関係」については、「政治経済や産業という観点に偏ることなく、文化や生活という観点も重要である。また、グローバル化が進展する中で、社会・国家のみならず国際社会に積極的に参加し、その発展に貢献していくとの視点も重要である。自国の社会、文化、伝統への理解を図り、国際社会に生きる日本人としての自覚を育てることが重要である」と述べられている。

これは、結局のところ、学習指導要領の「道徳」の内容項目の配列に近いものである。そのなかでとりわけ重視されているものが、「自己責任」「協調性・責任感」「責任・権利・勤労」であり、最後に締めくくる言葉が、「自国の社会、文化、伝統への理解を図り、国際社会に生きる日本人としての自覚を育てることが重要」となっているところを見れば、かっての「期待される人間像」（中教審答申、一九六六年）の焼き直しにすぎないものである

ことがわかる。

さらに、これらの文書を読む場合、注意する必要があるのは、繰り返し出てくるキーワードとともに、意識的に避けられている言葉である。すなわち、「義務教育の目的・理念」について述べるとき「人格の完成」とか「国家・社会の形成者」とはいっても、旧教育基本法にあった「平和的な国家及び社会の形成者」とか「真理と正義を愛し、個人の価値をたつとび」といった言葉は慎重に避けられているのである。

学習指導要領構造改革への道

ところで、上に述べてきたような経済界主導の教育政策に対抗する勢力がこれまでわが国になかったわけでは決してない。教職員組合や民間の教育研究運動に参加する教師たちは、このような政策動向を早くから察知し、それに対抗する教育の研究や実践に精力的に取り組んできた。統制のきびしかった戦前でも、大正期から昭和初期にかけて設立された私立学校や民間の教育研究団体の教師たちは、体制的教育に対立する研究や実践に取り組み、公教育の改革を進めるうえで一定の役割を果たしたのであるが、その伝統は戦後にも受け継がれ、上述の教育政策に対するアンチテーゼとして日本の公教育の発展に果たしてきた役割は少なからぬものがあると思われる。日本の平等主義教育の実践として、また教師の自己研修の場として諸外国の教育学者たちから高い評価をうけているものの大部分はこれら民間の教育研究団体の研究成果であるといってよい。これら民間の教育研究運動が追求してきた理想のいくつかを手短にあげてみれば、各教科の教育で学問・芸術の精神を尊重しつつ、すべての子どもに「基礎学力」を保障する授業づくりであり、子ども一人一人の生き方を大切にし指導する「生活指導」の実践であり、「生徒の自治・参加」を含めた「地域に根ざす教育」を実践する「開かれた学校」づくりである。(6)

現在の硬直した学習指導要領体制を切り崩し、学習指導要領の構造改革を図るうえで何よりも必要なことは、学校の教育課程研究の世界に「学問の自由を尊重」する精神をとりもどすことである。そして、学習指導要領による教育内容の全国一律的な規制を緩和し、地域や学校による創意工夫を十分に生かした教育課程編成を可能にするべきである。このような編成のあり方は、戦後当初の「学習指導要領一般編（試案）」（一九四七年版及び一九五一年版）にはきちんと書かれていた。「教育課程の構成は、本来、教師と児童生徒によってつくられるといえる。教師は、校長の指導のもと、教育長、指導主事、……さらに両親や地域社会の人々に直接間接に援助されて、児童・生徒とともに学校における実際的な教育課程をつくらなければならない」とされていたのである。このようにして民間の教育研究によって蓄積されてきている優れた教育の実践や研究の成果を持ち込むことができれば、学習指導要領の構造改革などは容易に可能となるといえるだろう。(7)

〔しばた　よしまつ／東京大学名誉教授・教育学〕

注

（1）『教育新聞』二〇〇六年一月一日号
（2）斎藤貴男『機会不平等』文藝春秋、二〇〇〇年。いまや「政財官労挙国一致で、無知で〈実直な人間〉を多く産み出すための教育改革を推進するに至った」というのがジャーナリスト斎藤貴男の結論である
（3）阿原成光「英語教育の基礎・基本を考える」日本教育方法学会編『現代の教育課程改革と授業論の探究』図書文化社、二〇〇五年
（4）土居健郎、キャサリン・ルイス他『甘えと教育と日本文化』PHP研究所、二〇〇五年
（5）中教審・初等中等教育分科会教育課程部会「審議経過報告」二〇〇六年二月十三日
（6）柴田義松『批判的思考力を育てる――授業と学習集団の実践』日本標準、二〇〇六年
（7）柴田義松『義務教育改革への提言』日本標準、二〇〇六年

特集Ⅱ　総合人間学がめざすもの

試（私）論——総合人間学のめざすもの

小原　秀雄

1　「総合」概念の明確化と各分野の構造化

現代の社会状況では「知」の諸問題は、実に多様である。そのどれをとり上げても、総合人間学に課せられた問題と捉えて違和感はないだろう。しかも、人間の問題として見るならば、総合概念との論理的関連はすべてに共通する。総合人間学のめざすものとしては、まず総合的アプローチとはどのようなものかが論じられる必要があろう。

この学会の前身である総合人間学研究会において、第一回会合の招待論者の一人、地球化学者として著名な半谷高久氏が、〝総花〟とどのように違うのかを明確にすべきだ、との要旨を提言された。かつて同氏と同席した環境科学会で、多くの専門分野からの環境問題や課題に〝総合的〟にアプローチするという表現について、同氏が次のように指摘したのを思い出した。各分野からのアプローチを並べただけでは総花的とはなるが、総合はそれですむものではあるまいと述べられたのである（これは私が受け止めた要旨である）。だが、専門分化への弊害は、結局、そのまま不問に付され、化学と工学の学会となったかに見え、その後、私自身は退会した。

現在でも、総合研究大学院をはじめ、綜合医学会（総合の表現が異なるが）等、総合のタイトルは満ちている。また、総合研究、あるいは総合のタイトルやテーマにした「知」（学）の活動も多数、見出し得る。

総合は、総花とは異なる。各専門分野の羅列とどこが違うのか。見果てぬ夢ではないか。総合的といえば必ず完成途上であると標榜する。では、人間観についての総合的アプローチは、碩学が蓄積された「知」を動員して永い年月をかけてはじめて論じ得るのであろうか。そのためには、各個別的なテーマとは異なるものの、本学会では総合をひとつの領域的分野と考えねばなるまい。総合人間学は経験そのものによる人間観とは違い、そのもととなる人間像を含めて、知的論理的なものである。しかも情念を含め、あるいは精神作用もその対象となる人間の存在そのものを知的総合的に捉えねばならない。各分野の学は、人間を対象とするならば、一部を捉えていることを自覚しなければ成り立たず、実践的な有効性を持たない。絶えず各分野を総合の中に位置づける必要がある。もちろん、どの位置であるかなどは研究者の判定によるのではあるが。

その位置づけの結果、新しい課題が見えるはずである。その点では、各分野のアプローチは、分野の設定等がユニークならば新たな問題提起も可能なのである。さらには人間社会も現代は変化の過程にある。

ところが、自然科学や技術関連では必ずしもそうは見ていない。ときには人間を対象にしていると称しているが、社会的存在としての人間ではなく、むしろ人体、あるいはヒトを対象として成立するからである。加えて、物質性を中心にして、人間工学などの例を挙げるまでもなく成立し、発展には有効なのである。それ故に、成果は分析的部分的であっても、それなりに人間像の位置づけはできる。医学領域を含め、課題の設定と解決は、部分的分析あるいは還元的である場合が多い（施術においては、かえって、いわゆるドライにせねばならないことがある）。結果や得られた認識が価値のあることは言うまでもない。しかし科学的認識は論理的には適用限界を明らかにして位置づけを見誤ってはならない。

ところが現代の自然科学者が、機械論的思考様式で、そこからの、いわゆる人文系の、あるいは観念的とみなされがちな人間観への批判も含めて「歯切れのよい」理論が、その人間観の人間像を生み出している。一般には、遺伝的人間像、脳の働きでの決定論がはびこる。短絡的であることがもてはやされ、マスコミの培地がある。そのため多くの生物学者なども、取って付けたように、人間について文化の特性を挙げながら社会科学的視点を欠いたまま、社会的、文化的に深い課題を表面的に「科学的」に「流して」しまう。

この傾向が深まるのは専門の科学的な優れた業績が、社会観とは重ならないにもかかわらず、人間の問題に（ヒトの問題としか見ていないのに）ついても優れた見解のように流布するようになっているからである。これは明らかにマスコミなどで幅増されている。それを人文・社会科学上では、それなりに優れた業績のある出版社などですら担っている。

そのため、人間観（人間像）に自然科学的視点を欠いて総合が言葉だけになりがちとなる。実証性が論理より優位な現代ではあるが、自然の持つ客観性と、社会的存在でもある人間が生み出した認識としての自然科学の客観性とは、なおも同質ではない。ここでは詳細に論じ得ないが、現代諸科学、とくに自然科学からの人間論の批判も総合人間学の重要なめざすべき「知」の構築部分をなす。というのは、一般の人々に科学への過度の期待と不信が生じているからでもある。

2 人間生活の論理化と総合人間学の実践性

社会的な現実はすべて総合的である。これは私が改めて強調するまでもないだろう。現実の課題に対して、実践的であることを目的とするならば、フィールドで学ぶものは多いはずであるが、単なる経験的な学知では尽くし得ない。

また、例えば「総合」を問ううえでは、総合人間学的「哲学」は個別科学としての哲学とは違って、まさに知の構造を概観する総合の学となる。この二点は、ここでは私には論じ得ないので指摘にとどめておきたい。

今日では、直接、間接に、政治的な、あるいは環境的な問題は山積している。現代の総合人間学が望む「知」の問題は、ある意味では時々刻々と現実の課題に直面する。現代の国内外の状態は変動し、望まざるままにこうした課題を生み出してくる可能性がある。しかも現代社会の今日的状況を数年前に予見できたかを省みれば、今後起こることは想定外もあるとして考慮しておかねばなるまい。それに答えるにはまた、現実の運動と学問との微妙な「間」をどう捉えるかで学につきつける課題の多様さを内包している。

「学」のあり方を現実に対応する形に変えるならば、新しく現実と切り結ぶあり方が論理上は可能であろう。「実践性を含みながら、高い学理を」はもとより、学会の基本的にめざす目標である。となると、総合においては、現実的な課題への論理は、生活者、いわゆる市民（市民というカテゴリーさえも問い返して）の生活上、グローバリゼーションによって新たに生じる諸問題などが課題となろう。

「言うは易し、行うは難し」であって、どうするかは難題だと思う。先に述べたように、「学」の形態は現実の課題から遠くなっている。東大を頂点とする既存の大「学」の体系は、本質的な「知」との間に溝をますます深くしながら、世間でのヒエラルキー的幻想（?）は敗戦直後には崩壊するかのように見えながら存続し、社会の保守化と官僚の権力の強大化の根ざすところになっている。「知」の本来の権威は衰弱しつつ、見かけの「知」の巨塔は新しい建物が象徴するように群立している。もちろん新しい知への胎動もあり、形骸化した権威に内実の変化を求める動きも最も重要である。対する「民衆のアカデミズム」は、私がかつて主張したのだが、死語にしてはならず、学会で再建を図りたいと念じている。その理論化も本学会で、少なくとも私はめざしたい。

人間の生活について論理化という表現は誤解を受けそうである。適当な名称があれば変えねばならないが、人間の感情や、一見、不条理な行動まで含めて全体像を捉えようという発想である。人間の総合的な理解には、こうした広さが含まれねばならない。だが、文学などでは、こうした捉え方は常識化している。それだからこそ、新聞の書籍広告や週刊誌の内容、テレビ等ではもちろん性風俗と称されるものや裏社会とかギャンブルなどが流行している実情を社会学などが捉えている。さらに犯罪などが発生している社会的現実があり、こうした状況が、爆発的に出来している。人間の心と体とをさえ利潤の対象として利用しつくし、さらにはヒトのつくりかえさえあり得よう。そのような現実をどう見るかという点で、論理的にと述べたのである。総合人間学が「学」としてありながら、現実の人間像を、しかも民衆的な学理を追求することを、総合人間学会としてはどうみなすのかである。論理にとっても、新しい現実が提起する課題は大きく、生活の中で、神頼みでなく、論理的に捉え、生活に生かす「知」が求められている。

3　現代の動向と総合人間学

現代社会の人間の動向を捉える視座はいくつもあろう。自然史（誌）から見たとき、動物学に基礎を置く者として提起した私論は基本的には以下の問題である。それは「モノ」に支配されている現代の人間存在をどのように転換して、人間がモノを選択し支配するかである。現代社会が二十世紀後半から進めてきたのは、「モノ」の多様さと、その増加、変化、広がりのスピードアップと、物的なモノだけよりも情報など新しい世界の構築である。経済発展と称するが、人間を取り巻き囲い込む「モノ」の世界の質量の増加ぶりのすさまじさは表現しようがないほどである。その結果、以下のような視点が生ずる。

私が四〇年ほど繰り返しているのは、人間のヒトとしての形質がヒト化から人間化に及ぶ進化は、具体的には自ら社会的に生産した物質とそれに基づくすべての「モノ」によって成し遂げたことである。この物質は当初、単純な自然物を道具として使う道具（自然物、木や石など）だった。それが改変した道具になり、日常的に使用することから、日常生活が道具依存の生活になった。道具を介した人工的物質（機械や器具、ひいては芸術作品から情報機器、情報そのもの、言語や思想まで）の世界が出現し、それが生産活動に基づく社会組織と人間の生活様式を生み出し、人間はその中にはまり込んでいく。その人間と「モノ」との関係こそ、人間が生み出した社会と文化の具体的なあり方となった。

以下には従来の社会科学及び文化と自然科学に基づく人間像（人間論）を総合する視点を述べる。私の論理から一例として述べるのである。

人間と人間自身の生活に基づく物質的生活基盤の充足は、自然に対する技術的働きかけによる。この人間の営為そのものが、総合的な要求によって行われるのだが、総合的と表現されるのは、それらを認識する一方では学問の世界での総合を意味するのであり、他方では現実に対応した（技術を含む）人間の存在は階層的法則性によって規定され、その結果として総合的に現象する。その現象はまた、人間の行動にも現れる。その行動は動物の行動と同様に「種」としてのヒトの形質によって行い、その際に人間化している。それは道具から由来した「モノ」によって営まれる。あるいは「モノ」を介して形成された意識による。人間の存在は社会的生産によって自然から作り出された「モノ」との間、あるいは現代では「モノ」によって囲い込まれているのだが、「モノ」を介して自然と対応した行動も多い。食物生産として単純化して表現すれば、農林漁業など第一次産業は自然との対応が基本である。工業生産も自然と対応してはいるが、いくつかの媒介が働いている。「モノ」は道具からはじまり、「モノ」（道具）と基盤の自然と人間とからなる世界が社会である。それは他の動物同様、ヒトとしての種社会を含んでいる。子を産み育てる、子に乳を与えるといったことだ。人間のすべての「自然性」が人間化して社会化される。道具から派生した「モノ」を介するからである。ヒトは生物である以上、環境に対して適応する。その場合、「モノ」の生産が大きなスケールになるにつれ、個々の生活を含み人工的な世界の中で適応するのである。

目的を持った人為淘汰とは異なるが、しぜんに人為淘汰するのであり、自己人為淘汰をするに至る。先進世界では二十世紀後半になるにつれて「モノ」に囲まれ、生き物と空気以外はすべて人工化、人為化されてしまうようになると、相互作用により、ヒトの形質はその結果人工的世界に依存しきり、動物の家畜と同様な状態になる。ヒトの生物的形質も淘汰され家畜化し、自己家畜化現象が人類学上、否定しようのない形質を示すに至る。だが、ヒトを取り巻く「モノ」すべてがヒトの形質に淘汰圧を加えるのが基本だが、次第に形質への影響を減じて形質の保全を行おうとする働きも保健運動などに現れてくる。例えば、寒い地域では二重窓や厚い衣服や脂肪の多い食事といった方策を講じながら、極地への分布を拡大している。また、乗り物のスピードを挙げても、振動や風圧を防ぐ設備などだ。しかし、なお、人間の特徴のうち、形態的な変異は、他の近縁（系統的な近縁と生態行動などの類似——もちろんほ乳類において——と）動物との比較生物学的な研究で捉えられる。その根拠は、人間が自分で作り出した自然を改変した道具に由来する「モノ」を生活の必需品としていくことになる適応（生物として持つ基本的属性）によるのである。この特殊な進化は社会化であり、文化化である。しかし、その根本においては自然に対する人間の働きかけ（人間化と社会化により、それは労働となる）によって生まれる。これは生物には、相互適応による相互進化となる。生産される道具由来の「モノ」のすべては生物ではない。また人間化したヒトと道具由来のすべての生産物を介して自然との間に営まれる働きである（生物内の自然の素材からの変化は様々な段階にあるが）。この過程は自然史であるとともに社会史、人類史であって、人間の歴史でもある。この結果、いわゆる文明の進歩発展は、光の部分として人間生活の「豊かさ」を生み、影の部分として環境問題を生み出した。環境変化の反映（適応）でもあるが、人間の自然性、即ちヒトとしてのあり方にもまたストレスや不定愁訴などを生み出した。加えて自然から「モノ」を生み出す企業化に基づく社会的労働は、その「モノ」の作り方や、それらに基づく人間の認識、科学と技術、思想などとの相互作用を生む。人間の生存と生活の営みのすべてに影響する。

なぜなら生活に用いるすべてが自然の社会化（労働を含む）から生み出されたものだからである。しかも、その生産は技術の発展によるのだが（科学と関係しつつ、現在では次第に技術発展のための科学が大きな部分を占めている）認識の発展も人間の営みとして、しぜんに生み出されてもいる。それが「知」として自然との対応（コミュニケーション的行為）のなかから実利とは別の発達を遂げている「知」（言語的世界のあり方と、芸術的活動など）が生じている。

ヒトとしての人間の自然性は、生物的法則性に従って発達する部分も含まれているため、このような人工的世界のなかで、人間は相対的に独自性を保つ。しかし、当初の道具から生まれた「モノ」のすべては人間の生活を物質的に豊かにした。その生産が組織的に社会化されるにつれて社会法則（現在は市場原理に代表される資本の論理など企業的社会化）に人間の欲求との相互関係を含んで発展していき、ついには人間の欲求や営みを支配するようになった。「モノ」が世界のあり方に決定的影響（認識、価値観なども）を与えるようになったのである。

人間の自然性はすべてがこの流れに支配され尽くしたのだろうか。疑問の余地はあり、身体への影響は歪みを生み、知覚されている。人工の世界がカプセルのように人間のすべてを囲い込むようになりつつあるとき、かつての自然の断片や人間相互の関係などに触れていた時代を経てきた年長者が人間の自然性を残しているともいえる。人間的自然さとは野性的とは同じではない。人間生活の複雑さや猥雑さなども含み込んでいる。

そのような、いわゆる人間臭さのなかで、自分史を過ごした生活者が持つ多様な形質の法則性を（それは地域の持つ生態的な条件なども問い直し）確立することを考察せねばならない。人間のしぜんな自然性として、人間存在の基礎を含めた、また「知」のあり方までを含む構造的、階層的なあり方を（総合的と言えようが）問い直す課題を提起している。

4　新しい「学」のあり方への試み

人類史と歴史は、これまでのような自然史と社会史、文化史そして地域史が含まれ、さらには生態史観と相互関係を持って時を経ていくものであろう。

動物のあり方に基づく生物の進化史は、物質の階層的進化によって生み出した生命活動の特殊性である物質交代と、その他の生理的働き、さらに生物界の中で多様な方法で維持を続ける働きである。太陽エネルギーなど自然を利用しつつ再生産過程までも含む生態的地位を占める諸条件を可能にする形態と生態とである。それが生物界の多様な種であり、その維持のための生態的行動を可能にする個体発生、それによって生物界内の各種が存在を可能にする種間関係である食物連鎖などの生活様式、さらに生物界の系統分化とに基づいて営まれた。種形成は自然の、このような発展のうえに出現した。

生物界内のさまざまな種が分化してきた系統性のひとつ、陸上哺乳類とその自然な進化過程から生まれた人類は、子を産み乳で育て、毛衣で保温し体内機能を高める恒温性など、ヒトとして引き継いできた。この諸過程は、進化生物学の明らかにするところだが、大きな進化の流れの中で、人間への途で、いくつかの特殊な形質の歴史がある。その一つは、個体性の発達である。陸上脊椎動物は、子の育て方を含め、少産育児という繁殖様式で、単なる増殖ではなく発達した個体にさまざまな能力を付加して繁殖を確実にした。個体性の発達した大型種の子孫の少数への進化は、実態として哺乳類で見られる。ゾウなどの有蹄類やクジラ類、さらに類人猿である。生物の進化が人間の地域文化や個性の多様な発現を進化史的に準備したのである。

現代の生物学からの人間観が、脳と遺伝子とによる言語等にこだわるあまり、進化を広く考察することを欠いたまま、生物界を対象とする特殊性を差し置いて、物質レベルでの人間像に向かうのは（実は欠落と乖離があるのに気づかないか論及を放置するかだが）、現代自然科学の還元的分析重視に由来する。

この方法と方向は、人間の自然性である身体の医療において、一つの巨大な流れを形成している。それに対して「科学不信、医療不信」という一般的な市民的感情が生まれている。このような社会動向と「知」への信頼を回復するには、各領域がそれなりに総合性を持ち、しかも現実の中でのしっかりとした現段階での位置を示す学側の論理（法則の適用限界など）を提出することが求められる。人間観を基礎とする教育、とくに科学教育と家庭科、体育などの教育で必要であり、また、その教育には、文字通り感性の涵養を含む教育を加えるといったことが対象となるだろう。義務教育過程での課題は別として、広く人間理解の教育を与えるに際しては、論理上は人間存在の階層的構造に基づく教育ということになるのであろうか。

人間存在の階層的理解においては総合に関わるアプローチと教育との相互追求は当然のことであろう。とくに、多くの人間関係学部や学会が二十世紀後半からうなぎ上りに増大している大学においては、こうした流れからの要望があるのではなかろうか。もちろん、これらの多くが既存の人類学や心理学、教育学関係の再編であり、むしろ重要なのは教養学関係の再構成の論理である。とはいえ今日では、大学においても大学ビジネスと「知」の関係が建前はともかく、分裂している状況下にあるので大学教育を論ずることはここでは置きたい。重要なのはむしろ自然科学と人文・社会科学の総合の現実課題である。

社会科学と自然科学とが総合的にはたらく具体的な人間像の形成には、私論に関して「自己家畜化と自己人為淘汰」からの人間観を深めることが課題となる。というのは、現代の自然科学からの人間観（それにつながる科学のあり方）と社会科学及び人文科学のあり方との差違を統合、構造化する契機となると思えるからである。現代の自然科学、とくに生物学の動向からの人間存在の構造的階層の理解では、進化史的な解明は別として大きな差がある。たびたび、指摘するように、むしろ解明の方向は総合とは逆になっている。というのは現代生物学においては生物の法則性が物理科学的法則によって解明され尽くすとみなす。この「科学的理解」による跛行的人問観の横行は、総合的な現象、とくに社会的現実への適用に安易だからである。

これまでの社会や文化の位置づけには、動物進化をふまえた人間化と社会化、さらにこれらを含む精神世界といった人間存在の総合的理解が十分ではなかった。以上のような人間存在の構造のゆえに、人間の心身の形成が、人間が作り出す「モノ」の世界に含み込まれつつある。「モノ」の世界は社会的な「モノ」の生産と存在様式（店とか）との相互関係で成立している。

なによりも現代は、このような人間存在の構造に、現在、起こっている問題を位置づけて構造的、歴史的（自然史、人類史、社会史〈地域史を含む〉）に見るところから「知」の再生が始まると思う。これまでの基本的な社会構造と人間存在との間に新たな課題が起こったのは、例えば大量生産技術による「モノ」の量と質とによる多様化が人間を包み込み、これまでの社会構造に付け加わったからである。また、『人間は見た目が9割』というベストセラーが力を得ているように人間内のヒトが、その感性で視覚中心の生態を営んでおり、さらに印象によって意識が支配されるようになったからである。この例のように、これまでの社会において人間の動向、しかも情念的動向は「民主的」と言われる社会での大衆の「モノ」への嗜好がもたらした「経済」に左右される。「モノ」のなかでも通貨の役割を生み出した仕組みが、ヒトの自然性とどのように関わるのかも問わねばなるまい。しかし、少なくとも「モノ」の広告で、視覚の発達したヒトの自然性が影響されるうえ、娯楽をともなうテレビ放送という仕組みが家の中に入っている有様だからである。

それでは、人間（ヒト）にとっての「自然な」すなわち本性的な存在様式とは、との問いが総合人間学のめざす課題となり、それを明示することが歴史的な変化を含めて重視されよう。その課題との関連からは、自然科学と社会科学との相互関係のもとに、「モノ」のあり方を定める具体的な生活学（生活科学）が新たに提起されると思う。いわゆる狭義の実証科学、とくに現代の還元的な科学とは異なるので、生活学とすべきであろう。再論になるが、実践性を持つ人間観、個人までを視野に入れた人間性を基礎にした生活学である。この前提として私は、現代の「知」の体系化にあたって、従来の自然科学と社会科学、さらに芸術、文化、思想などの構造化統一的体系の構築の必要性を強調したい。

5 おわりに

総合化は、構造化、それも対象に応じた法則性をかつ認識の体系化との相互関係を経つつの樹立である。これは多方向からの総合的接近と解明とを重ねつつ生み出す研究であり、課題でもある。

現実の諸問題に対して知的な論理からの有効な提言をするには、「学」のあり方を構成し直す点を要する。これらの課題（論理的）のすべてを論ずるには、とくに哲学の専門家との協同研究に待たねばならないのだろう。共通して言えることは、自然科学においては現実の課題を解明する方法として、とくに階層の法則性のうち下位の法則性（例えば生物なら物質的な法則性による解明）が本質的であるとみなす、現代の科学（学問）の大きな流れがある。それとは異なって、むしろ上位の法則性による解明を主として考究することが総合的なアプローチや現実の社会での課題に視点を提示する。それが下位の法則性の位置づけと共になることが、総合的なひとつの新しい「知」の方法であると思う。

学の世界だけではなく、いろいろな条件により総合化され現象化している様々な事象の諸法則性を解明することと併せて、歴史的にどのように形成され、具体的な問題として特殊な条件による独自の出現、その現象が解明されたとき、現実の実践への指針として「学」の有効性、すなわち「知」として生きるのではなかろうか。

私自身、総合人間学の研究からの「興味」は次のことである。

ヒトが人間化（同時的であったかも）するにあたって作り出した化石や遺跡に明確に残っていない木や石（あるいは骨）を、習慣的な道具使用（日常化）によって、ヒトの生物的適応の法則性の働きで人間の存在形態が変化した。その後の道具の発展は、社会的法則性による人間の自然への働きかけであり、人間の能力との相互進化の法則性（人間・ヒト）の特殊性――社会による進化と文化様式を生み出した。出現したのは、人間の生活様式と社会と文化との相互関係にある重層的構造であり、人間の存在様式の構造化である。人間社会と文化とが作り出すすべての「モノ」と人間の自然性（ヒト性）との相互作用の結果（相互適応、相互進化）は、どのように人間の未来、またヒトの未来を生み出していくのか。この過程に付随して起こる社会、文化、生活などの諸状況は、この構造に由来する反映と思う。その解明はまた現実の人間理解の総合的課題を提起するように思える。人類学、その他既存のすべての「学」の位置の認識は、人間存在の構造的認識の前提として整理されるべきであり、総合人間学として保持されるのであろう。

〔おばら　ひでお／女子栄養大学名誉教授・動物学〕

人間の現代的な理解——人間は宇宙のどんな存在か

小尾 信彌

序

人間とはなにか、どのような存在なのかを理解しようとするとき、いろいろな視点に立って論じることができる。しかしいずれにせよ、そもそも人間はこの宇宙でどんな存在なのか、そのことを考察するのがこの小論の目的である。そのことが、知的生命としての人間を理解するうえで多少とも有用であると考えるからである。

人間が宇宙のどんな存在なのかが具体的に理解されるようになったのは、二十世紀後半である。それを可能にした原動力は、新しい観測技術と新しい物理学である。新技術を駆使した超大型望遠鏡は人間の視界を宇宙の地平線（後述）にまで拡げ、第二次世界大戦後の電波天文学や、宇宙開発で実現した地球大気圏外の観測で私たちは、光で見た穏やかな宇宙とは違う激しく活動的な宇宙を知った。

新しい物理学は相対論と量子論で、相対論は物質や重力を含む空間と時間を扱うことを可能にし、二十世紀後半には新しい観測をもとに相対論的宇宙論が開花した。一方量子論によりミクロな世界を理解する手段を獲得し、星の大気や内部の理解が進み、星の原子核反応や、反応の進行に伴う星の進化も解明され、宇宙における元素の起源や進化も知れた。また素粒子の研究も進み、いまや初期の宇宙から宇宙の誕生までが議論されるようになった。

1　宇宙とはどんなものか

時間、空間、物質のすべてを含むこの宇宙が誕生したのは、およそ一四〇億年前である（第2項）。無限といえるほど長い宇宙の存在（第7項）の中で、人間が存在する現在は、およそ一兆年にわたる、銀河の時代のごく初期である。現在の宇宙では、ほとんどの既知の物質は天体として存在しており、それらの天体が秩序立った階層構造をしていることが大きな特徴である。そして現在の宇宙では、宇宙を構成する基本的天体は無数といえる銀河で、世界最大級の望遠鏡の視界には千億を超える銀河が見られる。銀河は一〇億〜一兆個程度の星（恒星）の集団である。星は太陽を一つの典型とするように[1]、莫大な物質が自己の重力で球形の天体をつくり、高温度の中心部で起こる[2]水素の熱核融合反応（水素反応）で莫大な熱を放っている。星の質量は太陽の〇・一〜五〇倍程度で、光度（全放射量）は太陽の10^{-5}〜10^{5}程度である。表面温度は数千〜数万K[3]（太陽は約六〇〇〇K）で、星は熱い気体《ガス》の球である。星には太陽のように、周りを多数の小質量の冷たい天体（惑星など）が公転しているものもある。

太陽が属する銀河（銀河系）では約二〇〇〇億の星が直径一〇万光年[4]の薄い円盤状に分布し、太陽は中心から約三万光年に位置する。星間の空間には固体微粒子（ダスト）を含む気体《ガス》（主成分は水素とヘリウム）があり、ガス星雲や暗黒星雲をつくっている。巨大な冷たいガス雲の内部では若い星々が誕生している。一方、寿命を終えた星の残骸であるコンパクト星（第4項）には、電波やX線等で活動しているものもある。銀河系中心部には星や星間物質が密集しており、中心には太陽の数百万倍の質量のブラックホール[5]が活動している。

銀河系の外には、数えきれない銀河が果てしない空間に見られる。これが現在のわれわれの宇宙である。銀河は銀河系のような円盤状の渦巻き型の他に、楕円型や不規則型などがある。銀河は一般に数十〜数百が集って銀河群や銀河団をつくっている。さらにそれらが集った超銀河団が知られている。現在の宇宙は、超銀河団、銀河

団、銀河、星々と、整然とした階層構造をつくっている。この階層構造は、銀河の時代を通じて維持される。

これらの階層を通じ、現在の宇宙の天体は九二の元素でできている。これらの元素は、宇宙誕生直後の元素合成に始まり、星の形成と進化、超新星爆発など、多くの物理過程の連鎖を経て変化してきたし、変化している。現在の宇宙の平均的元素組成で、主成分は水素Hとヘリウム He で、質量比は約三対一、それ以外（重元素）は質量比で合計二％程度で、質量比の多い順に、酸素O、炭素C、ネオン Ne、窒素N、マグネシウム Mg、ケイ素 Si、鉄 Fe、硫黄S、である。これにHとHeを含めた一〇元素が宇宙の主要元素で、太陽と地球、地球上の生物の主要構成元素である。宇宙の平均的元素組成は、銀河の時代を通じて変化する。

次に述べる宇宙の三つの大局的な特徴は、銀河の時代が終った後も基本的に維持される。

Ⅰ　観測される限り、宇宙は大局的に一様かつ等方である（宇宙原理）。

Ⅱ　遠い銀河や銀河団はどれも、距離に比例した速度でわれわれから後退している（E・ハッブル[6]、一九二九年）。

Ⅲ　宇宙には、あらゆる方向からほぼ同じ強さで飛来するマイクロ波電波があり、現在は波長約一ミリ、絶対温度に換算して約二・七Kのエネルギーをもつ光子であり、放射のエネルギー分布が黒体放射の分布なので、二・七K宇宙背景黒体放射と呼ぶ（A・ペンジャス[7]、R・ウィルソン、一九六五年）。

2　ビッグバン宇宙の誕生

宇宙の無数の銀河間に働く作用は重力で、宇宙という強い重力場の重力理論はA・アインシュタイン[8]の一般相対論（一九一五年）である。宇宙原理を前提にアインシュタインの方程式を解いたA・フリードマン[9]のモデル（一九二二年）によると、宇宙は収縮あるいは膨張、あるいは膨張の後に収縮する。その後ハッブルの法則が発見され、宇宙は現在膨張の段階にあり、三〇年代には膨張宇宙の考えが広く受け入れられた。

銀河の後退速度は距離に比例して増大するので、遠い銀河の後退速度は光速度に近づき、観測できなくなる。その距離はおよそ一四〇億光年であり、そこがわれわれにとって宇宙の〝地平線〟である。地平線の距離を光速度で進むには一四〇億年かかる。宇宙が過去に同じ速度で膨張を続けたとすると、一四〇億年以前には宇宙は小さな部分に収縮していたことになる。このことから、一四〇億年は、宇宙の年齢の目安である。

膨張を過去に遡ると、宇宙はどんどん小さくなり、背景放射の温度は宇宙の大きさに逆比例して高くなる。誕生から三分目では約一〇億K、一秒目では一〇〇億Kになる。一九四六年頃G・ガモフ[10]は、宇宙をどんどん遡ると超高温度・超高密度になるから、そんな小さな宇宙が爆発的に膨張を始め、大きな膨張速度を初期の条件として与えれば、フリードマンの膨張宇宙が実現すると考え、その大爆発を〝ビッグバン〟と呼んだ。そして、その灼熱状態の名残りの放射が現在、五～七Kのマイクロ波背景放射として全宇宙を充たしていると考えた（一九五一年頃）。この背景放射は三K宇宙背景黒体放射として六五年に検出され、ガモフのビッグバン説が確立した。

ビッグバン宇宙の初期を考えると、一秒目で約一〇〇億K、それ以前はさらに高温度なので、現在の宇宙の構成物質はすべて核子（陽子、中性子）や電子などの素粒子やその反粒子であり、それらの粒子が宇宙の構造やふるまいを決めることになる。一九七〇年頃から宇宙初期の研究が素粒子物理学と一体になって進められることになった（粒子宇宙論）。その研究によると、誕生はじめの一秒で、その後の宇宙を構成する粒子と、それらの相互作用は決められた。宇宙のシナリオははじめの一秒で決められたといえる。現在の宇宙では〝強い力〟、〝電磁力〟、〝弱い力〟、〝重力〟の四つの相互作用が知られており、およその強さは、1、10^{-2}、10^{-13}、10^{-39}と桁違いである。重力と電磁力は古くから知られた遠くまで届く力だが、核子を原子核内に束縛する強い力と、原子核の崩壊を引き起こすなどの弱い力は、原子核内ほどの距離しか届かないミクロな力で、二十世紀前半に知られた。

現在宇宙で起こるすべての現象は、遠い天体での現象から人間の体内の現象まですべてこの四つの力によるが、宇宙はこれらの力で誕生したものではないし、宇宙にはじめからこれらの力があったのでもない。時空が量子論的にゆらいでいた誕生直後の宇宙で重力が生まれ、時空が一般相対論で記述されるようになったのはプランクの時間[11]（10^{-43}秒）で、このときの温度10^{32}Kは宇宙の最高温度である。その後の膨張で宇宙は急速に冷え、空間が相転移して次々と新しい力が生じた。プランクの時間で10^{-33}センチであったミクロな宇宙は指数関数的な膨張で一センチのマクロな宇宙となり、このインフレーション期の終り（10^{-36}秒）に、強い力と弱・電磁力が現われ、この急激な膨張で宇宙の空間は一様で平坦になった。その後（10^{-11}秒）弱い力と電磁力が分かれて力が揃い、宇宙進化の準備が整った。ここで揃った粒子がその後の宇宙のすべてをつくることになるが、一秒を過ぎた超高温の宇宙は光子の海にわずかな核子等を浮かべて膨張を続け、三分の頃（約一〇億K）までに陽子と中性子が次々に結びついてヘリウム核をつくった。あとは陽子（水素核）のまま残り、水素とヘリウムの割合は質量比で約三対一（数の比では約一〇対一）で、他にごく僅かな水素とヘリウムの同位核がつくられた。

3　人間出現への準備

人間の出現には、生命が誕生し、長い進化の後で知的生命となるような場が必要である。現在の宇宙で典型的な天体である星は、太陽のような高温度のガス球で、そんな場にはなり得ない。場となるのは固い表面をもつ冷たい天体で、適当な量の大気を保持するだけの重力をもち、安定したエネルギーの保給源も必要である。しかるべき星を回る惑星や、惑星を回る衛星等である。

しかるべき星とはどんな星か。太陽は平均的質量の星で、半径や光度、平面温度も平均的である。表面温度は約六〇〇〇Kで、寿命は一〇〇億年程度である（現在は誕生から約四六億年）。その重力で公転する惑星の中で固い表面をもつ地球型は太陽に近い四惑星で、第三惑星の地球は太陽から一・五億キロ（一天文単位）の距離にある。

最も外側の海王星の軌道は太陽から約三〇天文単位で、水星、金星、地球、火星の地球型の四惑星は、海王星軌道の約二〇分の一という太陽系の芯の領域で形成され、岩石質の固い惑星となった。その外側では、固い表面のない冷たい大型惑星ができた（第5項）[12]。しかし太陽に近い地球型惑星の領域でも、水星と金星は温度が高すぎて生命の誕生と進化には適せず、火星より外側では温度が低すぎ、生命の誕生と進化が可能な温度の範囲はごく狭い。その点では、太陽より重く表面が高温度の星では、より広い範囲の軌道が生命の誕生と進化に適することになり好都合である。しかし重い星は寿命が短かく[13]、その惑星では誕生した生命が進化する充分な時間がとれない。一方、軽い星は寿命がずっと長くて進化の時間は充分あるが、表面温度が低くて放射の担当部分が赤外線であり、生命の誕生と進化に適する温度の範囲は太陽と比べてずっと狭い。

寿命もかなり長く、また適する温度範囲もかなり広いという二つの条件を考えると、質量が太陽の〇・七～一・四倍程度で、表面温度が約四五〇〇～六五〇〇Kで、寿命が数百億～三〇億年程度の星を回る地球型惑星となり、地球はまさに最適の惑星である。

海王星まで広がる太陽の惑星領域の、わずか二〇分の一という芯の部分に地球はある。原始太陽は安定した太陽になる前に、ごく短い期間、現在の数百倍にも輝いた時期があり、後に惑星になる原始惑星雲の芯の部分はそのときあぶり焼かれ、惑星雲の主成分である水素とヘリウムは重力が小さい地球型惑星から逃げた。残った主な元素は、酸素、炭素、ネオン、窒素、マグネシウム、ケイ素、鉄、硫黄などである。化学的に活発な酸素は、水素とは水（H_2O）、炭素とは二酸化炭素（CO_2）、ケイ素とはケイ酸（SiO_2）を、マグネシウムとは酸化マグネシウム（MgO）、鉄とは酸化鉄（FeO）をつくり、水と二酸化炭素は温度が高い太陽系の中心部では気体で、重力が小さい地球型惑星からはかなりが逃げた。残りの三つの酸化物 SiO_2, MgO, FeO は固体や液体で、結局これらが地球型惑星をつくった。これら三つの酸化物はさらに結合して[14]、マグネシウムや鉄のケイ酸塩（シリケイト）

をつくった。これらの化合物が結晶となって鉱物という単位をつくり、それが集って地球上の岩石を、また隕石をつくっている。つまり地球型惑星は、内部が高密度に圧縮されたケイ酸塩の天体なのである。

こうして誕生した地球には、どんな生命が誕生するのか。太陽からの距離、その重力で保持された適量の大気、大気の成分等にめぐまれ、水惑星といわれるように表面にも大気中にも水が豊富であり、太陽からのエネルギーとともに、あらゆる地学現象やほとんどの生命現象に水が欠かせないものとなった。この豊富な水と炭素化合物でできているのが、人間をはじめとする地球型の炭素型生物である。生物をつくっている核酸も蛋白質も、エネルギーを運ぶ物質も、すべて炭素化合物である。これらは水があって動いているのであり、水と炭素化合物でできているのが地球型生物である。炭素は結合する手を四本もった元素で、いろいろな原子と直接結合できる。[15]また、炭素同士がくっついて長いクサリ状につながったり、環状になったりして、複雑な高分子化合物をつくる。このため、生物に都合のよい多種多様な炭素化合物ができてくるのである。

4　地球と人間の素材

ここで見たように、地球や地球型生物にとっては、炭素や酸素、マグネシウムやケイ素、鉄など、誕生直後の熱い宇宙ではつくられなかった元素が必要である。それらが用意されたのは、銀河の時代を迎えてからである。

誕生直後の熱い宇宙は膨張を続け、三〇万年もたつと背景放射は四〇〇〇Kまで下がり、優勢だった放射に代わり物質のエネルギー密度が放射のそれを超え、物質に働く重力が宇宙進化のかじを取るようになり、宇宙の物質に濃淡が生じて天体形成の準備ができた。やがて数億年たった宇宙では数えきれない銀河が形成され、銀河内には多数の星が形成された。銀河の一つがわれわれの銀河系で、約二〇〇〇億の星が形成された。こうして、およそ一兆年にわたる銀河の時代の幕が開いたが、宇宙の成分は水素とヘリウムだけである。

銀河の星々は、中心部（一～三〇〇〇万K）で起こる水素の熱核融合反応（水素反応[16]）で放たれる原子エネルギーで輝く。星は寿命の大部分を安定したこの段階（主系列星）で過ごす。中心部の水素を消費すると老年期に入る。星は光としてエネルギーを放つと中心部がつぶれて高温、高密度になる構造で、水素反応の燃えかすである中心部のヘリウムは一～二億Kになり、ヘリウム反応[17]で熱を放つ。ヘリウムが枯渇すると中心部は再びつぶれて八億Kとなり、炭素が反応して酸素、ネオン、マグネシウムなどの重い元素が合成され[18]、それが再び次の融合反応の燃料として使われ、中心部に向かってどんどん重い元素が合成されていく。そして中心部が四〇億Kになる頃には鉄が合成されるが、鉄は安定した核で融合反応で熱を放つことはなく、星の進化はこの段階で終る。もっとも、すべての星で反応が鉄まで進むのではない。太陽の重さの星では、炭素が合成されたところでそれ以上反応は進まない。重い星ほど中心部は熱くなり、より重い元素が合成される。鉄の合成まで進むのは、太陽の一〇倍程度より重い星である。

老年期に入ると星は外層部が大きく膨らみ、それまでの数十倍以上も明るい〝巨星〟や〝超巨星〟となって一生を終る。寿命が約一〇〇億年の太陽は、数十億年後にこの段階に達する。太陽程度の重さの星は、巨星の段階で希薄な外層部を流出し、残された超高密度（一立方センチが一～一〇トン）の芯が〝白色矮星[19]〟となる。質量が太陽の一〇倍以上の星では、鉄の芯はつぶれて五〇億K以上にもなり、鉄の原子核は熱を吸収してヘリウム核と中性子に分解[20]する。熱を吸収された中心部は圧力が急減して重力崩壊し、それが星全体の爆発に転ずる。これが〝超新星〟爆発[21]の一つの型で、太陽の一～一〇〇億倍の光度に達する。星全体が吹き飛んだり、押しつぶされた中心部が〝中性子星[22]〟や〝ブラックホール〟として残る。中性子星の密度は一立方センチが一億トン程度で、白色矮星、ブラックホール等の超高密度星とともに〝コンパクト星〟という。

超新星の爆発で吹き飛んだり、老年期の巨星、超巨星から流出した物質は、星の内部で合成された重元素とともに星間の物質中に混ざる。その結果、星間のガスに炭素や窒素、酸素、ネオン、マグネシウムやケイ素、硫黄や鉄などが混入する。超新星の爆発では、爆発時の超高温の中で、星の内部では合成されない多くの元素も合成される。また中心部の鉄の分解で発生する多量の中性子が鉄などの核と反応し、ウランまでの多くの元素をつくる。

これらの重元素が混じった星間物質中で次の世代の星々が生まれ、それらの内部で合成され、超新星の爆発でできた元素は再び星間物質を汚染し、そこで再び次の世代の星々が誕生し進化する。こうして銀河系内では星の世代交代がくり返され、元素が進化してきた。太陽の寿命は一〇〇億年と長いが、重元素の合成に有効な重い星の寿命は、一〇〇〇万年程度と短く、星の世代交代の効率はよい。その結果、はじめは重元素がゼロであった銀河系も、今からおよそ五〇億年前になると、重元素の総量は質量比で二％程度と、現在の太陽系に見られる量に達した。

5　地球そして人間

宇宙は銀河の時代に入っておよそ一〇〇億年が経ち、銀河系内では太陽や地球、人間の素材も整った。四六億年ほど前、銀河中心から約三万光年の、冷たく濃いガス雲の中で平凡な星として太陽が誕生した。雲の中で密度の大きい部分が自分の重力で収縮し、解放される重力エネルギーの一部が表面から放たれて原始星となり、一部は内部を暖めた。大きく明るい星として誕生した原始太陽が急速につぶれる過程で、中心部が一〇〇〇万Kをこえるとそこで水素反応が始まり、安定した主系列の太陽となった。

星間雲の濃い部分が自分の重力でつぶれるとき角運動量が保たれるので、中心の原始星と、その周りの回転する円盤〝原始惑星系円盤〟という構造が自然に形成される。円盤の質量は原始星の一％程度で、星（太陽）から遠ざかると密度が小さく厚くなる。円盤は、〇・〇一ミリ程度の固体微粒子（ダスト）が混ざった星間ガスである。ダストの主成分は、三天文単位（火星と木星の間）を境に、内側は温度が高いので岩石質（ケイ酸塩や金属）、外側は水、アンモニア、メタンの氷に岩石ダストが混入し、太陽からの距離によるダスト組成の違いが、地球型惑星と、巨大ガス惑星（木星、土星）、巨大氷惑星（天王星、海王星）の違いとなった。

原始惑星系円盤では、ダストは円盤の中心面に集ってダスト層を形成する過程で衝突合体をくり返して成長し、数十万年で数キロの塊（微惑星）をつくる。太陽を中心に半径が〇・一光年以上の巨大な球殻をつくる彗星の巣[23]（集団）は、氷質の微惑星の生き残りであろう。微惑星は太陽を回りながら衝突合体して原始惑星に成長する。そして原始惑星同志の衝突で、内側では地球型惑星に、五～一〇天文単位では地球の一〇〇倍程度の巨大ガス惑星の木星、土星に、二〇天文単位より外では地球の一〇倍程度の巨大氷（水、メタン、アンモニア）惑星ができた。

こうして約四六億年前に、太陽を回る第三惑星として地球が誕生した。自転軸の傾きで四季が、自転により昼夜（当時は約五時間周期）が生じた。地表の温度は、太陽からの放射量と、大気中の温室効果ガス（水蒸気、二酸化炭素、メタンなど）の量に依存し、その量や成分は地球の地学的進化や地球上の生物進化に左右されたが、炭素型生物の誕生と進化に好都合な太陽系の惑星として安定した。

高エネルギーの電磁放射や粒子放射など太陽や宇宙からの放射を受け、大気中の放電など地学活動の影響を被るなかで、多くの偶発的な要素に左右されながらこの水惑星上には数億年のうちに生命が誕生した。成分や温室効果が変化する大気に包まれ地学的に変動する地球上で、太陽活動や宇宙放射の影響を受けながら物理、化学、生物学的な過程を経て生命は地球を包む海と陸で進化を続け、その一つの枝の先に人間の祖先が現れた。

6　宇宙と人間

宇宙誕生の初めの一秒で、現在の宇宙の全粒子と、それら相互の作用が整ったとしても、その後は物理法則に忠実に従っただけで、地球や人間を含む現在の宇宙に至ったのではない。あらゆる場面で、偶然や確率的要素が介在した。例えば銀河系内で太陽程度の星が形成される際、その周りに原始惑星系円盤が、やがて惑星系が形成されやすいこと、その際内側には地球型のケイ酸塩天体が、外側には木星型や天王星型の惑星が形成されること、また条件によっては内側には水惑星ができることなどは、物理法則から直接導かれることである。しかし、具体的に地球が太陽の第三惑星として形成される際、公転軌道が少し内側あるいは外側であったり、質量が少し現在と違っていたら、太陽放射と大気の温室効果に敏感な地球上の温度や環境は大きく違い、生命の誕生や進化は勿論、水惑星であることも極めて疑わしい。太陽放射や宇宙放射、地球上の地学活動が、生命の誕生と進化に関わる偶然や確率的要素を大きく支配したことは疑いない。水惑星としての地球、そしてそこで進化した人間は、宇宙進化の極めて微妙なバランスと偶然が重なるなかでの存在であり、奇蹟というほかない。

そもそも物理定数や物理法則が現在の宇宙のものであるから、奇蹟とはいえ人間が現れ、母なる宇宙をそれなりに理解し、自覚する宇宙が実現した。物理定数や物理法則が異なる宇宙があっても、その宇宙を認識する知的生命が存在しなければ、そんな宇宙は存在しないのも同然であり、存在の意味はないともいえる。実際、宇宙が現在のような宇宙であるのは、それを認識する人間が存在するからだ、と主張する立場〝人間原理〟もある。

宇宙から見ると人間は、階層構造がやっと整った〝銀河の時代〟のごく初期に、点のような冷たい天体上に今の瞬間を生きている。進化の道筋の中でどのような偶然が重なった結果かは不明だが、二本足で歩き、手で道具と火を使い言葉を駆使するなど、これまでの動物にない知的能力を獲得した。食欲や種の保存欲など生物本来の欲望のほかに、知的生物となった人間の欲望は、文明の進展とともに際限なく拡大した。個人のレベルの欲望は地域や民族や宗教の集団、そして国家のレベルに拡大し、地球上でとどまることのない紛争や戦争を続けてきた。科学と技術の進展は人間の新たな欲望を喚起し、それらの欲望に駆られて地球資源の大規模な浪費を続け、地球規模での環境破壊を招いている。核開発や宇宙開発の技術を投入して大量殺戮の手段を手にし、一方で地域格差や人口・食料・エネルギー問題等の危機を招いている。人間の知恵が現代の科学と技術の進展に追いつけないということであり、知的生物としての人間はその真価を問われる段階にきている。

しかし、人間の理性や知恵が、人間の欲望に駆られたこれらの危機を克服できるという保証はない。理性や知恵が欲望を克服できなかったことは、古今東西の歴史が示していることである。生物進化のどの段階でどのようにして人間固有の理性と知恵、そして欲望を獲得したかは不明である。ただ、理性と知恵はもともと人間を特徴づけるものとして具わっていたとすると、文化や科学、技術の進展とともに果てしなく拡大する欲望を理性と知恵で克服することは難しく思えてくる。科学や技術のように蓄積した知識のうえに展開される領域は別として、人間としての理性や知恵が人間の歴史の時間の中で進展し、人間の価値を変えるとは考えにくいからである。

7　宇宙にとっての人間

人間が自らの欲望に自滅することがないとしても、その存在は宇宙的にはごく短い。太陽は誕生以来中心部の水素の約半分を消費し、そのため太陽放射は二〇%程度増加し、地表の温度を上昇させてきた。地表温度の上昇は今後も続き、地球上の水はやがて失われる。それから数十億年の後に、老年期に入った太陽の放射は現在の数十倍以上となり、岩塊となった地球は他の地球型惑星とともに太陽放射で蒸発し、銀河系の星間物質に還元される。人間の中にはビッグバン以来の宇宙の痕跡が見られるが、人間が宇宙に残すものはない。現在の宇宙には、人間と同じように宇宙をある程度理解している知的生命が他にもいると思われるが、すくなくとも今の宇宙は、人間の存在によって自覚している。このことは宇宙にとって無意味ではないし、人間を宇宙の特異な存在としているゆえんである。

しかし、宇宙はいつまでも自覚してはいない。銀河の時代はやがて終るからである。星に寿命があるためで、太陽質量なら一〇〇億年、重元素の供給に有効な重い星なら一〇〇〇万年程度と短い。寿命の終りに星は相当量の物質を星間物質に還元し、超高密度のコンパクト星を残す。汚染された星間物質中では新たな星々が生まれ、進化する。こうして星間物質を新陳代謝の場として星は世代をくり返す。やがて銀河系は老化する。星の内部で合成される重元素で星間物質は汚染され、星の主燃料の水素が減って重元素がふえる。一方、星が最後に残すコンパクト星は、若い星の材料として再利用できない銀河系のカスである。この二つの原因で、星の世代交代はやがて止む。およそ一兆年であり、輝く星の大集団としての銀河系の寿命は終る。その頃までに銀河系や他の銀河で予想される知的生命も終末を迎える。無数の銀河は黒色矮星（余熱を失った白色矮星）や中性子星、ブラックホールなど暗黒なコンパクト星の巨大な集団となり、宇宙が自覚することはもうない。

そんな銀河系内では無秩序な運動の暗黒星同士の近接遭遇で半分の星は系からはじき出され、残りは中心部に落ち込んで巨大なブラックホールをつくる。やがて銀河団も崩壊して宇宙の階層構造は消滅し、残るのは空間に一様に散る暗いコンパクト星と巨大ブラックホールである。10^{32}年が経過するなか、ブラックホール以外のコンパクト星は陰陽の電子となって蒸発し、陰陽の電子は対消滅して光となる。こうして残るのはブラックホールだけとなり、あとは一様に空間を充たす光（電磁波）とニュートリノだけである。ブラックホールも量子論的効果でゆっくり蒸発して電磁波となる。太陽質量で寿命は10^{63}年程度、寿命は質量の三乗に比例するので、銀河系中心にできる巨大ブラックホール（太陽の一〇〇〇億倍）の寿命は10^{96}年程度である。

こうして暗黒な宇宙に残るのは電磁波とニュートリノと、対消滅を逃れた僅かな陰陽の電子である。宇宙では何も起こらないかもしれないし、〝時間〟にどんな意味があるかもわからない。銀河の時代が終って自覚することのなくなった宇宙は、さらに、ずっと近い未来、地球も人間も存在しなくなった宇宙は人間にとってどんな意味を持つのだろう。

〔おび　しんや／東京大学名誉教授・宇宙物理学〕

注

（1）太陽の質量は約2×10^{30}kgで地球の約三三万倍

（2）一〇〇〇万Kを超す高温度で熱運動する水素原子核（陽子）同士の衝突による融合反応で始まる一連の反応で、結局は四個の水素核から一個のヘリウム核がつくられる。その際二個の陽電子、ニュートリノとエネルギーが放たれる。

（3）Kは絶対温度の単位で、約－273℃を0Kとし、セ氏と同じメモリで示す。

（4）一光年は光が一年間に進む距離で約9・5兆km

（5）重力が極限の強さの時空の特異な領域で、物質も光もその内部に入ると、外部に出ることも、外部から観測することもできない。その意味で因果の伝わり方が一方向きであり、その半径を因果の地平という。太陽では約3kmで、太陽がこの半径まで重力崩壊するとブラックホールとなる。現在知られているのは超新星爆発で崩壊した星の芯と、銀河（系）中心部の巨大なブラックホール。

（6）E.Hubble　アメリカ（1889－1953）

（7）A.Penzias　アメリカ（1933－）、R.Wilson　アメリカ（1936－）

（8）A.Einstein　ドイツ系スイス系アメリカ（1879－1955）

（9）A.Friedmann　ロシア（1888－1925）

（10）George Gamov　ロシア系アメリカ（1904－68）

（11）自然界の基礎物理定数の重力定数G・プランクの定数h、光速度c、を組み合わせて導かれる宇宙の最短時間。これ以前は時空はゆらぎに支配された混沌の状態であり、宇宙は時間の流れの中で現れたのではなく、時間とともにつくられたと考える。

（12）火星では生命の誕生が可能と思われる温度だが、質量が小さく十分な大気を保てない。

（13）質量が太陽の二倍だと寿命は一〇億年程度。

（14）Mg_2SiO_4, Fe_2SiO_4はカンラン石。$MgSiO_3$, $FeSiO_3$は輝石。

(15) ケイ素も炭素に似て結合する手を四本もち、長い分子をつくることができ、理論的には地球型でないケイ素型生物も考えられる。
(16) 注(2)参照。
(17) 3He→C、C+He→O等の反応でエネルギーを放つ。
(18) 平均的元素組成の、鉄を含む主要な元素はこうしてつくられた。
(19) 空で最も明るく見える星シリウスは、肉眼では見えない白色矮星のシリウスBと、約五〇年の周期で公転し合う連星である。
(20) Fe→13He+4n(nは中性子)
(21) アラビアや中国、わが国(藤原定家『明月記』)にも古い記録が残されている。
(22) 超高密度のために原子核も溶けて全体が中性子の塊となる。周期が数秒以下でこれが高速回転し、その周期で電波、光、X線等を点滅させるパルサーは一九六七年に発見された。
(23) 巣にある微惑星は数十万年かけて太陽系中心部に落下し、表層は太陽熱で溶けて彗星の頭になり、頭のガスは太陽風に吹かれて尾となる。

生物学の立場

長野　敬

「思想は物質をうごかすものだ。そうしてある意味で教授たちは、歴史の人形芝居の隠れたあやつり師である——世界観、価値、問題、また解決を創りだす人物である。一言でいえば、歴史の大ドラマのすべてのシーンがその前で演ぜられるシンボル的背景を創りだすのである。……フランス革命とアメリカ合衆国は、ヴォルテールとルソーとフランス百科全書派の発明品だった。ソビエト同盟は、カール・マルクスが大英博物館の雑誌閲覧室でその下図を引いた。同様なことは現代でも続いている。一般市井の人——あなたの車を修理したり、あなたに生命保険証書を売りつけたりする人たち——の世界観（Weltanschauung）、すなわち人生と世界への見方は、ルクレティウス・カルスやニュートンやロックやダーウィンやアダム・スミスやリカードやフロイトやワトソンの生産したものだ。ただし賭けてもいいが、高校どころか大学卒業生でも、以上の人びとの大部分の名前は聞いたこともないか、あるいはフロイトの名前なら新聞の人生相談欄で見たから知ってるくらいがいいところであろう。しかしせんじつめていくならば、人々が世界をのぞき、また自分自身をのぞきこむめがねを作るめがね屋は、私ども教授なのだ——たとえ彼らがほとんどそのことを知らず、また彼らの比喩的（メタフォリカル）および哲学的（メタフィジカル）な鼻先にこのめがねを乗せた人物が誰

であるかほとんど気づいていないとしても。」（フォン・ベルタランフィ『人間とロボット』一九八二年）

1 「総合」人間学から見る人間

「総合人間学」が目指すものに対して、生物学はどのように位置づけられるのか。なにかを貢献できるのか。そのことがここでの課題と思うが、それを考えるには、まず「総合」の意味をはっきりさせておく必要がある。そうしないと、議論が漠然としたものになる。あるいは混乱する。

(a)まずもっとも常識的に、あらゆる角度からの研究を「総合」的に持ち寄って人間を理解するとき、その一端を生物学も担うということなのか。これは常識的で無難な見方だ。たとえば人間をテーマとしたシンポジウムでもやれば、まずはこういう発想で演者を取り合わせるだろう。多面的で複合的な存在である人間を、生物学の側面から見て、この側面をスケッチするように記述する。しかし無難であるだけに、こうした持ち寄りから何か、これまでにない新しいものが生まれることはあまり期待できない。テーマである人間そのものの内側に踏み込んで、一段ときめの細かい詮索をしてみなければなるまい。

では、(b)人間学に「総合」を冠して呼ぶのは、デカルトに端を発して二つに分裂させられたと称される心・身を「総合」するということなのか。(c)またはもっと教育学的に、知・情・意の不釣合いな扱い、たとえば知育偏重をただす全人的な「総合」を主張するのか。あるいは、(d)現代の先進国の状況のなかで、私的・社会的・国家的な利害を規準とする行動指針と、元来あるべき理念が分裂して、国際間や社会集団間に格差や緊張が生みだされ、生態系に過大な負担をもたらしているのを再び重ね合わせること、つまりは行動と理念の「総合」が要請されるのか。これら(a)〜(d)はどれも緊急の課題で、「総合」人間学という標語が掲げられた動機でもある。だがこれらは、生物学がとらえるべき人間・人類の理解の範囲に収まるのだろうか。

ひとつの比喩として、人類は大自然という親企業のなかで、自分流儀のやり方で数百万年前くらいから、小さな営業を試みはじめた試行グループだったと考えてみよう。やがて文字通りおぼつかない足取りで立ち上がり、歩きはじめたのだが、石器の発明と、とりわけ農業という特許を取得して、この集団は本格的にひとり立ちし、スピンオフを果たすことになった。こうしていま、大いに繁栄しているかに見える子会社「ホモ・サピエンス・ワールド」が成立した。ところがこれと、母体だった親企業「大自然」との間で、近年もめ事が絶えない。これはもとをたどれば、両社の主要な取引き相手がどちらも同じく「地球生態系」であることからきている。

子会社のシェアが、親企業である「大自然」に対してコンマ以下だった古き良き時代には、「ワールド」の構成員はめいめい自分の好きなように、才能を社内で伸ばしてゆけばよかった。地球生態系にはたらき掛ける労作的・工作的・やがて工業的な発明の才が、シェアを思いきり伸ばしてゆく上で、実際的な寄与を果たした。しかしやがて「ワールド」のシェアがあまりにも急伸して、親企業の「大自然」から見て目障りとなり、活動を手控えるように圧力がかかった。なにしろ自然生態系という同じ顧客をめぐって、パイの奪い合いをやっているのだから。

ぎこちない比喩でなく、もっとありふれた言葉でいえば、誰もが語る現代の課題の一つは、地球の有限性ということにある。ところが上に列挙してみた「総合(a)〜(d)」は、外に向かって有限であるという制約・課題とは直接に連動していない。人類という子会社の内部で、思想や芸術や社会制度なども含めた「営業方針」に、ひと筋縄でゆかない対立があり、それが自覚されたところから、上に数えあげたような総合の要請は発している。

生物としての人間という見方に立つ生物学は、有限性の問題点ならばよく理解できる。それどころか、生物学のうちでもとりわけ生態学が、まさにこうした問題点をまず人類につきつけてみせた当の研究分野だった。環境のなかで生きる、環境のなかでしか生きられないということは、「社内での営業方針」がどうであろうとも、のがれることのできない第一の与件なのだから。しかし「社内での内輪もめ」に、生物学が傍から口を挟むことができるだろうか——。

2　分子のレベルから社会のレベルまで

地球の有限性という問題にまで人類を追い込んできたことについては、発明の才能とか産業の生産性など、前節でのぎこちない比喩でいえば直接に「営業成績」にかかわる部門の活動が大きかった。しかしそれに加えて、世界像の受容、思想、さらには芸術など、根本のところで活動のベクトルを方向づける「非生産部門」も、大きな意味をもっていた。冒頭に置いた引用は、理論生物学者のフォン・ベルタランフィが、この部門の代表的な職種の一つである「教授」に対して捧げた言葉である。

この賛辞の通りだとすれば、人間（人類）を理解するとき、思想と物質は渾然一体のものとして総合して捉えるべきなのだろう。「ホモ・サピエンス・ワールド」社の内部事情を洞察するのには、このような総合も不可欠だろう。しかし生物学という局外者の立場からすれば、人間の理解にとって、そういう理解の水準も必須のものだと確認できるだけのことで、そこに生物学が何か口出しすることには、及び腰になってくる。

では生物学は人間の理解にとって、総合シンポジウム的な寄与(a)ができるだけなのか。これは及び腰ではなくて、あまりに逃げ腰の姿勢かもしれない。ホモ・サピエンスが、どのような特異な世界——精神世界も含めて——を構築しているにしても、哺乳類の一種として生存を続けている以上は、生物学はいちばん基本のところで、人間観の総合においていろいろ発言すべきことがあるはずだ。「いろいろ」の内容の吟味や評価は筆者の手に余るが、対象の範囲全体をまず大まかな三つのレベルに整理してみよう。

一、遺伝情報を出発点とする分子生物学＝遺伝学＝生化学的なレベル

二、人間（ホモ・サピエンスとしての個体）を対象とする解剖学＝生理学＝心理学的なレベル
三、外囲環境のなかで生きている人間（個人または大小の集団）を対象とする生態学または行動学的なレベル

ただし三つの観点はきっぱり線引きできるものではない。相互につながり合い、影響し合っている。ＤＮＡがすべてを決めるという遺伝子還元主義には批判の風当たりが強い。いまでは、ガチガチの本流の分子生物学研究者でも、遺伝ですべてが決まるとは言わない。遺伝と環境の双方が、結果として表現型をもたらすという。しかしこの「と」は、足し算の「＋」と同じであることも多い。身長は多数の遺伝子「と」環境の影響の双方で決まるというように。ただし遺伝と環境の影響を単純に足し算として理解することの問題点は、いまは論じない。三つのレベルのつながり合いということを、これとは別の角度から取り上げたい。赤血球のヘモグロビンの突然変異にかかわる有名な例である。

ヘモグロビンはαとβというタンパク質鎖（サブユニット）からなる。β鎖を構成する多数のアミノ酸のうち、端に近い一個所でアミノ酸の一種のグルタミン酸がバリンに置換される突然変異があり、これは鎌状赤血球貧血という深刻な症状をもたらす。この置換があると、赤血球内に詰め込まれたヘモグロビン分子どうしが塊状に凝集し、内部で突っ張る結果として、なめらかな円盤状だった赤血球は不規則な形となる（赤血球が先の尖った鎌形や三日月形になることが症状名の由来）。不整形の赤血球は体内を循環するうちに壊れやすいので、(a)貧血を生じ、(b)その余波で骨の成長が影響を受け、(c)それを補うために心臓は働きすぎて肥大し、(d)一方、赤血球から流出したグロビン・タンパク質の処理の負担で腎臓も影響を受けるなど、影響は全身に及ぶ。

ＤＮＡで塩基一個が置換された突然変異の影響が拡大されて、全身に及ぶわけで、これは右にいう区分一のレベルの撹乱が、二のレベルへと拡大する例である。だがこれだけならば、これは人間に限ったことではない。むしろ古典的な突然変異はすべて、メンデルの有名なエンドウの例も含めて、拡大された表現型（二のレベル）で

観察されたものだった（現在ではそれをDNAの変化までさかのぼる研究が続々と行われているけれども）。話に続きがある――。

鎌状赤血球をもたらす遺伝子（S）は、正常の野生型遺伝子（A）から突然変異して生じたものだ。ところがSは深刻な不利をもたらすのに、熱帯のマラリア流行地域ではSは絶滅せずに続いている。Sから生じた変異タンパク質を含む赤血球内では、感染したマラリア原虫が生きにくいのだ（その理由は省略する）。両親からともにSを受け継いだ子（ホモ個体、SS）は、生殖年齢まで生き延びる見込みが極小だが、SとAを貰った子（ヘテロ個体、SA）は、やはり不利を背負うけれども、マラリアに対しては抵抗性がある。一方、正常赤血球の個体（野生型ホモ、AA）は赤血球は正常だが、もしマラリアにかかれば重症となりやすい。重症の貧血症か、マラリア罹患かという二つの悪い選択の中間で、「悪さ」の相対的に少ない組合わせであるSA個体として、Sは永続するのだ。遺伝子の「良し悪し」が環境次第で決まる有名な例となっている。ただしこれでも、「人間と」生物学の関係の議論で、なぜこの話を持ち出すのかという理由の説明にはならない。話にさらに続きがある――。

米国の黒人の祖先は、アフリカ（マラリア流行地域）が故郷だった。だからSの保有率が高い。白人の場合はもしSが突然変異で生じても、マラリア流行の背景がない以上、有利さの理由はないから、すぐに淘汰されたはずで、Sをほとんど持っていない。ところで人種差別撤廃の主旨から、米国陸軍はパイロットとして黒人も積極的に登用する方針を取った。ところがSによる赤血球の変形は、酸素の少ない高空で顕著になる。そこで空軍当局は、高空で急に症状が出て事故を起こす危険を考えて、ヘテロ（SA）としてSを保有している可能性の多い黒人パイロットを、搭乗勤務から除外した。当局としては純粋に医学的、生理学的な判断のつもりだが、黒人運動家は人種差別であるとして方針を批判した。そこで当局は、あらかじめ黒人に限って遺伝子を検査して、Sをもたず AAであれば搭乗を認めようとした。白人はもともとSを保有する可能性がほとんどないから、検査する必要がないわけだ。しかしこれも、黒人に限る検査ということで、差別扱いという非難を浴びた。非難をかわすには、人種にかかわらず搭乗予定者全員にSかAかの検査をすればよいわけだが、白人に対してこの検査はほとんど無益なことは、間違いないだろう。しかし以上の成り行きから見れば、判断はもはや遺伝学的な科学性や、経済合理性の枠の外にあるだろう（かなり以前の血液学の教科書にあった事例で、いまどうなっているかはフォローしていない）。

3　生物学の立場、再確認

いま、やや長く紹介してきた鎌状赤血球貧血の事例は、DNAという分子のレベルから社会のレベルへと、話がつながっている典型的な例の一つだ。同時にまたここでは、生物学が社会に対するデータ提供者だという立場が、よく現れている。酸素化されたSへモグロビンは、酸素圧の低い状態で酸素分子を手放して還元型Sへモグロビンとなり、たまたまこの状態で、赤血球内で塊をつくりやすい。またSへモグロビンを含む赤血球内では、たまたま（理由の説明は省略するが）マラリア原虫の増殖が抑えられる。こうしたデータは、航空機搭乗とか高地での運動トレーニングとかいう実地問題から要請されてでなしに、むしろ基礎研究として得られ（もちろん赤血球やへモグロビンは生理学の研究課題としてわりあいに人間生活に密着しているから、研究者の助成金申請の作文では、実用的な意義も強調されるには違いないが）、それが社会での事柄の進行——いまの例では高空航行での事故の可能性と人種差別への対応——につれて、有用な参照資料として考察の対象になった感じである。

生物学がデータを持って控えていて、社会から諮問がある場合に専門的な証人として発言するというのは、わりに無難な関係のように見える。極微量のDNA資料を分析用に増幅するPCR法が、まず研究の手段として——もちろんこの場合も、いま行われているような応用を当然念頭におきながらではあるが——確立し、最近では親子鑑定や犯罪捜査でＤＮＡ鑑定としてすっかり定着してきたのも、同じタイプに属する。

違う例で言うと、フェニルケトン尿症（ＰＫＵ）という先天性の病気は、アミノ酸代謝に関係するある酵素が欠けていて、血中にフェニルアラニンやその関連物質が高濃度になり、乳幼児期に脳の発達が妨げられ、精神機能にも影響する。しかし一度脳の発達がほぼ完成してしまえば、血中のフェニルアラニンはあまり害作用を及ぼさない。フェニルアラニンを含まないように調製したミルクなどを与えることで、この遺伝病が切り抜けられる。新生児期のスクリーニングで酵素の欠損が検出されれば、この方法で、成長後に尾をひく精神遅滞などは予防することができる。

ＰＫＵは先天性代謝異常のうちでは、生物学のデータと社会制度がもっとも「平和共存」している例の一つだろう。米国の一部で一九六六年にマス・スクリーニングの制度が設定され、日本でも一九七七年から採用されている。郵政公社の簡易保険でも、建前は「現に傷病を有していないなどの〈一定の健康状態〉」を前提として、ＰＫＵの児童は加入を断られていたのが、二〇〇三年の四月から、生後一歳を過ぎていること、早期に治療を始めて今も続けていることなど、いくつかの付帯条件つきで、加入できることになったようだ。背景には、その前年くらいに医学界から、「公的なスクリーニング制度で発症が回避できることがほぼ明らかになった子の加入を、公的な機関が断るのは矛盾している」と批判があったことなどが影響しているようだ。

ＰＫＵに関する限りは、インターネット検索などで調べても、社会では早期診断のすすめと治療法の全面肯定でほぼ一色に近いようだ。しかし先天性の病気の判定が、酵素の異常から一段さかのぼって遺伝子診断になり、それがリスクの予防的な絶対回避にこだわる風潮とも合わさると、暢気に「平和共存」とのみ言っていられない。立ち入って論ずる用意が今筆者にはないが、逆の極端な場合を考えよう。

ハンチントン病は日本には稀な遺伝病だが、欧米ではひと桁多く、優性遺伝子病（対になっている遺伝子の片方だけが原因で発症する）であり、しかも成人後に三〇歳代〜五〇歳代で発病する。一九八〇年代から研究が進められ、一〇年後に原因遺伝子がわかり（一九九三年）、遺伝子産物のタンパク質も同定された。しかし治療は手探り状態である。要するに、診断はつくけれども的確な治療法はない（候補の治療薬の毒性試験が始まったという報道が最近あるが、確定は先のこと）。しかも遅発性の優性遺伝子が原因なので、たとえば四〇歳代の親が発症したとき、二〇歳のその子には、優性遺伝子を親から受け取っていれば、やがて発症する。受け取っている確率は五〇パーセントである。

五〇パーセントの深刻な不安を抱えた子は、遺伝子診断を受けることはできる。その結果が陰性（原因遺伝子なし）であれば、不安は一掃される。しかし逆に陽性であれば、それは即座の刑の宣告ではないが、将来いつか発症するという不吉な水晶玉の奥を、いま覗きこんでしまったことになる。遺伝子診断を受けるか否かの決定は、当事者本人が決めるほかない。しかしこのような矛盾した困難に追い込んだのが医学の研究蓄積（ハンチントン遺伝子の解明）や、生物学技術の発展（ＰＣＲ法）のせいであると断じてみても、はじまらない。研究者の手が届く範囲内にあることは必ず起こるのだから。

心臓移植について賛否の立場は人ごとに違うだろう。しかし一九六七年に南アフリカのバーナード医師の執刀以来、この技術は実行可能なものとして世界に存在することになった。賛否の議論は、存在するに至ったこの技術をめぐってなされるが、技術の開発そのものは、誰かが必ずやる必然のものだった。同様に、難病の遺伝子治療の見込みが確定しない状況のもとで、遺伝子診断の技術はそれ以後の矛盾の出発点となったが、だからこの診断技術は見いだされない方がよかったかどうかと論じても、それは意味のないことである。

4　応用的なひろがり

遺伝子レベルの医学の話が続いた。人間（特に具体的な「人体」）は、生物学がもっとも直接につながる接点だからである。この延長線上には、ゲノム研究の急進展や、生殖医療技術、臓器移植の問題もある。しかし当然ながら、接点はこうした直接的な「人間」を超えて、はるかに多面にわたる。大きく整理すれば、現実面では接点は自然・環境にひろがり、農漁業や生態系の維持と保全、生物多様性（biodiversity）と人類の活動の調和などの問題が浮上してくる。この点では、最初に三つのレベルに整理したうち第三の「生態学的または行動学的レベル」というものについて、環境を人工的な環境（都会・文明）と、自然環境（普通にいう環境）に分けて考えるのが妥当かもしれない。

他方また、こうした階層的で線状の整理にそぐわないものとして、いわばそれと直角の方向に、「精神・心」の問題が伸び出ていることも、強調しなければならない。人間を考察の対象とする限り、この論稿の冒頭の引用で言われる通りに、「思想は物質をうごかす」のだから。脳は、それを神経細胞のネットワーク以上のものと位置づけるか否かにかかわらず、その活動なしには思想がありえないことは明らかであるし、脳の活動は、それをネットワーク上での電気インパルスの交信以上のものと位置づけるか否かにかかわらず、生物学からの研究対象でもあることは明らかなのだから。

こうして課題を数えあげてみると、この小論では、総合人間学での生物学の位置づけをと最初に予定したのに、そのごく小部分をなぞったにすぎなかった。以下では、積み残した事柄のいくつかに、具体的なキーワードによりつつ補足的に触れておきたい。

農　業

(a)　GMO（遺伝子組換え作物）問題。米国では大豆、ナタネ、トウモロコシ等で、組換え品種の栽培が全面普及している。輸入に大幅に頼っている日本では、問答無用で使用するほかない。輸入地の路傍などに、こぼれたナタネの種子が発芽自生している例も知られている。カナダでは、除草剤のラウンドアップに対する耐性を組み込んだナタネが（ラウンドアップで雑草を枯らすとき、耐性ナタネは枯れずに生き残るので除草の手間が省ける）、それを利用していないはずの農家の畑に侵入した。これに対して、開発した巨大アグリビジネスのモンサント社は特許が侵害されたとして数年越しの裁判となった。二〇〇四年のカナダの最高裁の判決では、農園主は除草にラウンドアップを使用せず、実質利益は得なかったので、モンサントによる二〇万ドルの請求は無効としたが、改良品種が畑に生えていたことは事実なので、特許を侵害したということで農家は形式的には敗訴した。アメリカの全米農民組合は「［企業側の］支配欲と究極の強欲が問題の根本にある」という批判の声明を出した。

少なくともこの例では、組換えナタネは採油のための品質改良でなく、農家の採算性（除草作業の省略）、そしてこれをうたい文句として農家に売りつけるアグリビジネスの収益を目指したものであることがわかる。GMO作物に危険性がひそむか否かという技術的な問題以前に、こういう企業の姿勢が末端消費者に好感をもって迎えられるはずはない。多くの市民団体などが「GMOいらない」と活動している理由の一部には、こういう姿勢への反感があることは確かだろう。

(b) DDT問題。昆虫への強力な殺虫力ゆえに、この有機塩素系物質の作用を再発見したミュラーは一九四八年にノーベル賞を得た。しかしカーソンの農薬批判の古典、『沈黙の春』（一九六二年）をきっかけに、危険の意識が高まり、日本でも一九七一年以来、販売が禁止されている。しかし毒性は高くないという見直しから、マラリア対策のための蚊の駆除用として、「安全で効果的かつ入手可能な代替品がない場合に限り」使用が認められてきた。しかし日陰者となったDDTの復権運動は根強く続いている。二〇〇四年四月に『ニューヨークタイムズ』は「いまアフリカが必要としているのはDDT」という論説を掲げた。最近WHOは巻き返しを図って、D

DTを塗布した蚊帳を吊るのが有効というキャンペーンを本格的に始めている。DDTはいまも残留有機殺虫剤に指定されていて、対マラリア効果の有効さと、どちらを取るかという綱引きは当分続くだろう。ただ、生産はやはり製薬企業が行うのだから、有効性の見通しがどのようであっても、さきの除草剤の一件などを思い出すとき、結局は「[企業側の]支配欲と究極の強欲」を動機とする生産再開の運動ではないのかという疑念は、晴れることがない。

漁業

(a) マグロの漁獲量の国際的な規制が繰り返し報道されている。日本はマグロの世界一の消費国であるのに、二〇〇六年十一月のクロマグロ漁獲枠の国際会議では、漁獲枠削減の音頭取り役に回った。日本はその一カ月前に、高級魚のミナミマグロの割当てでは、五年間にわたって在来の半分という厳しい条件を飲まされ、それは約束の割当て量の約二倍も乱獲していたことの発覚が理由だったので、今回は規制を先導することで、敗勢の挽回を図ったのだ。

陸の資源(農作物)では補助金政策などをめぐって国家間の対立が起こる。対照的に漁業では資源の保全、つまり再生産可能な範囲での利用をめぐって対立が生じがちである。マグロを自国では食べないが、日本に売る国は、とにかくできるだけ多量に漁獲して、マグロが絶滅に瀕して不漁となれば、他の魚に切換えれば良いだけなので、水準の維持を続けたい日本とは立場が違う。

(b) 鯨をめぐっては、単なる資源の維持というのと違う対立が、長く続いている。西欧諸国やオーストラリアは、鯨を食用にせず経済的には興味をもたない反面、「知能」が高いとか、「自然における神の栄光」を象徴する最大の動物というような観念から、日本の調査捕鯨も含めて、捕鯨という行為そのものを容認しない。ミンククジラは種の維持どころか増えすぎて漁業に被害をもたらすなどの「合理的」なデータを、今後日本がいくら積み上げても、そして捕鯨活動自体はやがて支障なく行えるようになっても、この根本的な対立は消えることがないだろう。

5　生命観への短い追記

「ホモ・サピエンス・ワールド」社内部の経営方針をめぐる討議、対立自体には生物学は口出ししない、できないということを、最初に書いた。しかし人類（個人、集団、社会、国家としての）と生物学の現実的な接触面を見てゆくと――本稿ではごく一部を取り上げたにすぎないが――、それは人間生活の多岐にというより、すべてにわたっている。そして遺伝子から医学や農水産の活動まで、そこにいつも、人間あるいは生命についての価値観にかかわるような見方が、ときには潜在的であっても、そしてしばしば顕在的に、見いだされる。「社内」の方針に口出ししないはずだったのが、結局そうならずに、どのようにとか、なぜとかいうところで、生物学は自分の見解を人間に告げることになる。これは考えてみれば当然でもある。生物学は生き物のありかたをとりあげる分野であり、そしてホモ・サピエンスはかなり特殊なものとして、自然界からスピンオフしたように見えても、生存と存続の基本様式は、正統の哺乳類の一種そのものなのだから。

二〇〇五年に、哺乳類のうちでもいちばん人間に近縁のチンプ（この頃は論文でもしばしばこのように略す）のゲノムの全貌が全部明らかとなった。両者のＤＮＡは、ただ並べて比較すれば九八ないし九五パーセント同じだ。両者の外見の違いはブタとイノシシ程度かもしれないが、精神活動を含めて、内容の違いは巨大である（と人間は思っている）。数パーセントの配列の差が、遺伝子発現制御システムなどを通じてどのように増幅されて、巨大な差をもたらすのか。そのことは、分子生物学者の興味の一中心としてこれから漸次わかってゆくだろう。前世紀に、遺伝子としてのＤＮＡがわかったときと同じように、人間観にも大きな影響がもたらされるかもしれない。

しかしそうした分子的詳細の知識とは別の文脈で、たとえば大西洋のマグロを全部一網打尽にするほどの底曳き網漁法が開発されたとしても、それは実行すれば人類の自滅への道だというふうな判断を、素朴な生態学はもたらすことができる。

ハンチントン病は単一の優性遺伝子がもたらす遅発性の遺伝病だとわかり、その遺伝子と、遺伝子の産物でハンチンチンと名づけられたタンパク質も明らかになった。そこまでわかったとき、当面努力すべき方向は、その遺伝子を差し替えるという原理的に可能かもしれないが実現の見通しの遠い計画でなく、むしろ産物タンパク質が神経細胞内に蓄積しないようにする、あるいは遺伝子の発現を特異的に抑える薬物とか手法を開発する方向ではないのかという判断を、現実的な生物医学は下すことができる。

生物学は、医学、農学その他ひろい一連の応用分野とともに、そして中核をなす進化的な理解とともに、これからも「総合的な人間理解」の内部には立ち入らない、立ち入れないと称しつつ、またそのように自覚しつつ、結果としてはその核心において、方向を決める要素として今後も続いてゆくだろう。

〔ながの　けい／自治医科大学名誉教授・生命科学〕

人間追求の虚構の方法〈変身〉

西郷 竹彦

はじめに

総合人間学は、人間と人間に関わるあらゆる問題を、すべての学問分野の、それぞれの独自の方法を駆使して、多面的、多角的に、また特殊的、かつ一般的・総合的に追求するもの――ではないか、と考えます。

小論は、筆者の専攻する文芸学と文芸教育論の立場から、文芸という「ことばの芸術」が、如何なる独自の方法によって人間と人間の関わる問題を追求するのか、また如何なる方法によって人物像を構築することで、人間の真実を追求するものであるか、その虚構の方法の一端を紹介しながら「総合人間学」なるものの有り様を筆者なりに手探りしてみたいと思うものです。

ところで小論において頻出する「虚構」という概念・用語について一応の説明をしておきます。なぜなら一般的に、常識的には「虚構」という用語は、西郷文芸学におけるそれと異なり、次のような意味において用いられているからです。（その代表的なものとして、岩波『広辞苑』を引用します。）

「きょ‐こう【虚構】 事実でないことを事実らしく仕組むこと。また、その仕組んだもの。作りごと。フィクション。「―の中の真実」」（岩波書店『広辞苑第五版』）

世間では、「虚構」とは「つくりごと・つくりばなし」と考えられています。つまり「虚構」は「現実」の対置概念ということです。しかし「現実」に対する対置概念は、「虚構」ではなく「非現実」と言うべきでしょう。西郷文芸学においては、「虚構とは、現実をふまえ、現実をこえる世界」と定義しています。図式化すると、

現実 ←→ 虚構　（一般的・常識的）

現実をふまえ → 虚構
現実をこえる → 虚構
（西郷文芸学）

科学が仮説・実験・観察・検証の方法によって対象を追求するように、文芸は、さまざまな虚構の方法を駆使して、対象（人間と人間をとりまくもの）を追求します。具体的には、さまざまな方法によって形象を操作することになります。

ところで「形象」とは、「すがた」「かたち」「ようす」「しるし」などのことで「イメージ」と言ってもいいでしょう。西郷文芸学においては、「形象は作者により意味付けられ、かつ読者により意味付けられるもの」と規定しています。科学や哲学が概念を操作するように、文芸においては、形象を操作して人物像を構築していきますが、その形象操作の方法を「虚構の方法」と言うのです。虚構の方法は、厳密にいうならば文芸作品の数だけあると言えましょう。（作者は、創作にあたって、複数の虚構の方法を組み合わせて作品を構築します。）もちろん、それらの数ある方法をいくつかに類別することは可能です。

今回は、数ある虚構の方法のなかから、「変身・複合」という、広く使われていて、しかもわかりやすく、おもしろい方法を取り上げてみました。

変身・複合ということ

「変身」というのは、たとえば日本の昔話によくある狐が人間の女に化けるというように、異類（人間以外のもの）のものが人間に変形（メタモルフォーゼ）するようなものです。逆に人間が人間ではないもの・異類に変身するということもあります。

ここで注意していただきたいことは、狐が女に変身した場合、「女」に成るのではありません。狐のイメージと女のイメージの複合した形象（イメージ）になるということです。複合とは両者がオーバーラップすること、ダブルこと、ミックスされること、かさなること、ということです。このように、複数のイメージが複合したものは「複合形象」と名付けます。その場合、狐が、女に変身したとすれば、（狐→女）ではなく、（狐＋女）となるのです。つまり狐が女に化けると、「女」に成るのではなく、狐のイメージと女のイメージのオーバーラップしたものとなるのです。このことは特に注意して頂きたいことです。たとえば、狐が化けた女は、完全に女となるのではありません。どこか目が狐のように切れ長であるとか、驚いた拍子に尻尾を出してしまうとか、するのです。

ところで複合するイメージの内の一方が人間のイメージである場合、その複合形象は「人物形象」（略して「人物」という）となります。たとえば、『西遊記』の孫悟空は猿と人間の複合形象であり、したがって他の登場人物同様に「人物」と言うべきです。「動物」ではありません。

神話・伝説・昔話・寓話・童話などにおける変身・複合形象

人間は、まだ文字を持たなかった有史以前より、「ことばの芸術」としての神話・伝説・昔話などの「口承文芸」はもとより、演劇や絵画・彫刻などにおいても、おびただしい数の「変身・複合形象」を生みだしてきました。

古代エジプトにおいては、スフィンクスをはじめ、たとえば頭は鷹、体は人間といった半人半獣の形象などを創造してきました。(すべてそれらは複合形象であり、人物形象です。)

ギリシャ・ローマ神話、また北欧・南欧をはじめ、アジア・アフリカ、その他の諸民族の口承文芸にも半人半獣、半人半神などの複合形象は、おびただしい数に上りましょう。

またイソップなどの寓話の主人公のほとんどが複合形象です。童話でもアンデルセンの「人魚姫」などは、誰知らぬもののなき複合形象です。児童文学の世界でも、よく知られたイタリーのコロディの「ピノキオ」は、木の操り人形と男の子の複合形象です。

世界の現代文学を見渡しても、変身・複合形象は少なくありません。不条理の文学として先鞭をつけた有名なカフカの『変身』は、文字通り、「変身」の物語です。

我が国でも妖怪変化は勿論、狐や狸の化ける話を挙げればきりがありません。これらはすべて変身・複合形象の通俗的な実例と言えましょう。近代小説に例をとれば、明治の文豪夏目漱石の『吾輩は猫である』の語り手「吾輩」は、周知の通り主人公の家の飼い猫です。しかし、吾輩は歴とした人物で、動物といってはなりません。

小・中・高校の国語教科書を一瞥しても、「ごんぎつね」「スイミー」「夕鶴」をはじめ、「山椒魚」「山月記」「吾輩は猫である」など数え上げれば、十指に余ると言えましょう。

以上、駆け足で、古今東西の文学世界を見てきましたが、何故、かくもおびただしい数の変身、複合の物語を人間は飽くことなく延々と語り継いできたのでしょうか。

勿論アニミズムの残映ということもありましょう。また、おもしろおかしいという面もないではありません。しかし、きわめて現代的な作品においても、変身・複合形象が見られるというのは、それなりの理由があるに違いないのです。この問題を考察するために、まさに「変身」そのものを題名に据えたカフカの『変身』を、とりあげてみましょう。

変身することで、何が見えてくるか

作品の内容について、要領よくまとめた文章がありますので、それを紹介します。

「セールスマンのグレーゴル・ザムザは、朝、重苦しい夢から覚めると、自分が途方もない毒虫に変わっているのに気がつく。出張する予定のグレーゴルは焦るが、部屋から出てこない息子グレーゴルを心配する父、母、妹と、事情を調べにきた支配人の前に現れて、大混乱が起きる。一家を支える息子の不幸で家族は非常な苦境に陥る。妹は献身的に毒虫の世話をするが、その怪奇な姿は家族の恐怖を呼び起こし、父からは重傷を負わされる。妹は勤めに出、母は内職し、三人の下宿人を置くようになるが、毒虫を見た下宿人は家を出ると宣言し、妹はグレーゴルに怒りを爆発させる。しかし翌朝毒虫は死に、一家は嬉々として郊外へ散歩に出て行く。不思議な変身について、さまざまな解釈が行われたが、現代の職業生活、家庭生活について、その非人間的な面が残酷なまでに直視されている。」(城山良彦)

カフカの『変身』の主人公が何故変身したのか、その理由・原因はまったく語られていません。本人自身にも、読者にもまったく不明です。また、考えてみても徒労に終わるでしょう。「不条理の文学」と言われる所以です。問題は、主人公が毒虫に変身したことによって、「何が見えてくるか」ということです。「変身」する以前には見えなかった「何か」がまざまざと見えてくる、そのことこそが、小論が追求しようとしているテーマであるのです。

主人公グレーゴルは平凡な実直なサラリーマンです。父も母もごく普通の市民です。妹は結婚適齢期の普通の娘です。この家族には、これといって問題らしいものなど何一つ見られない平々凡々たる家族です。ところで、主人公は、見るも嫌らしい毒虫に姿は変身しましたが、その性格、その気持ちや考え方が変わるわけではありません。しかし彼を見る家族や他人の目は一変します。家族は、彼の存在を世間の目からひた隠しに隠そうとします。グレーゴルが毒虫に変身したことで、それをきっかけに一家の状況は一変します。父も母も妹も、世間体をおもんばかり、ひたすらこの事実を隠そうとします。家族の人間関係もぎくしゃくしたものとなります。

しかし、ここで肝心なことは、この矛盾をはらむ状況を、グレーゴルが毒虫に変身したことの「結果」として、見てしまってはならない、ということです。いや、結果には違いありませんが、むしろ、これまで隠れて見えなかった矛盾が、「変身」ということをきっかけに白日のもとに暴き出されてきた、と見るべきでしょう。

くりかえしますが、主人公の「変身」によって矛盾が生じた、と考えるまえに、常識の目では見えなかった内部矛盾が「変身」によって読者の眼前にさらけ出されてきた、と考えるべきでしょう……というふうに考えることが、まさに「変身」ということを、文芸における虚構の方法の観点から見ることを意味します。

ところで、もしこの悲劇を通常のリアルなホーム・ドラマとして提示したとしても、これだけの衝撃をもって読者を痛打することは、あり得なかったでしょう。「変身」という虚構の方法なるものは、たとえれば、一挙に人物を灼熱の「坩堝」に投げ込み、一切の非本質的な夾雑物を剥ぎ取り、その精髄だけをつかみ出す方法、とも言えましょう。

『変身』という小説は、主人公の突然の死によって結末を迎えます。厄介な事態が「解決」したことで、家族みんなが久しぶりに揃ってピクニックに出かける、という平穏な場面で終わりをつげます。

たしかに事態は、一応決着が付いたかに見えます。しかし、これで本質的に矛盾が解決したわけではないでしょう。あらたな矛盾をはらむものとなったと言うべきかも知れません。もちろん、それがいかなる矛盾をはらむものであるのか、それを暴き出すには、読者が、さらなる虚構の方法によって、「作品の再構成」をする以外にはないでしょう。

以上の解釈は断るまでもありませんが、西郷というひとりの読者の意味付け（解釈）ということです。しかし、科学における原因追及・解明のように「正解」があると考えられているわけではありません。

読者もまた、虚構の方法により、読者独自の意味付けをするのです。したがって読者によって、様々な解釈が生まれます。（そのことを「解釈の多様性」と言います。）参考までにカフカ研究者の具体的解釈の実例を二・三紹介してみましょう。

一、私的生活と職業生活との相克：グレーゴルはセールスマンとしての職を拒否し、自由に生きたいと考えているが、そのように振る舞うことの出来ない彼の苦悩が、『変身』で描かれている。これはカフカの伝記的諸事実によって裏付けることが出来る。（作品を作者の伝記的事実と関連づけるのも一つの解釈の仕方・虚構の方法です。）

二、家族物語――父親と息子との対立相克：グレーゴルは父親の投げた林檎の傷が原因となって死ぬ。父親が勝利を収めたわけである。その場合、家族は父親の味方をする。これは、「父親の手紙」からも類推出来るように作者と実在の父親との関係を連想させる。（この場合の「類推」も虚構の方法の一つです。）

三、形而上学的世界――非連続の世界：著名なカフカ研究者ウイルヘルム・エムリは、この現実世界は非連続の世界であり、もはや、論理的整合性とか、因果律に基づくような価値判断は存在し得ない。それゆえにグレーゴルはそこでは生存の基盤を失う。（ある思想的観点から解釈する虚構の方法）

四、その他、マルクス主義的に解釈し、資本主義社会における公的生活と私的生活との矛盾が描かれているという解釈もある。（特定のイデオロギーから解釈するという虚構の方法）

また、神と人間の関係が暗示されているという宗教的な見方もある。

さらにまた、その前作品『判決』との関連で読むべきであるという論者もある。つまり、『判決』の主人公ゲオルグが名前を変えて『変身』の世界に入り込んだという考え方もある。

文芸の解釈（意味付け）に「絶対性」はありません。そのことを「解釈の多様性」と言います。しかし、にもかかわらず、論者により、いずれをよしとするか、「解釈の相対性」ということが言われます。よりひろい、よりふかい意味付けを求めて、ということになります。

虚構の方法としての「変身」ということを、実存主義的な作家、安部公房の短編『棒』を引き合いにして、さらに具体的に解明してみたいと思います。

語り手「わたし」の変身

短編『棒』は、平凡なサラリーマンである一人の父親が語り手の「わたし」として登場します。「わたし」が、子供連れでデパートに来ていて、屋上から投身自殺を図るところから始まります。

「わたし」は落下していくとき、気が付くと一本の「棒」に変身しているのです。

変身の可能性・必然性、読者にとっての納得性

「棒」という形象は、平凡な父親である話者の「わたし」と、ありふれた棒切れとの複合形象です。（もちろん「棒」は人物です。）

ところで、変身し複合するというときに、その変身・複合の可能性・必然性が問題となります。どんなものにでも変身するわけではありません。その変身・複合を読者が受け入れる「納得性」ということが問題となります。（しなやかな、ほっそりした体つきの狐だからこそ美女に変身しても読者に納得されるのです。これが、ぽってり太った狸では、読者にすんなりと受け入れられぬでしょう。むしろ狸親爺が似合うというものです。）

変身・複合には、それなりの可能性・必然性があり、それが読者の納得性となるのです。そして、その納得性を保証する条件が、両者の同一性・共通性ということです。

平凡な市井のサラリーマンである話者の「わたし」という存在は、喩えれば「只の棒切れ」みたいなものと言えましょう。ビルの屋上から投身するなかで、気がつけば棒切れに変身している――その可能性・必然性が、読者の納得性を保証していると言えましょう。つまり「太からず、細からず、ちょうど手頃な、一メートルほどのまっすぐな棒きれ」「平凡すぎる」「ありふれた」と表現される「棒」のイメージは、そのままこの平凡な「父親」である話者の「わたし」のイメージとかさなる同一性・共通性を持っています。そして、そのことが変身・複合の可能性・必然性と言われるものであり、それが複合の条件ということでもあるのです。また、そのことが読者の納得性を保証する条件ともなっているのです。

落下してきた「棒」をまえに、たまたま通りかかった法学部の学生らしい二人とその教師の間で、「棒」の行為を裁くとすれば如何なる「罪」があるか、そしてそれに対する「罰」は如何、ということが長々と論議されます。「なにか一定の目的のために、人に使われていた」「かなりらんぼうなあつかいを受けていた」「捨てられずに使い続けられていた」「一面に傷だらけ」「誠実で単純な心」「無能」「単純すぎる」「特殊化していないだけに、用途も広い」という「棒」（複合形象＝人物）についての学生達や教師の認識・評価は、そのまま、話者の「わたし」という人間についてのものでもあり、また「棒」についての彼等の認識は、そのまま、この「父親」という男の人物像そのものに対する認識・表現でもある、と言えましょう。

つまり教師の言うように「要約すれば、つまりこの男は棒だったということになる」ということになりましょう。

この棒は、生きているのか、死んでいるのか

ところで、この「棒」は生きているのか、死んでいるのか、という疑問が生じるかもしれません。この「棒」が、棒と人間の複合形象であると考えれば、「人間」という側面は飛び降り自殺の結果「死」んだとしても、「棒」という側面はそのまま「生」きているといえましょう。つまり、「棒」は生きていると同時に死んでいる存在ということになります。複合形象というものは、「男」であると同時に、「棒」でもある、という現実にはあり得ない矛盾をはらむ相補的存在であるのです。（「相補的」というのは、互いに相容れない対立する両者が表裏一体となる、○○でもあり、同時に××でもある、という関係としてあるものです。）

複合形象である人物の「棒」は、ある場面、ある状況のもとでは「生」のイメージ、しかし他のある場面・状況のもとでは、逆に「死」のイメージという風に、矛盾・撞着・ジレンマをはらみ、揺れ動く存在です。ことばをかえていうならば、ある場面・状況においては「男」として、また、ある場面・状況においては「棒」として、と、そのイメージが揺れ動く矛盾的存在であるのです。ここに虚構としての「棒」という人物の、現実の人間との共通性と相違性とがある、と言えましょう。

男を棒に変身させた作者の虚構の方法

さて、作者はなぜ、男を棒に変身させたのでしょうか（このことを、作者の虚構の方法という）。一人の人間の投身自殺ということは、現実には複雑な諸事情がからみ合っていると言えましょう。それをいわば「棒」によって「比喩」することで、単純明快な「図式」に転化できると考えられます。あるいは、「わたし」が死んだ場合と、死なない場合の両面を考える可能性をも保証することになっているのです。

ところで、現実のビルの屋上などからの投身自殺は、社会的・法律的には一種の「犯罪行為」とみなされてい

るようです。他者に危害を与える可能性を持つ行為と考えられるからでしょう。たとえば鉄道自殺は、交通渋滞を引き起こすなどの理由により、多額の損害賠償を残された家族に負担させることになります。ビルの屋上からの投身自殺も、人々に何らかの危害を加えることとして責任が問われることになるでしょう。

裁かないことが裁いたことになる――その意味

法律専攻らしい三人は、ああでもない、こうでもないと長談義を続けます。教師が言います。「君たちは、どういう刑を言いわたすつもりかな?」

右側の学生が困ったようにたずねます。「こんな棒にまで、罰をくわえなけりゃならないんでしょうか。」左側の学生が言います。「当然罰しなけりゃなりません。死者を罰するということで、ぼくらの存在理由が成り立っているのです。」

討論の末、「裁かないことが裁くことになる」として、棒をそのまま放置することで決着を付けます。最後に教師が結論を下します。

「……こうして、置きざりにするのが、一番の罰なのさ。誰かがひろって、以前とまったく同じように、棒として色々に使ってくれるだろう。」

「そのまま放置する」ことがなぜ「罰」になるのでしょうか。放置されることは、この後「わたし」は、誰かに拾われて、ふたたび「棒」としての人生を繰り返すことになるでしょう。ということは、何を意味するでしょうか。棒として、ふたたび棒の人生を生きること、そのことが実は「罪」である、ということを意味してはいないでしょうか。敢えて言うならば、現代社会において、人間は生きていること自体が「罰せられている」ということを意味するのではないか。「わたし」の人生それ自体が、この社会では「罪」であり「罰」でしかない、と作者は社会を告発・弾劾しているのです。

この三人をどう見るか

この法律専攻らしい三人を、作者は、類型的に描くことで、彼等を個性のない人間として、つまり血も涙もない人間として諷刺的にあつかっています。この作品は、いわば「現代の寓話」と称されるジャンルに属する作品と言えましょう。

この三人は、彼等の目の前で起きた悲惨な出来事に対して、いささかも心を痛めるところがない。彼等にとっては、法律の「研究材料」であり、「最初の実習としてはおあつらえむき」の、ただ法学的研究の対象としてしか見ていないのです。つまり彼等にとっては、まさに人間ではなく「棒」という存在でしかないことを意味しています。

読者も虚構する

ここまでお読み頂いた読者のあなたには、虚構の方法というものが、作者にとってだけでなく、読者にとっても、その読みの方法としてあることを、納得されたと思います。

虚構の方法とは、つまりは、現実の日常的・常識的意味を越えて、ひろく・ふかい思想的意味付けを可能とする唯一の具体的方法であると言うことです。そのことを西郷文芸学では「読者も虚構する」と言うのです。

筆者が会長を務める文芸教育研究協議会は、全国の小・中・高校の国語教師を組織した民間団体です。「自己と自己をとりまく世界を虚構する力を育てる」ことを目指しています。西郷文芸学の虚構論は、その理論的支柱となっています。たとえば作文指導も、自己と世界を虚構の方法で認識、表現するということを具体的に指導します。

また、この目的から、会長の私自身を含め、多くの会員を、総合人間学会に入会するようにつとめているのです。

変身・複合という虚構の方法の可能性

『変身』と『棒』という二つの作品を引き合いにして、「変身・複合」という「虚構の方法」について、かいつまんで説明してきましたが、ここに述べたことは、「変身・複合」という「虚構の方法」の、ほんの一端に過ぎません。この方法一つをとっても、その可能性は無限といっても過言ではありません。

勿論、虚構の方法は「はじめに」に述べたとおり、ほかにもまだ多様な方法がいろいろあります。機会があれば、また紹介したいと考えております。

〔さいごう　たけひこ／文芸教育研究協議会会長・文芸学〕

参考

西郷の「文芸学の連載講座」が、つぎの季刊誌に掲載されております。連載の第一回は、「変身・複合形象」の問題です。ぜひ参考にして頂きたいと思います。

文芸教育研究協議会の機関誌『文芸教育』（西郷竹彦・責任編集）新読書社。

なお、西郷文芸学の入門的なものとして、つぎの『講座』をおすすめします。

西郷竹彦『名詩の世界　西郷文芸学入門講座』全七巻、光村図書出版。

近代哲学の権利概念批判

佐藤 節子

1 はじめに

今日、早急に解決を迫られている世界規模の難問がいくつかある。地球環境の悪化、世界人口の激増、核の脅威、生命操作がつくりだす優生学、景気回復、経済格差などなど。テロの脅威も深刻である。これらの諸問題は一国のみでは解決できないという意味で世界規模の難問である。と同時にそれらが相互に連動しており、一つだけ解決できたとしてもそれが他の問題に思いがけないマイナスを引き起こすことがあるという意味でも難問である。どうしてこのような難問を抱え込むことになったのだろうか。*

2 アトムとしての「個」の出現

近代は、前近代における土地、共同体、階級、伝統や宗教などの呪縛から人びとを解放した。現実の一切のしがらみを排除した後に浮かび上がるのは丸裸の「個」、アトムとしての「個」である。

断るまでもなくアトムとしての「個」というものは理論をつくるために考え出した虚構である。現実の一人ひとりは性別をもち、何らかの家風をもつ家族の中に生まれ落ち、共同体の伝統や慣習の中である役割を受け持ちながら生を営んでいるのである。それにもかかわらず近代はなぜ現実の人間ではなく、ありもしないアトム的「個」を理論の出発点におくのか。その理由を一言で述べるならば、神中心の世界から人間中心の世界へと、身分制度の拘束から逃れて自由なる主体の自由意志による契約社会へと人間を解放するための理論を確かなものにするためである。（ここで理論という言葉をつかったが、理論といわれているものの中に「理論」という名の「ドグマ」すなわち「教義」である場合は多い。特に社会科学においてはそうである。）

3　近代哲学における人間本質

ではアトムとしての個人にはどのような性質が帰属しているのか。近代の哲学が人間の本質としているものは人格、人権、自由（意志）、理性、尊厳性などであろうか。近代は、人間はそのような本質を生まれながらにして普遍的にもつ、他の動物がもたないこれらの資質を具有して生まれるところに人間が他の動物と区別される特殊性がある、という。神と教会、また自然法の存在が信じられていたときには秩序をつくりだす正しさの最終根拠は超越世界のそれらにあった。しかし近代は神を消去し、伝統的権威を斥け、既存の道徳を排除した後に、その空いた場所に人間を座らせ、それまで神やその他の権威が賦与してきた人間の諸特性を人間自前の諸性質とした。人間が人間であるというそのことによってその中に生得的に埋め込まれている尊厳性、理性、また自由や人権が、正と不正を、善と悪とを識別し、秩序をつくりあげる根拠となる。人間が世界の中心にあるとはそういうことである。

4　人間に本質的属性は帰属しているか

本当に人間にそのような能力が事実として普遍的に備わっているのだろうか。そうだとすると人間の顔をしながらそれらの本質の一つでも欠くものは人間ではないことになってしまうのか。尊厳性を、理性を、また人権を〝もつ〟といい、またそれらが〝在る〟というが、それをどのようにして確かめることができるのか。私たちは教育の過程、またメディアを通して「われわれは自由である」、「人間は尊厳性をもっている」、「権利が在る」などの言い方を教わり、そのような語り方を身につけている。それらは「これは犬である」、「この建物は煉瓦でできている」と同じく、なにか客観的な事態を表出する叙述文の形をとっているので主観に左右されないなんらかの事態もしくは事実が述べられているのだと思ってしまう。

結論から先に述べれば、そのような諸性質の人間への帰属はない。したがってそれを確かめることはできない。一定の行為を遂行するためにそのような言説を近代がつくりあげたのである。それは人間の本質を表す言葉の意味を問うとき明らかになる。

哲学には二つの課題がある。その一つは概念分析、言語分析であり、もう一つは解明された言語を何を根拠にして、それらをどう用いるべきかである。後者は厳密には倫理学の課題であるが、べきの倫理は概念分析と不可分に結びついているのであるから倫理を哲学の課題に包摂することに躊躇する必要はない。

私たちは日常用いる大事な用語がどういう意味をもっているのか不確かなまま使用するとき不安を感じる。またそれが理性、尊厳性、自由、人権などのように抽象度の高い言葉であれば意味の中心部が定まらないだけに各人が各様のイメージをもって使用することになり、意見がかみ合わないことになりかねない。さらに悪いことに社会科学で用いる抽象言語のほとんどには、払っても払っても情緒意味がつきまとい、そのことが概念分析という作業以前に情緒的反応を招いてしてしまい、冷静な議論を中断させてしまいがちである。その一例を私たちは最近の「愛国心」をめぐる議論の中にみることができるであろう。上述したような困難を踏まえた上で哲学は基本的な言葉やそれを含む言説の分析を行なわなければならない。

以下の小論で、私は近代哲学のいう人間の本質のうち生得的人権という言説について権利とは学説の上でどういうものとされてきたのか、「権利が在る」というがそれはどういうことか、またそれはどこに在るのかという諸問題を形而上学の密林に迷い込むことなく、事実に即して解明し、その上で、では権利をどのように用いる〝べき〟かの倫理を示したいと思う。

5 「正」、「直」としてのius, dikēから、「利」としてのius, dikēへ

日本語の「権利」は西欧語の right, Recht, regt, droit からの翻訳語である。「権利」という言葉は幕末に至るまで言葉としてはなかった。（権利という言葉をもたないということはその観念も行為もないということではない。どんな未開社会であれ、「権利」という言葉はなくとも〝これはわれわれのもの〟、〝あれはとなりの部族のもの〟という所有権に相当する別の表現と、そこから生まれる一定の観念はあり、それによって社会秩序が維持されていた。）近代化を急ぐ中で、明治初年、「社会」、「個人」、「自然」、「自由」などとともに、right, Recht, regt, droit をどう日本語に置き換えるかが議論された。

西周と福沢諭吉が学術用語を翻訳するのに深く貢献したことは周知のことである。たくさんの翻訳語の中でも「権利」は最も訳しにくい言葉であったように見受けられる。その難しさは西欧語がもともともっていたこの言葉の二面性にある。right, Recht, regt, droit は、一方において道徳の「正」「直」を意味するが、他方では、実力、利益、権という意味を担っており、翻訳に際して二つの間を行き来することがあった。そのことは「権利」に落ち着くまでに、「権理」、「通義」を用いたり、「権理通義」を略して「権義」としたりしていることからも知られる。これらの訳語は現在の「権利」とは微妙に異なる。「権利」が利益主張や現実の力を連想させるのに対して、「権理」や「通義」は right, Recht の道徳的側面、すなわち「求むべき理」、「求めてしかるべきこと」に引きつけた訳語

という印象を受けるからである。事実、Recht, regt, droit の源泉にある古代ローマ法の ius は「権理」の意味をもっていた。(1)

「権理」は、古代ギリシャや古代ローマでは、形而上世界（metaphysical reality）つまり物理的世界（physical reality）を越える（meta）世界に、人間の手を加えることのできない客観的・普遍的尺度として〝在る〟、とされた。physical な世界と metaphysical な世界という世界の二元構成はその後中世に引き継がれ、「正」や「直」の基準はキリスト教の神に、また自然法に委ねられる。

しかし近代は、神を否定したのみならず、十九世紀に至っては自然法までも否定してしまう。そのとき経験世界の上方に位置していた ius は人間の中に取り込まれる。権利を意味する西欧語の subjektives Recht や droit subjectif という言葉は、自然界を超越するところに在った ius が人間の自然、つまり human nature の中に入り込んでくるところからそこでは Recht に subjektiv という言葉がかぶせられ、反対に法は人間のそとに追いやられて objektives Recht となる。権利が人間の属性だとされると、人間は人間の具有する権利を、人間のために、人間による利益主張だと考えるようになるのは見やすい道理である。

法学においては自然法論対法実証主義の対立がある。人間が制定した実定法の上に在って実定法の正邪曲直を判定する普遍的尺度としての自然法の存在を主張する法存在の二元性を説く立場と、法といえば実定法のみであり、それゆえに「実定」という言葉は余計でさえあるという法一元論との衝突である。しかし法の基本概念を知るとき二つの立場の対立は見せかけに過ぎないことがわかる。なぜならば法実証主義者は自然法論者の権利概念を引き継いで同じ内実のものをそのまま使用しているからである。法実証主義者は自然法に由来する法言語であったとしてもそれが実定憲法や法律の中に書かれており、そこから議論を始めるのだから自然法論者ではないと思っているだけである。

6 「権利が在る」とはどういうことか(2)

「人権が帰属する」、「権利が在る」あるいは「権利をもつ」という言説がなんのことかという疑問はほとんど出されない。教えられたことを自明(self-evident)のこととして受け入れ、この定型的表現を用いて活動するように馴致されてきたのである。しかし多少とも根源的に考えようとする者であれば、叙述形をとるこの表出が本当になんらかの事態を記述しているのか、そうだとすればどういう事態なのか、またそれはどうやって確定できるのかを問いたくなるであろう。「私は手足をもつ」とか「ここに本が在る」という表現の真偽を確定する方法はあるが、それと同じ仕方で尊厳性や人権の帰属を証明することはできないということから考えてみよう。証明できないものの存在の発語は何を意図するのだろうか。

現在たくさん主張される権利のなかでもっとも原初的なものは所有権であろう。「私はこの土地を所有している」というとき、それを何か現実世界に存在する事実で説明できるだろうか。教科書は、所有権とは主体がなんらかの客体を支配する「権利」、あるいは支配する「力」だと説明する。しかしそれでは所有の「権利」はかくかくの「権利」であるといっているだけであり、同語反復でしかない。では支配する権利という説明に代えて支配する「こと」ではいけないか。しかし「こと」とは何か。この土地の所有権の主張は、私がその土地を現に使用している「こと」ではない。そこから現に何か収益をあげている「こと」も必要でない。また裁判所が侵害者に妨害排除を命令する「こと」が所有権でもない。勝訴判決は彼の所有権が侵害されたから下されるのであるから所有権を説明するのに所有権を前提する説明は論点先取りの論証でしかない。

こうしてみると、ここにいう支配する「こと」や「力」を何か事実を指し示す言葉で説明することはできないことがわかる。実際、その言葉に対応する事実はないのである。所有権の説明における「こと」や「力」は、人と物との間を「結びつける絆」である。しかしその「絆」を誰も見ることができないし、触ることもできない。

その意味でこの絆は神秘的、かつ不可思議な「力」なのである。(3) このような正体不明の力が侵害されたとき、裁判所は目に見える物理的、強制的回復の力を発動するのである。法律の文言は前者の「力」を一次的権利、後者のそれを二次的権利として両者を結合させて法の文言の上で権利を完全なものとしている。次元と性質の違うこれら二つの権利は混同されてはならない。後者についてては不思議も不可解もない。いかがわしいのは前者の権利が各人に内属しているという言い方である。

7　非科学的な「権利」という言葉の使用を禁ずるか

現代は科学の時代である。科学的に思考しなければならない。では「科学」とはどういう学問か。また「科学的に思考する」とはどのような精神活動か。十九世紀から徐々に、二十世紀には急速に科学ということが言われた。研究者は研究対象の外にあって、外側から（exo）、主観を混入することなく対象を観察、記述、分析して、そこに在る法則を発見して理論にすること、科学の客観性の水準がもっとも高いのは自然科学のなかでも物理学であるから人間の学である社会科学もそれに倣わなければならない、と。

物理学の研究手法を真似するとなると法学者は困ることになる。権利は上に述べたような歴史的経緯をへて現在法律書の中におさまっているが、それは科学的概念とはほど遠く、それを科学の用語にすることは絶望的なのである。そこでどうするか。二つの道がある。一つは定義によって権利を何か触知しうる事実・事態を指し示す言葉にすることによって権利を救う道である。定義は原理的に自由であるからそうすることはできないことではない。もう一つは対応する事実をもたないような言葉は非科学的だとして学問の場から追放することである。しかしどちらの試みもうまく行かない。前者では、権利を科学的概念にするために本来なんら事実と対応しない言葉になんらかの事実を指示させ、そうした上で権利の理論をつくろうとするのであるから、土台無理なことをしているのであるからどこかで破綻をきたしてしまう。無理を承知でやってのけたとしても、そこにでき上がった理論なるものは権利義務の体系だとされている法の全体像を歪めてしまう。非科学的な言葉だとして科学から追放することもまたうまくゆかない。なぜならば権利という言葉を使わないでは、日常生活も法曹活動も一歩たりと進まないからである。

8 「権利」の用法を事実に即して考える

権利という言葉は市井で、学校で、役所で、法廷で現に用いられているが、それが何のことかを問いただしてゆけばその答えは最終的には神秘的な性質の絆という説明に至るであろう。人はそのようなものとしての権利を「もち」、それを用いて自分をも他者をも動かし、なんらかの社会統制を営んでいるのである。対応する事実がない言葉がどのように人びとを動かし、社会秩序を営む機能を果たしているのか。この問いは問いうるし、問われなければならない。それは言葉や言明の用法を知ることである。二十世紀後半の哲学はそれを言語行為（speech acts）と呼ぶ。それは形而上学の色彩をもった言語を、形而上世界に迷い込まないで、現実に則して考察する一つの方法である。

「権利が在る」という言説を事実に則して考察するとどうなるか。私はスウェーデン、ウプサラ学派の研究にならって、注(2)に掲げた著書の中で「権利が在る」という発話を現実の三つの平面の存在として論じたことがある。第一は文言および発語の平面（law in books）、第二はそれを読みまた聞いた者に生ずる観念の平面（law in our minds）、第三は生じた観念に基づく現実の行為の平面（law in actions）である。再び所有権について考えてみよう。民法には所有権の発生、移転、消滅について書いてある。それは文字の平面における権利の存在である。文字としては権利はこのようなものとして客観的に存在する。また「私はこの土地を息子に贈与する」という発語がなされた場合、この平面、すなわち法の文言の平面においては土地の所有権は私から息子に不可謬的に（infallibly）移転する。しかし権利の客観的存在の問題がこういうことの指摘をもって解消されると考える者はいない。これだけでは法の文言に関与する人はいるが、その人は法の中に入っていない。その人は法の言葉を生きていないと言い換えてもよい。

法の文言や所有権の発話に人が入り込んでくると、権利の存在は不確実になる。第一の平面における「この土地の所有権は私に属する」という発語は、それを知った者に一定の観念を生じさせる。それは、私に対してはそれを思いのままに（法令の範囲内で）してよいという許可の、他者に対しては許可なくそれを侵害してはならないという禁止の観念を生じさせる。これは第二の平面、すなわち観念の平面である。現実の行為はその観念から導かれる。第一の平面における所有権の文言や定型的発話は、それに続く所有権の観念と行為を生み出す標識として働くのであるから社会秩序にとってそれが果たす役割は絶大である。ここで「思いのままにしてよい」、あるいは「許可なく持ち去るべきでない」という表出を権利の意味と捉えてはならない。「意味の意味」、「定義の定義」の問題はさておくとして、通常の概念規定の方法をもってしては、「権利」には外延はもちろん内包もないのである。「権利」は内容空虚な言葉としてのみ在るのである。僅かに考えられるた内包が「力」であるが、それもすでに縷々述べたように摑み所のない超自然的な力であった。第二の平面における「思いのままにしてよい」、「侵害してはならない」は「私はこの土地に所有権をもつ」という所有権の定型的発語に随伴して生ずる観念である。第二の平面における権利のこの随伴思考の存在は確実ではない（fallibly）し、またとるべき行為の決断が迫られた立場にいるかそうでないかによってその観念の強さに違いが出てくる。第二の平面において生じた随伴観念に基づいて現実の行為が行なわれる。この現実の行為が第三の平面における権利の存在である。もし第二を欠く第三の行為があるとすれば、それは条件反射か、単なる模倣による機械的動作でしかない。何れにせよ、規範の〝べし〟を問題にするときには条件反射や機械的動作は埒外である。

9　第二の平面を重視する

近代の法思考においては、権利は実体とみなされ、存在するか不存在かの何れかとして議論される。しかしすでに所有権の例で示したように権利は実体としては存在しない。存在するのは権利という文字であり、その文字から各人に間主観的に生ずる観念であり、その観念に基づく行為である。権利が実体として存在するという思考は、おそらく、権利の発語からとるべき行為の観念が生じ、その観念通りの行為が現実に行なわれるという三平面間の結びつきが、三位一体といってよいほど確実に、即座に、共同主観的に各人に生ずるところから、共同主観の客観化、すなわち権利は主体の側の観念ではなく、なにか客観的実体として存在するのだと誤認させてしまうことによるのである。裁判は権利の存否の確認をしているのだという誤解はここから生じたのであろう。権利の存否の確認という行為は、事件とそれに関する法律および積み重ねられてきた判例や学説を「外から」見出すexo の視点をとることであり、そこで大切なことは対象の客観的認識と論理だけである。

第二の平面を重視するということは人間が法や権利の中に入ること、すなわち「内側」endo の視点をとることである。実際問題として、権利に関しては――権利のみならず義務、効力などの法の基本概念、さらに「法の存在」という問題に関しても――生身の人間に生ずる観念を抜きにして説明できないのである。上で私は三つの平面が間違いなく連動するような印象を与える書き方をしたが、人がその中に入ってくると三平面が間違いなく連続するとは限らなくなる。一つは「これは他人のものである」と聞かされても通常生ずる随伴思考、つまり第二の平面がその人に生起しない場合がある。万引で捕らえられても平然たる者、駅前の自転車を悪びれることなくしっけいする者、なぜ人を殺してはいけないのですかと問う者など。いわゆる規範観念の欠如である。普通三才の幼児でもひとのものと自分のそれとを区別し、ひとのものに対してどういう行為をするべきか家庭教育によってわかるように教えられている。〝他人のもの〟という発語に対してとるべき行為の随伴思考を植えつける仕事は最広義の教育の問題である。それが欠如している者に制裁を加えたとしても、彼にとってはそれはむき出しの暴力としか映らない(4)。もう一つは、第一の平面の権利の発語に対して第二の随伴思考は描けるが、それが第三の平面の行動と結びつかない場合である。泥棒に随伴観念がないわけではない。それは彼らが盗品を隠したり、逃亡をはかったりすることによってわかる。その場合には盗むべきでないと知りながら盗むという行為にでてしまう個人的社会的要因は何かという問いが出される。

定型的発話を聞いても随伴思考が導き出されない者と、随伴思考はあるがそれに沿った行為がなされない者との間では、対処の仕方が異なってくる。社会秩序にとって、行為の観念の像が描けない若者の増加はより深刻である。三つの平面における所有権の存在という上の説明は、専門家にも、基本的に当てはまる。違いは、専門家が三つの平面を結びつけるときにはかれらは考慮すべき条文や法技術という濾過器でふるいにかけ、歴史上一回限りの出来事を推測したり、一般的な形で書かれている条文を先例、学説などを材料にして目前に置かれている事件の当事者の行為を導くように定立し直すことである。それは決断であって、論理的推論ではない。それは知識と言葉を生きる行為である。

「所有権をもつ」がどういうことかについて私は長々と説明してきたが、それは、それを知ることが以下で問題にする人権の存在、人権の帰属という日常的発話の理解の鍵になり、延いては近代思考批判への道を開くからである。

10　権利拡大の言語行為

人は人として生まれたそのことによって人権の主体になる。しかし「人」とは何か。誰のことか。「人権」、「人間の権利」ということが言われ始めたとき、「人」の範囲は、教養があり、財産をもち、家長たる男子のみであった。その後人権の持主の範囲は奴隷、原住民、黒人、労働者、女性、子ども、マイノリティー、同性愛者へと拡大された。かれらも人間のカテゴリーに入ることができたということである。ところが今では動物、川、樹木など個別の自然物や包括的な自然や地球まで権利主体となるとされるに至っている。(5) この一事から二つのことがわかる。

一つには、「権利が在る」という発話と、「権利が在るものとして接する」ということとの違いである。川や樹木に権利が、文字通り内属していると誰も考えない。しかしそれらに権利が内属するものとして扱うという思考は十分可能である。「権利が在る」という場合には、何かあるものに内属している権利を外側からどのように認識するのかが問われるのに対して、「権利主体にする」という場合には、ありもしない性質が恰もあるかのように扱うのはなぜか、という問題の立て方になる。なぜ本質的属性という言い方で人を権利主体にしたのか。権利の帰属主体の範囲と対象を植物や動物にまで拡げる歴史的、社会的要因は何か。権利を確定するということは科学の問いとしては不適切であるが、人間をも含めてあるものをなぜ権利主体にするのかという問いは経験科学の問答に乗る問い方である。

二つには、「自然や動物を大切にしよう」という道徳の言語ではなく、権利という言葉をどうしても使わなければならないという事情は何かである。それはすでに上で述べたところであるが、長い歴史をもつ権利という言葉は「正」や「直」に代わる表現として用いられてきており、それが一定の行為を導く標識として機能し、その行為の実現へと水路づけする機能を最高に発揮するからである。「権利」というだけで、一連の観念と行為が出現するのである。その発話は観念定立、行為実現機能をもつといえる。叙述型の発語でありながら、何かを記述しているのではなく、それがある効果を生ぜしめる機能をもつとき哲学ではそれを言語行為と呼ぶが、その最も適切な例は法の言語の中にある。人権の存在や動物その他の権利に関して上で述べてきたことは、言語行為の典型である。(6)

権利の存在の発語は権利の言語行為であるから、権利の帰属の範囲を拡げることは簡単である。何かを要求したいときには、権利という有無を言わせない強力な言葉を接辞すればそれだけで望む行為の実現へと導けるのであるから、その効果は絶大である。現にそのようにして権利は拡大の一途を辿っている。しかしこの先に問題がある。権利の「存在」の発語が何のことかが理論の上でわかったとして、では、権利の存在の発語をどのように用いるべきか、という倫理が問題になるからである。それに関連して次のことを銘記しておかなければならない。それは、権利の帰属するものや行為の範囲を拡大すればするほど権利と権利の衝突が生じ、それが権利の言語活動を不活性化し、権利を無効化しかねないということと、そうさせないために権利を聡明に使わなければならないということである。権利や人権を用いた言語活動は人間集団の中では無くてはならないのであるからそれだけにそれの使用には慎重さがなければならないということである。聡明な言語使用とはどのようなものか。それを知る前に、今日の権利拡大の様相を一瞥しておきたい。

11　権利拡大の様相

今日の権利拡大の状況をみると、それは人間の外と内の両方に向かって同時的に進行している。

社会主義計画経済崩壊のあと、今や世界のすべてといってよいほどの国々が資本主義市場経済こそ経済の唯一の在り方だとばかりに先進大国に追随している。資本主義市場経済の倫理的行動原理は開拓者精神であり、その根幹には自律と自由がある。その精神は開拓すべきフロンティアと資源がふんだんにあるところでは絶大な力を発揮する。軍事、経済における国の強さ、高い生活水準、その上にのみ可能となる巨大科学技術の開発、それらを他者に示すことによって得られる名誉と称賛。能力のあるものに世界は常に開かれていると考えるところには自然の開拓（征服）はあっても自然に従うという意識はない。そこではそもそも欲望を抑えることは倫理的悪なのである。欲望は必要とは異なる。欲望は必要が解消されても解消されることはない。権利としての欲望の追求、達成、満足が生きる目標になり、その回路に閉じこもるとき、それと独立かつ別の次元の何か――超越的存在への怖れ、自然に従うという意識は消え失せてしまう。

開拓者精神は外の自然に向かうと同時に内なる自然にも向かう。内なる自然とは人間の自然（human nature）である。医学は治療として人体への侵襲を早くから開始している。治療は病気を治す行為である。しかし二十世紀後半、問題を含みながら開始された非配偶者間人工授精から、試験管ベビー、出生前診断、代理母出産にエスカレートする人為は、遺伝子治療と遺伝子改造との間に明確な線が引けないことを奇貨として不老不死を、デザイナー・チャイルドを、クローン人間を文字通り「作る」こと、さらに人間と機械との混生物すなわちサイボーグ人間というナチュラルな人間より高い能力をもった人間を「作る」という、いわばプライベートな優生学を実現するまでに至っているのである。これらはエンハンスメントではないか。エンハンスメントというのはすでに健康・正常とされている状態をいっそう改善するという積極的介入のことである。

エンハンスメントは人体改造だけでなく、人間精神を薬物によって改造する幸福薬にまで及んでいる。現代社会は陽気で明るく、しっかりと自己主張し、社交的に振る舞える者でなければ成功の見込みはない。生来神経質で、傷つき易く、消極的な者にとってほとんど害のない幸福薬プロザックの出現はこの上ない福音である。それを服用することによって精神的ストレスを克服し、効率性の要求に応え、自己実現を計る、これは人間の権利ではないか、とフロンティア精神はいうのである。そして現にアメリカだけでも数百万の人びとがプロザックによって、時間と自己陶冶の労力を省略し、簡単に、最短コースで幸せを得ているのである。

エンハンスメントに対してはアメリカにおいてさえ異論がある。一言でいえば、それは人間の尊厳性を損なう行為であるというものである。確かに、両親のゲノムにない何かを子どものゲノムに加える行為、またプロザック如きで人間本性を変えようとする安易さに対するそれは当然の異議に思える。しかしこの異議に対して異議がある。人間以外の動物に遺伝子改良やサイバネティックス的エンハンスメントを実行する力はない。自らの身体を自由に形成して能力を高めることができることこそ神が人間に与えたギフトである。同様に、向精神薬を用いて競争社会のもたらすストレスを克服し、自己の能力を最高度に発揮するところにこそ人間尊厳性がある、と。(7) 尊厳性という言葉が内容空虚であるところから可能になる言葉のアクロバット的用法の一例である。これら二つの尊厳性概念を止揚する超越者はいない。

12　近代哲学の言説環境をどう変えるか

地球上の一生物でありながら人間が他の生物と決定的に違う点が一つある。それは人間が大きな脳をもち、言葉を体系立てて複雑な言語を編み出し、それらを駆使して学問、芸術、科学と技術を追求し、道具をはじめ機械、建物、加工食品、諸制度、高尚な芸術作品を創造してきたことである。そのことは人間の素晴らしさの証明だとしてわれわれは称賛してきた。だが本当にそうだろうか。人間が、他の動物がもたない言語をもち、それによって体系立った理論や教義をつくり、それらを学び、その言説をもとに様々なものをつくりあげてきたことはその通りであるが、それを手放しで称賛するほど楽観的であっていいのだろうか。

人間が農耕生活をはじめてからおよそ一万年だという。土地と自然を基盤に生活していた時代には人間が自然に寄り添って、自然を受け入れながら生きなければならなかったであろう。そこでは人間は自然の中に在り、自然によって生かされているという謙虚な思い、森羅万象すべてにアニマが宿るという敬虔なこころを人びとはもっていたであろう。

近代主義の言説はそれを一変させた。近代主義は人間を自然界を超出する特別な種（sui generis）に仕立て上げてしまった。特別な種ということは、人間には尊厳性、理性、自由意志、人権などの特別な性質と能力が備わっているということである。そうであればそれらを用いて自然を加工し、全体の価値を増大させ、世界を進歩させることは人間のなしうる最高の営為ではないか、ということになる。

しかし近代主義のこの言説が今日の世界規模の諸問題を引き起こしていることを直視しなければならない。どうすればよいか。現実の解決は絡まった糸をほぐすのにも似て簡単ではないが、しかし法哲学がまず最初に手を付けなければならないことは近代主義の言説環境を変えることである。それを一言で述べるならば、人間は自然と対峙するのではなく、自然の中に在り、自分以外の人びとはもちろんのこと、動物、植物、山川など地球上のすべての存在を他者として、それらと関係をもつことによってしか生きられないことを知り、そこで共生するには互いに譲り合い、妥協し、ほどほどのところで折り合いをつける生き方の作法をとらなければならないということである。そのとき、それと私たちが学び実践したときの近代の言説環境とをどう斬り結ぶのかがこれからの哲学の課題となろう。

〔さとう　せつこ／青山学院大学名誉教授・法哲学〕

＊　本稿は、『シリーズ　総合人間学1　総合人間学の試み』学文社、二〇〇六年に寄稿した私の論文「競争・共生・寛容―生態学から―」に基づいて総合人間学設立シンポジュームで私が報告した内容の再論である。本小論で私が意図したことは、まず今日の世界規模の大問題の元凶には近代哲学の言説があること、したがって諸問題解決のためには近代のそれとは違う別の言説環境を用意しなければならないことを述べ、次に、では近代主義を全否定することなくそれを行なうときの戦略はなにか、それは生物としての人間の視点から健康な地球の存続と衝突しない言説を模索することではないかというこ

とを提案することであった。ところが私の不手際から、近代の言説環境がどのようなものであったか、それを現実論の視点から批判するとどうなるかというところに集中しすぎて、肝心の後半の解決のための言説環境にふみこむ以前に与えられた紙幅を費やしてしまった。残された後半の言説環境については『青山法学論集』四九巻一号（二〇〇七年七月発行）に掲載する予定である。「競争・共生・寛容」と併せてお読み頂ければ有り難い。

注

（1）野田良之「権利という言葉について」『学習院大学法学部研究年報14』、一九七九年。柳生章『翻訳語成立事情』岩波書店、一九八二年。野田はフランスの法哲学者、故M・ヴィレーを引用して次のように述べている。ローマ法学者ガイウスは地役や建物に関して「隣地に雨水を流さない ius」、「建物を高めない ius」と書いてあるが、この ius を権利と訳すことは当を得ていない、むしろそれは一定の状況においてどのような行為をとることが「正しい」か、「ふさわしい」かを示している、と。それはむしろ今の「義務」に近く、そういうことをしないことが「正」であり、「直」であるということになる。その背後には神ジュピターの意志があった。古代ローマの ius に相当するギリシャ語は dikē である。dikē はギリシャの最高神ゼウスとテミスの間に生まれた娘である。ゼウスが娘 Dikē を通してある標的に向かって投げる、あるいは何かを指示する、それが語源である。

（2）本稿の5～8に述べる権利論の詳述は佐藤節子『権利義務・法の拘束力』成文堂、一九九七年参照。

（3）グロティウスが権利を精神的能力（facultas moralis）、精神的資質（qualitas moralis）、力（potestas）と呼んだのはこの「絆」のことである。それを人格の延長と説明する場合もある。人格がその物にまで伸びて行ったのである、と。所有権と同じだけ古い債権についてみると、この「力」の性質はよりはっきりする。契約は拘束「力」を「もつ」というが、グロティウスはその「力」とは諾約者の心の中に入り込んで、内側からその人の自由を縛る力だという。それは目に見えない、非物理的、呪術的とすらいってよい力である。

（4）この随伴思考が間違いなく生起するためにはもう一つの条件がある。それは随伴思考通りに行為しなかった者に対して、誰もが信頼しうるだけ斉一的、規則的、確実な制裁が下されていることである。それが気紛れに行なわれると制裁を権威あるものとみる視点が欠け、それに比例して随伴思考の定着が不安定になる。

（5）ロデリック・F・ナッシュ『自然の権利』筑摩学芸文庫、一九九九年のプロローグ参照。

（6）もっとも、所有権と人権との間には明らかに違いがある。それは所有権の場合には三平面の結びつきがかなり確かであるのに対して、人権の場合には第二の平面において描かれるとるべき行為の型が所有権の場合ほど画一的に生起しないということである。その理由は簡単である。太古の昔からどんな集団でも所有権に相当する言葉をもち、それを用いて一定の秩序を保ってきたのに対して、しかもそのとき人びとが畏怖する超自然的な何かに対する深い信仰がその秩序を保証したであろうと推測されるのに対して、人権の歴史はたかだか二百年であり、加えてその出現に当たっては理論の上では超越者や夾雑物が排除され「個」人が丸裸で最高位に置かれ、それに一切のことを取り仕切らせるという事情があったからである。現実の生身の人間には欲望がある。超越者がいないところではその欲望に歯止めをかけることは殊の外難しい。それが権利拡大の言語行為を活発にする。言語行為について私は次の二論文で詳述したことがある。「事実から当為は導出されるか――サール、オースティン、アンスコムの言語行為論を手懸りに――」『人間の尊厳と現代法理論　ホセ・ヨンパルト教授古稀祝賀』成文堂、二〇〇〇年所収。「事実から当為を導出するとは人間のどのような営為か――「事実」、「当為」、「導出」、遂行的発話の「効果」の分析を通して――」『法の理論21』成文堂、二〇〇一年。

（7）　＊欄に掲げた私の論文の注（7）〜（10）を参照。

人間観の革新と二十一世紀の課題解決へ向けて

尾関周二

はじめに

たしかに現代ほど人間について大きな関心が寄せられ、深い思いがめぐらされている時代はないように思われる。それは単に哲学的思索においてだけでなく、人々の日常の生活関心との絡まりにおいて、さらにまた、諸科学の総合的な課題というレベルにおいてさえそうである。このことは、まさに今回の総合人間学会の設立そのものがそのことを物語っているといえよう。

かつてカントは周知のように、哲学の根本的な問いは、結局「人間とは何か」という問いに帰一すると述べた。たしかに哲学はこれまでの長い歴史において「人間とは何か?」と普遍的に問うてきたといえる。しかしそれはまた、ヘーゲルが言うようにしばしば「時代の精神」にかかわって、つまり時代の根本的な課題に深くかかわって問うてきたといえよう。

二十一世紀の「人間」への問いかけは、少なくとも切実な問いかけは、やはり前世紀から始まった西欧近代の負の遺産を克服すべく、現代社会が提起する切実な諸課題についての問題意識とかかわることなしにはありえないであろう。

1 「人間学」と哲学

すでに二十世紀初頭の第一次世界大戦は、西欧の人々、特に知識人に大きな衝撃を与え、西欧近代が提起した啓蒙の明るい未来の展望は打ち砕かれ、シュペングラーの有名な『西欧の没落』(一九一八―二二年)がベストセラーとなった。新カント派の代表者のひとりマックス・シェーラーは、「哲学的人間学」の創始者として有名であるが、まさにそういった状況のなかで、「人間とは何か」を問うた。時代の危機が人間への深刻な問いかけを生み出したのである。

シェーラーは「宇宙における人間の地位」(一九二六年)という論文において「人間の特種地位というものは、われわれが生命的・心的世界の全体構造を検討するときにはじめてわれわれに明らかとなりうる。」(「宇宙における人間の地位」『シェーラー著作集』一三巻、白水社、一八頁)として、生命の最も低次の段階における心的なものからより高次の段階における心的なものへと心的なものの諸段階を当時の最新の科学的知見を考慮にいれて明らかにしようとした。シェーラーによれば、高等動物における心的なもの、特に人間に近いように見える動物には知能も認められるが、しかし、それは人間のものとは本質的な区別があるとする。人間における新しい原理は生命領域に属する心的なものではありえず、その外部に存するものだという。ギリシャ人はそれを「理性」と名づけたが、シェーラーは一層包括的な言葉である「精神」をそれに当てたいという。シェーラーは、この精神が有限な存在領域に現れた場合に、その作用中心を「人格」と呼びうるとする。

シェーラーによれば、こういった精神的存在者としての人間は、「生」と生に属する一切のものから、つまり衝動と「環境世界(Umwelt)」から自由になりうるのであり、この意味で「世界開放的(weltoffen)」であるとする。また、こういった環境世界を人間だけがそれに対して距離をとり、「対象」とすることができるのである。さらに、人間は「精神的作用中心のおのれ自身に関する意識」としての「自己意識」をもつことにおいて、その本質的徴標を語りうるという。

シェーラーは、まさにこの点に人間のみに固有な自殺ということもありうるとする。さらに、精神は対象化する働きであるだけでなく、脱現実化に基づいて理念化しうる能力でもある。このようにして、シェーラーは、精神は根源的に自律的なもので、生の延長上にあるものでなく、それを超越したものと考える。彼は生物学をはじめとする当時の最新の科学の成果を取り入れて論じたのであるが、究極のところでダーウィンの進化論を拒否するのである。時代の危機をのりこえることを目指すとはいえ、人間「精神」の称揚が進化論の否定に至るような「人間学」には、やはり限界があると言わざるをえまい。ただ、当時ダーウィニズムは、社会ダーウィニズムとして、社会的・政治的な猛威を振るいだしていたことも考慮する必要があるかもしれない(1)。

以上見られたように、シェーラーにとっては、心的なものと生命的なものは一体であるが、人間の「精神」(「理性」、「人格」)と呼ばれるものはそういった領域を超えるものと考えるのである。シェーラーは時代の困難の克服をこの人間の「精神」の至上性に託そうとしたように思われる。

しかし、再び世界大戦が勃発し、西欧の誇りは打ち砕かれ、西欧にとって代わって米ソという二大超大国が登場した。西欧の知識人たちが人類の危機と感じたものは、文字通り西欧危機にすぎなかったかのようであった。米ソの知識人たちは人類の危機とみえたものは西欧中心主義の危機にすぎなかったと語った。両国は科学・技術の発展に大きな信頼を寄せる点で共通し、さらにソ連は、加えて共産主義こそが、世界を救い人類の新たな将来を約束するものと主張した。しかし、二十世紀の終わりを前にして、そのソ連も崩壊し、アメリカの知識人からは、世界はアメリカの言う「自由と民主主義」でハッピーエンドとなったとして、「歴史の終わり」(フクヤマ)が語られた。しかし、二十一世紀初頭のニューヨークの「ナイン・イレブン」はその幻想を打ち砕いた。

さて、シェーラーの上記の問いかけのほぼ一世紀後に、われわれが目の当たりにしている光景はどのようなものであろうか。もしシェーラーやシュペングラーがその光景を目の当たりにしたならば、まずはその大きな変化に驚愕するに違いない。彼らの目にはどのようにうつるだろうか。

国家の間の戦争に加えて、「テロとの闘い」と名づけられた「世界戦争」が出現したことにまず驚くであろう。「地球環境問題」という耳慣れない言葉を聞いていぶかしく思うかもしれない。北極圏の氷が数十年後にはなくなるという科学者の報告や、アラスカの凍土が溶け出してきて、道路が陥没し住宅が倒壊するニュースを見聞きする。温暖化に加えて、生命系を撹乱する環境ホルモンの深刻さが語られ、生殖系を中心に動物の奇形が頻発している。人間を含めた地球生命系の危機が語られている一方で、生命を操作するテクノロジーは驚異的に発展し、人工授精や遺伝子組換え食品が日常化している。さらには、クローン人間すら現実的可能性をもって語られている。また、臓器移植によって、身体はあたかも機械の故障部品の取り替えのような感覚がもたらされている。

さらに、コンピュータという人工知能は人間の思考に匹敵している、さらには凌駕さえしていると主張するコンピュータ研究者をみる。インターネットに見られる情報化のこれまた驚くべき進展によって、世界中の人々があらゆる場所であらゆる人々とコミュニケーションを取りうる手段を手に入れつつあるかのようである。その反面、自然の中で友と遊ぶことから引きこもり、バーチャルな情報環境に浸った子どもの姿に驚くとともに、家族や身近な人々の間にもしばしばコミュニケーションが失われ、深刻な〈孤立化〉が進行しているのに気づくであろう。

かつての植民地であったアフリカやアジアに目を向けると、多くの国々が独立しているので進歩が語れると思うかもしれない。しかし、「南北間格差」の統計データを見てまたまた、巨大な貧富の格差に愕然とするかもしれない。

シュペングラーは、いまや『世界の没落』を書かねばならないと考えるだろうし、シェーラーは新たな人間学の登場のために改めて、「人間とは何か」を問わねばならないと思うであろう。彼は、その際に、二十世紀の終わりごろに始まって現在も続いている、三つの論争に注目するであろう。これらはいずれも深く人間学にかかわるからである。

第一は、先述した人間の思考と人工知能をめぐる論争であり、第二は、リベラリズムとコミュニタリアニズムの論争であり、第三は、人間中心主義と自然中心主義の論争である。哲学者、倫理学者であるとともに社会学者でもあった彼は、その論争が、精神・生命の機械論化、社会的孤立化、そして彼の全く知らなかった地球環境問題にかかわっていることを理解するに違いない。これらの論争を以下、少しみておこう。

第一の論争は、二十世紀の八〇年代に「人工知能」研究の急速な発展との関係で行われた論争で、人間の思考をコンピュータと同じものと捉えてよいかという議論である。人工知能研究の主流的見解を代表するハーバート・サイモンやマーヴィン・ミンスキーなどが、人間の知性とコンピュータの知とを同じものあるいは人間を越えると主張したが、これらは、コンピュータと人間の思考は「情報処理」、「記号操作」という点で同じだと考えたからである。これに対しては、ドレイファスのような現象学的な哲学の立場からの批判や、言語哲学者ジョン・サールなどの批判がよく知られている(2)。

第二の論争は、リベラリストの法哲学者ロールズの有名な『正義論』が前提にする人間観をめぐって生じた。共同体主義者（コミュニタリアン）のサンデルはロールズの『正義論』の立論の根底に、共同体や伝統から切り離された「負荷なき自我」という人間観を前提にしている点が問題であるとする。そして、サンデルやマッキンタイアなどの共同体主義者は、近代の自由主義的個人主義の批判・克服のためには人間の共同性の再考が不可欠であると考え、実質的な共同体の価値を強調する。彼らの人間観によれば、人間は共同体の一員としてしか意義ある人生を送ることはできないからである(3)。

第三は、二十世紀の七〇年代以降地球環境問題の深刻化とともに影響力を拡大してきたエコロジー運動のなかで、ディープ・エコロジーなどが従来の自然保護運動を「シャロウ・エコロジー」と呼んで、それらは「人間中心主義（anthropocentrism）」の運動で真に環境・自然を守ることができないとして、「自然中心主義（physiocentrism）」を対置した。自然中心主義者は、従来、人間−自然関係がもっぱら「経済的な視点」から見られてきたことが、自然の支配・搾取、自然破壊を引き起こしてきたことの背景にあると考える。したがって、「経済的な視点」に代えて「倫理的な視点」を強調するわけである。この「倫理的な視点」が重要なのは、このことによって人権思想の拡大として「自然の権利」が語りうると考えるからである。そして、この「自然の権利」は、自然は人間によって価値を付与されるだけでなく、そもそも自然自身が「固有の価値」、「内在的な価値」をもっており、これに根拠づけられると主張するのである。(4)

これらの論争を踏まえて、シェーラーは再び彼の「精神」（「理性」「人格」）を中心とする人間観を語ることにするだろうか、それとも深刻な挑戦を受けていると語るだろうか。シェーラー自身がどう考えるか、それはわからない。ただ、私は、彼の上記の人間観はやはり、〈近代哲学の父〉と称されるデカルトが哲学の第一原理として宣言した「我思う、ゆえに我あり」とともに生まれた、精神と自然を対置し、二元論的に捉え、精神が自然を超越するものとする思想の枠内にあるものと思う。

2　近代的人間観とエココミュニケーション論的転回

周知のように、デカルトは一方で、「我思う、ゆえに我あり」という有名な言葉で、〈考える我〉の絶対的確実性を強調するとともに、他方では、自然の本質を〈延長〉として要素還元的な機械論的自然観を主張した。これによって、前者は確かに「個人の尊厳」につながる個人尊重の思想を打ちたて、後者は「科学的精神」につながる「近代科学」を離陸させたといえる。これらは、文字通り「啓蒙の光」と呼べる面とされようが、他方では、人間を巡る哲学的難問《アポリア》を引き起こし、まさにヘーゲルが〈近代〉を「分裂の時代」と呼んだように、この難問は理論的な哲学的問題にとどまらず近代社会の特質をも反映するものであり、現代に至って露呈したような深刻な社会的問題性にもかかわるものであった。

大きくそれは、デカルト哲学から帰結する以下の三点においてみられよう。

一つは、人間と自然の分裂である。人間と自然は〈コギト〉と〈延長〉という、その本質を全く異にする実体とされ、いわば〈精神〉と〈機械〉として対置されることによって、人間と自然の連続的な一体観が打ち破られたのである。そして、人間は主体として、客体たる自然を支配・コントロールのもとにおくことになる。そして、資本主義の発展と相俟って、もっぱら自然は経済的資源とみなされるようになるのである。

二つは、一人の人間自身における分裂、つまり、心と身体の分裂である。動物が〈自動機械〉とされたように、生命体は機械であり、人間の身体もまたその種の〈機械〉に他ならないのである。しかし、この人間の心身分裂は、日常的な現実ときわめて合致しない主張であるので、デカルト自身は理論と実践の区別（つまり、理論的には二元論、実践的には合一説）でこれを回避したが、その直後のラ・メトリは、心もまた時計のゼンマイのようなものと考えればよいとして、身体のみならず、心も一種の機械だとする「人間機械論」を主張した。この人間機械論の系譜は、ノバート・ウィーナーのサイバネティックスをモデルとする人間機械論、そして、今日は、先述のようにそれは人工知能、コンピュータをモデルにするものである。

第三は、人間と人間の分裂である。これは、〈考える私〉の確実性は内面的な確信であり、私の外にいる他者がはたしてロボットでなく、本当に〈考える存在者〉であるかは、外的観察からはわからないからである。これは「他者問題」と呼ばれる哲学的アポリアとされるが、しかし、この問題は、現代社会における個々人の〈孤立化〉の問題と深く連関する問題なのである。そして、これはまた、「個と共同体」問題という社会哲学的な問題と深く連関するものなのである。

二十世紀以降の現代哲学は、近代哲学の前提となる発想を〈言語〉や〈コミュニケーション〉の視点から批判し脱近代化をはかる思想動向に関して、「言語論的転回」や「コミュニケーション論的転回」と呼んで、それを特徴づけてきた。それらによって、言語なしにはデカルト的〈考える我〉もありえないこと、モノローグ的思考から対話的思考への転換、さらには、主体‐客体関係から相互主体的関係への根本的な転換などが主張されてきたといえる。

私もまた、大きな流れからみれば、その視点から、主にマルクス思想の理解を念頭において従来の近代主義的な形態から脱近代化へ向けて脱皮させる試みに参与してきたといえる。ただ、私の場合、哲学アカデミズムの主流と次の点で異なっていたといえよう。哲学アカデミズムの主流は、近代哲学を特徴づけるデカルトの〈コギト〉に象徴されるモノローグ的な意識やそれに基づく労働型行為モデル（また、科学主義的認識モデル）を批判するだけでなく、「労働からコミュニケーションへ」ということで労働概念それ自身をも捨て去る、あるいは対立させる傾向があったのに対して、私は、労働概念を捨て去るのでなく、労働概念の理解そのものの「コミュニケーション論的転回」をはかり、「労働とコミュニケーションの内的連関」をはかるというスタンスをとってきた。

そして私はこの10年来、「コミュニケーション論的転回」（「言語論的転回」）に続く、哲学の「環境論的転回」（「エコロジー的転回」）とも呼ぶべきものを新たに主張してきた。それは、ディープ・エコロジー、「自然中心主義」「自然の権利」論、「動物解放」論、「自然の固有の価値」論などによって提起された問題性を、哲学の「エコロジー的転回」を問いかけるものとして受け止め、哲学や人間観の革新を考える手がかりにしなければならないと考えたからである。

そして、このエコロジー的転回は、コミュニケーション論的転回と無関係なものでなく、たとえば、労働のイメージも、私なりの「コミュニケーション論的転回」によって実現される労働のイメージは、近代主義的な、自然や他者を管理・支配する労働イメージから自然や他者へのコミュニケーション的かかわりを基軸にすえた、いわば「コミュニケーション的労働」と呼びうるものがその主たるイメージとして浮かびあがってくることになった。そしてそれは、もとより、環境・エコロジー問題が、人間-自然関係の基礎にかかわる労働のあり方を抜きにしては語られないものであり、その際に問題となる「エコロジー的労働」と上記の「コミュニケーション的労働」とが重なりをもつことに気づかされることになったのである。その意味で、私の場合、「コミュニケーション論的転回」と「エコロジー的転回」は別個のものではなく、同時に相互連関的に遂行されるものであると考えられたのである。そこで、そのことを示す意味で、「エコミュニケーション論的転回」というような表現もこれまで使用してきた。

そして、もともと、現代社会の二つの大きな問題である、環境・エコロジーの問題と言語・コミュニケーションの問題は相互に深く連関しているというのが私の基本視点でもあったので、この点からも現代的な問題への「エコミュニケーション論的視点」からのアプローチは有意義な表現と思われたのである。

3　脱近代的人間観と共生型の持続可能社会の構築へ

これまで述べてきた近代的人間観の批判はたんに理論のための理論、哲学のための哲学であってはならない。まさに、われわれが問う人間観は新たな社会を構築する梃子にならねばならないと思われる。われわれが目指す社会は「持続可能な社会」としばしば呼ばれるが、その内実の理解については種々あるので、その批判的吟味が必要であるが、後述するように私は共生理念を重視して、それを「共生型持続可能社会」と呼びたい。そして、人間観はその社会観の構築を支えるものでなければならないであろう。

おそらく人間観の革新なくして、地球環境問題の克服と経済成長の相乗効果を目指すような「持続可能社会」

が構想されるとするならば、——それはたとえば、「エコロジー的近代化」論[5]として、欧米で有力な議論になりつつある——たしかに先進資本主義国の環境問題は緩和するかもしれないが、南北問題の深刻化、また先進国内でも種々の抑圧を一層強めることになるかもしれない。

二十世紀の終わりにかけて日本では、今後の日本社会を律する社会原理として「共生」理念がじつに多くの論者によって語られた。「共生」理念もさまざまな立場を映し出すものとなり、その曖昧さゆえに、人によっては捨て去った方がましだという見解もある。しかし、私としては、共生理念は人間-自然関係と人間-人間関係を同時に問題にしていくことを含意し、しかも少なくとも共生を語る論者において共通する点として「相互の異質さ」を尊重しようとする点があることが重要なので有意義な概念と考えている[6]。

私の共生理念は、もとよりこれまで述べてきた近代哲学のエココミュニケーション論的転回によって形成された脱近代的な人間観を前提にして語られるものである。人間本性にとって共同性が本質的で、近代的個人主義を越えて、差別・抑圧のない新たな共同性を目指すことを含意して、「共生共同の理念」ともしばしば語ってきた。「持続可能な社会」とは、もとよりその発想の原点である環境破壊や資源浪費の克服を目指す社会である。その意味で人間と自然の共生を実現する社会であるが、しかしまた、それは、エコ全体主義やエコファシズムは言うまでもなく、環境的正義に反し、文化的多様性を抑圧するような社会であってはならないであろう。さらにまた、その社会は、構成員各個人の個性的な自己実現を抑圧する社会であってもならないであろう。

したがって、「共生」理念が持続可能な社会を実現する理念であるならば、少なくとも、人間-自然関係のみならず、人間-人間関係の基本的な位相において考察されねばならないであろう。私の共生共同理念はさきの近代的人間観の「エココミュニケーション論的転回」によって形成される人間観を前提にするものである。その意味で、共生共同の理念とエココミュニケーション論的転回は表裏一体のものと理解している。

こういった共生共同の理念は、持続可能な社会の実現というような大きな話しにかかわるだけでなく、私たちの身近で大きな問題になっている子どもにおける「いじめ」などの問題にも関係していると考える。総合人間学は身近な緊急の問題にも応答できる実践性ももっている必要があろう。そこで、最後の節でこの点についてふれておくことにしよう。

4 現代の〈いじめ〉を考える――「友人虐待」と呼ぶべきでは？

ここ数十年来、子どもの心身をめぐる問題性や病理現象が種々語られてきた。からだについては、鉛筆が削れなくなったといった話しから、運動能力や基礎的体力の低下、基本姿勢が保てないといったことなど、久しく語られてきた。心についても思いやりがないとか、相手の心が推し量れないとか、飽きっぽいとか、すぐ「キレル」とか、道徳心の低下とか、種々語られている。これらは現代の〈いじめ〉や不登校、引きこもり、共依存、拒食症などとも絡めて種々関心がもたれてきた。現代の〈いじめ〉について私は以前に関心を持ち、その本質について大略次のように述べたことがある。

現代の〈いじめ〉の特徴として、集団的な同調性、異質性の排除、遊びの雰囲気、陰険さ、陰湿さ、残忍さというような諸点が指摘される。要するに、個人に対する集団的排除と陰湿さと遊戯性が、その特徴といえる。今日の〈いじめ〉現象を引き起こしている特徴的な大きな心理的要因としては、次の二つの心理的要因の融合が考えられるとした。一つは、孤立化傾向のなかで「本当の友達が欲しい」という声に見られるような共同性欲求の充足であり、もう一つは、能力主義競争のなかで痛めつけられた「重たい恨み心《ルサンチマン》」の発散である。つまり、今日の〈いじめ〉とは、ある特定個人に対する共通の排除行動によって各人の恨み心を発散させると同時に、疑似共同的関係の確認の行為である。

〈いじめ〉は、仲間が欲しいという欲求と本当の仲間なんてありえないんだ、というアンビヴァレンツな気持ちを潜在的な背景としてもつ、コミュニケーション関係のなかでの矛盾した相互行為といえるのではないか。本当の友人が欲しいというのが人間の本性に根ざすリアリティをもった欲求であると同時に、激しい能力主義的競争のなかで、すべての人間は生存闘争の手段か敵であるという観念もまた、同程度にリアリティがあるのである。このリアリティの矛盾は「仲間」の中にスケープゴートを創ることによって〈いじめ〉という「解決」の形態を得ようとしているのではないか[7]。

しかし、その「解決」は、いじめられる子どもにとっては、死へと追いやられるほどの深刻な状況をつくり出すものである。共同性喪失と孤立化が子どもにとって深刻なのは、竹内敏晴や浜田寿美男が指摘するように、子どもにおいては、そもそも身体そのものからして共同的な性格をもっているからである。この点を竹内は、子どものからだには他者と同じリズムで生き、同じ呼吸で協調しあう特徴があることを指摘しているし、また浜田は、子どもの身体は一方でどうしようもなく自己中心的であると共に、他方でまたどうしようもなく共同的であると述べている[8]。

したがって、現代の死に至る〈いじめ〉は、昔のいじめとはきわめて異なった性格をもっていることに注目すべきであろう。現代の死に至る〈いじめ〉が、従来のいじめと違うのは、高度成長以降の社会の大きな変化を背景に、子どもを取り巻く生活環境の激変に連動した心の変容があるからである。子どもの生活環境がいわば消費的・情報的「豊かさ」と共に、自然から離反し、孤立化した生活環境となっているからである。これはまさにこれまで述べてきた近代産業社会の問題性の縮図といえよう。この心の変容は、最近の「普通の家庭」の青少年の突発的な凶悪犯罪や、またそういった生活環境で育った子どもらが親になっての児童虐待などと深く連関しているといえよう。

したがって、私は、問題の深刻さを表現するために、現代の死に至る〈いじめ〉を「いじめ」と呼ぶよりも、昔からのいじめやさらには動物にもいじめが見られるという議論のレベルから区別されるために、「虐待」と呼ぶべきではないかと考える。つまり、親の「児童虐待」が親による「厳しい躾け」から区別されるように、現代の〈いじめ〉は、その性格を考慮して「友人虐待」と呼ぶことがふさわしいのではないかと思われるのである。こう呼ぶことによって、しばしば、いじめはどんな世の中にでもあったとか、動物にもいじめはみられるとかという議論の問題性とともに、いじめられている子どもに「強くなれ」式の精神主義的要請がなされることの一面性、そして現代の死に至る〈いじめ〉＝「友人虐待」のもつ社会的問題性が明確に表わされると思うのである。「友人」と「虐待」を結びつける表現は、形容矛盾、異様な表現と思われるかもしれない、しかし、このような家族や友人といった親密な関係のなかでの「虐待」という表現こそ、まさに現実のわれわれの社会のありようが人間本性にとって〈異様なもの〉になっていることを気づかせてくれる表現と捉えることもできるのではなかろうか。

以上、現代社会の問題性に私なりに人間学的考察を試みたが、総合人間学は、二十一世紀の大きな課題とともに、身近な問題もそれとの連関で考える姿勢が要請されると思われるのである。

〔おぜき　しゅうじ／東京農工大学教授・哲学〕

注

（1）シェーラーの「理性」「精神」の強調は、当時、社会ダーウィニズムを有力なイデオロギーとするナチズムが「理性〈Vernunft〉」をそれまでのプラス・イメージから〈軟弱さ〉のようなマイナス・イメージへと転換させ、「熱狂的な」「狂信的な」を意味しマイナス・イメージであった〈fanatisch〉をプラス・イメージに転換させつつあったということも考慮する必要があるかもしれない。

（2）「人工知能」関係に関する私の見解に関しては、以下参照。拙著「人工知能問題と意識論の深化」『思想と現代』三三号、一九九三年。また拙著「哲学と情報概念―人工知能・世界理解・仮想現実を巡って―」『社会と情報』創刊号、一九九七年。拙著「情報学と人間」『総合人間学の試み』学文社、二〇〇六年。

(3) この論争に関しては、拙著『環境と情報の人間学』青木書店、二〇〇〇年、第七章、参照。

(4) この論争に関しては、拙著『現代コミュニケーションと共生共同』青木書店、第五章、参照。

(5) 参照、丸山正次『環境政治理論』風行社、二〇〇六年、第五章。

(6) 参照、吉田傑俊・卞崇道・尾関周二編著『「共生」思想の探求』青木書店、二〇〇二年、また矢口・尾関編著『共生社会システム学』青木書店、二〇〇七年、発刊予定。

(7) 参照、拙著『現代コミュニケーションと共生・共同』第一章、青木書店、一九九六年。

(8) 竹内敏晴「子どものからだとことば」谷川俊太郎編『ことば・詩・子ども』世界社、一九七九年、所収。浜田寿美男「共生の倫理と教育」『岩波講座・現代の教育1　いま教育を問う』一九九八年、所収。

〈付記〉 なお、この小論に関して、詳しくは近刊の拙著『環境思想と人間学の革新』(青木書店)を参照していただければ幸いである。

総合人間学会の課題と方法論

半谷　高久

総合人間学会は、人類の危機を克服すべく、その基礎としての人間の総合的研究を目指すものと私は理解する。この観点からは、その基礎として、学会は共通課題として次の二大課題の研究に常に取り組んでゆかねばならないと思う。

第一は、人類はなぜ現代危機を迎えたかの根本原因の追求、第二は総合人間学の研究方法論の研究である。

第一の課題について

火の無いところに煙は立たぬ。人類が今危機を迎えているのはそれなりの理由があったに違いない。その因子の解明なくしては危機の克服は不可能であろう。

人類の歴史において現時点に生きる人類は、その危機の因子を認識できぬほど無知なのか、認識できても訂正できぬほど非理性的なのか、それとも余りにも楽観的なのか？

その解釈は種々あろうが、それらに賛成するか反対するかは別にして、危機をもたらした因子の諸解釈を勉強しておくことは総合人間学の研究に必須ではないか？　そしてこの勉強には諸分野の研究者の協力が不可欠ではないか？　その点において学会に期待される役割は極めて大きいと思う。

この機会に危機招来の原因の解釈の一例として私見を簡単に述べさせていただきたい。私は人類が発展を続ける限り、その形態は種々であろうが、科学技術（知恵と技）の発展は不可避と考える。そしてその発展に応じ、それに適した社会制度が必要になる。もちろん社会制度に適した科学技術の発展が必要であるが、この両者のバランスが崩れると危機がやってくるのではないか？

現代の危機は皮肉にも、一時代以前は人類発展の尺度と考えられた活動を促進することによって生まれた。科学技術の発展が危機をもたらした最大の原因といってよい。環境破壊や核戦争の恐怖を、経済活動の拡大による所得格差の拡大による社会の不安定をもたらした。この皮肉はシステム論の助けを借りるとある程度理解できる。人間社会を主体システムと設定すると、その発展に応じてシステムの構造が変化し、発展の具体的尺度も変化し、またシステムを取り巻く環境条件もシステムの発展の影響を受け刻々変化してゆく。したがってシステム発展の尺度を固定化したり、発展をもたらす具体的活動を固定化すればシステムの継続的発展は不可能になり最後には崩壊することになる。

人間社会の知と技の絶えざる発展を信じつつ、過去の人間社会の発展をもたらした因子の未来妥当性について総点検を行う必要があるのではないか？

方法論研究について

小林直樹会長が既にしばしば述べられているように総合人間学の研究課題は山積しており人類が生き続ける限り無限とも言えよう。それら次々と登場する新しい課題にどのように取り組むかの研究方法の研究が必要ではないか？

ある課題の研究方法は研究の目的や研究者の好みに左右される。予め決まっているわけではない。したがってどのような課題にどのような研究方法を採用するかは当然研究者の責任である。

しかし古典的な個別科学の多くは、要素還元論を基礎とする研究方法が西欧において確立された後に日本にもたらされた歴史があり、日本の研究者は研究方法について悩む機会が少なかったのではあるまいか？　私の経験では研究者を養成する大学の理学部においても研究方法論の講義科目は開設されていなかった。研究方法論の研究はもっぱら在籍した研究室における日常的会話や独学に頼るしかなかった。

二十世紀になり科学研究の領域も急速に拡大、また環境問題、都市問題の発生に伴って、個別科学だけでなく境界領域の科学や総合科学の発展が必須と認識されるようになった。総合研究という表題のもとに日本においても多くの研究が行われたが、その大半は個別科学の集合であり独自の総合科学の研究方法を開発した研究は、ごく少ないのではあるまいか？　私自身も都市や環境に関連して、いくつかの総合研究班を組織した経験があるが、そこで総合という名に真に値する研究方法を開発したかと問われると、忸怩たる思いをせざるを得ない。しかし、研究班編成の際には常にその総合研究方法の検討グループを設置した。この試みは若い研究者には好評であった。それなりの意義はあったのではないかと思う。

総合人間学の課題は常に新しく多種多様であり、個別人間学の研究方法を超えた、総合的方法が必要であろう。私がこだわっているのは、宇宙人が興味をもって地球人を研究する立場とは異なって、われわれ地球人がすべての地球人を愛し、その繁栄を願う立場から地球人を研究するという立場を忘れないことである。

〔はんや　たかひさ／MV研究所・地球化学〕

講演記録

客観・主観と総合人間学（二〇〇六年学会設立記念講演から）

小柴 昌俊

これまで、「やればできる」という主題で、学生、経営者、お医者さんなどを聴衆としていろいろ講演する機会は多かったのです。今回は「総合人間学会」というところに呼ばれてお話することになったのですが、考えてみると私にとって、この人間学というのはいちば～ん苦手なもので、今まで避けて通っていたところです。

それならなぜここにいるかというと、実は三十七年くらいも前になりますが、大学の学生紛争というのが全国でたいへん盛んだった。東京大学でも、学生と教員を含めた全学学生委員会というのができまして、私は理学部選出の学生委員としてそれに出席したら、その委員長をやってたのが小林直樹先生。三十何年ぶりに電話があって、小柴さん今度こういう会をやるから話をしてくれとお誘いがあると、断るわけにゆかない（笑）。それで、ここにいるわけですが、それで、重点の置きどころを少し工夫して、中身も変えました。前置きのところは、こういうのです――。

これはよく見せるスライドなのですが、ご覧のように巨大な蛇、ウロボロスというのですが、その真ん中に人間が立っている。で、右の方に回ってゆくとだんだん大きいものがある。望遠鏡を使って観測するわけですね。そのずっと先の方までゆきますと、蛇が大きな口を開いています。この最初のあたりは宇宙の最初のところですね。

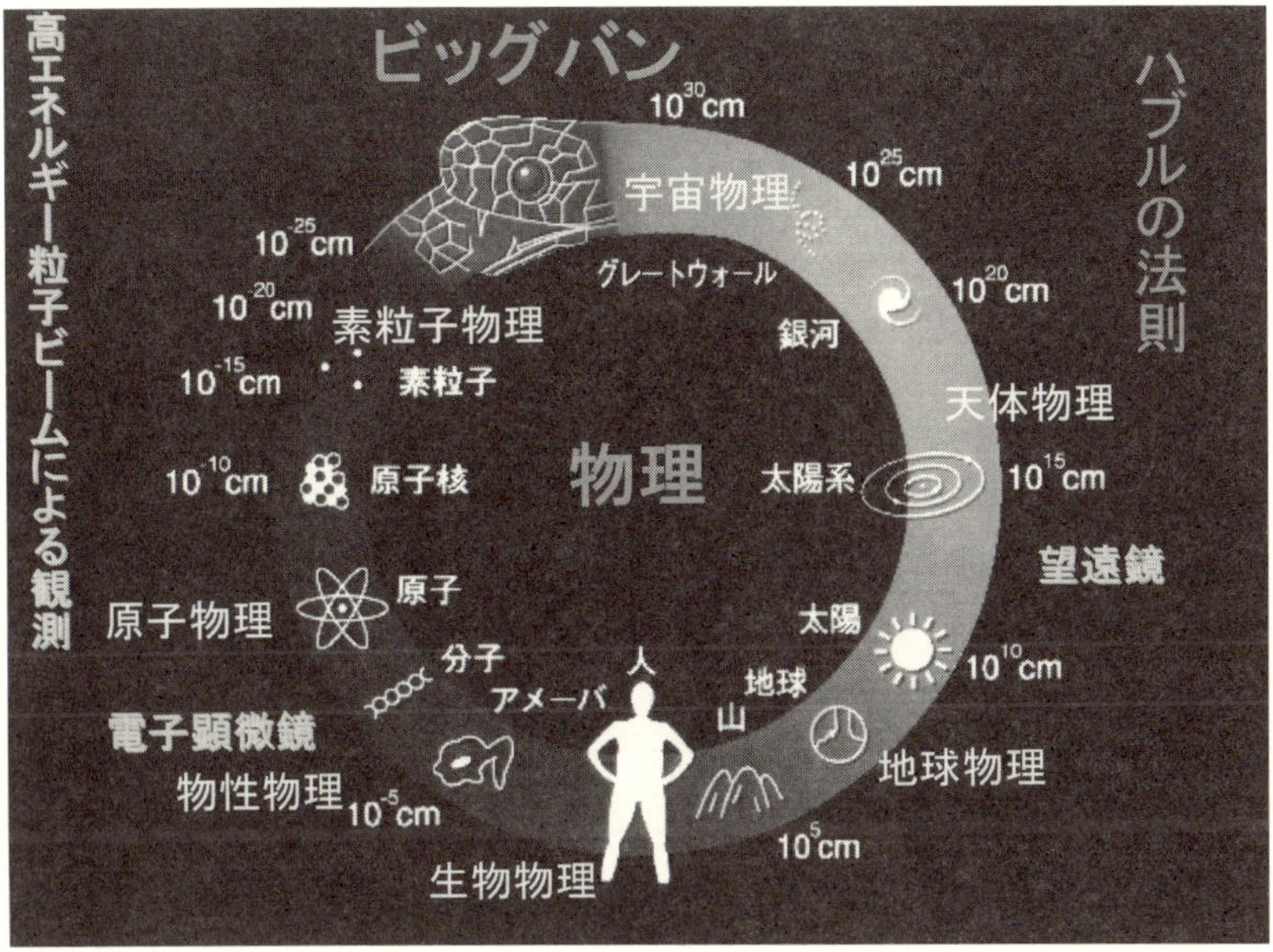

で、口を開いて何をしているかというと、自分自身の尻尾を飲み込んでいます。これはいったい何を意味しているのか。そのあたりのことは先のほうで、もっと立ち入って話すこととして、とりあえず人間まで戻って、逆にたどってみます。

そこで今度は逆に人間から左へ回って遡ってゆくと、アメーバから始まって、分子、電子、どんどん細かいものが見えてくる。こういう細かいものを観測するのは、遠いところを望遠鏡で大きいものを観測するのより、もうちょっと複雑なことですが、技術的なところはさておいて、物質でいちばん小さなもの、物質の構成の大もとになっている素粒子というのを調べてゆきますと、結局素粒子の物理学というのは、宇宙の物理学と同じことをやっているということがわかってきます。

この絵を使って私がよく言うのは、うんと大きいところとか、うんと小さいところは、結構やればわかるものです。ところがわからないのは、この真ん中にいる人間である。なぜわからないのかを考えてみますと、だいたい自然科学というのは、ものごとを認識するということから始まるわけです。ものごとをどうやって知るのかというと、必ず、認識される客体と認識する主体というものを、まずはっきり分離して、そして主体が客体を認識する。そういう形というか、手続きが基本です。だからこそ、そうやって得られた結果が人類共通の科学的な知識として、客観的に残るわけです。

ところが主体と客体が分離していない場合、たとえば宗教の悟りとか、あるいは音楽にうっとり聞きほれている、あるいは我を忘れて楽しんでいるとか、そういう状態を考えてみますと、そこでは主体と客体が分離していない。分離しようがないわけですね。そういう状態で得られたものは、それは当人にとってかけがえのない大事なものであることも、多いでしょうが、それはその当人だけに得られるもので、他の人と共有するわけにゆきませんね。さっき考えたような、まず認識する相手を分離して向こうに置くという便利な手続きができない。

それで、人間の理解が苦手だとさきほど言いましたが、それがなぜかというと、それは自分で自分を理解するということが問題だからだと思います。理解したものを、他の人とも共有しようとすれば、客体の側に置いて眺めなければならない。ところがその置き場所というのが自分自身のなかである。私のように万人共有の知識、法則といったものを相手にすることをずっと続けてきた者にとって、人間自身を理解するのが苦手という意味は、こういうことです。

〔こしば　まさとし／東京大学特別栄誉教授・素粒子物理学〕

＊　この講演記録は本学会設立記念講演として、「やればできる」という表題で、研究の足取りを中心に話されたものの導入部分である。前ページの図はそのさい最初に提示されたスライドで、版権は講演者に帰属する。（きれいなカラー・スライドが、単色印刷になってしまったことは申し訳ない。）【編集担当者注記】

精神医学から見た正常と異常（二〇〇五年初夏シンポジウム）

木村　敏

木村です。総合人間学研究会にお招き頂いてありがとうございました。「人間学」というのは、私が自分の学問の肩書きにしている言葉です。「人間学的精神学」というのを、ほぼ半世紀、やってまいりました。そんなわけで非常に喜んで参上した次第であります。それから、長野先生、先ほどはご丁寧なご紹介をありがとうございました。長野先生とは時々、河合文化研究所でご一緒したり、たくさん御本を頂いたりして勉強させて頂いております。一般の方の目から見た精神的な異常と正常については、小林先生が問題提起をしてくださったので省略いたしまして、我々精神科医の目から見た異常と正常の話に、ただちに移ります。

1　精神医学的異常の特殊性

精神科にもいろんな病気がありますが、その中でも統合失調症の異常さは非常に特異的です。統合失調症のことを以前は「精神分裂病」、あるいは「分裂病」と言っておりました。分裂病というのはラテン語では schizophrenia です。schizo は「分裂」、phrenia は本来「横隔膜」の意味ですが、心、精神の意味でも使われており、この病名は「分裂した心」という意味です。欧米では、精神科の医者はもちろんこの意味をよく知っていますけど、一般の人は schizophrenia が精神の分裂を意味しているなどということは、まず知らないわけですね。ところが日本でこれが「精神分裂病」と訳されますと、誰にでもその意味がわかってしまう。精神の分裂というのは、いかにもどぎついですね。私は前からこの病名はやめた方がいいんじゃないかとずっと思っていたのですが、やっと最近、私がもう引退してから後に、学会がやめようという申し合わせをして、「統合失調症」になったわけです。今日はその統合失調症の話に限らせて頂きます。

正常と異常、ノーマルとアブノーマルというのは、ノルム（基準）にかなっているかどうかということで、基準がなければ、正常、異常を言えないんだけれども、この基準を客観的に数量化して設定することが、精神医学の場合、とくに統合失調症の場合は不可能なんですね。それではいろいろ困りますし、とくにこの頃の医学部は、数字の出た論文じゃないと教授会が業績として認めてくれませんので、なんとかして数量化しようと、みんな努力いたします。それでなんとか数量化できたような顔をしていますけど、それは嘘でありまして、じつは絶対にできないのです。数量化できなければ客観化もできない。科学として扱えないのです。

さっき長野先生が私の著作集に「反科学的主体論」という、あの時代を反映したタイトルがあるとおっしゃいましたが、私はあの紛争時代にだけ、そういうことを考えていたのではなく、今でも反自然科学的な考え方を持っております。医者というのは自然科学者であるにもかかわらず、精神医学は自然科学ではやれないと思っています。どうしても、「主観的」な感性に基づく判断が必要になってくるんですね。主観のことはあとでお話しします。

ここで、もう少しだけ言葉の問題を説明しておきますと、我々が「主観的」と言っているのは、明治時代にドイツ哲学の subjektiv という言葉が入ってきて、それを日本語にするときに「主観的」という訳語を使ったんですね。認識のホストとゲスト、ものを見る「主」の方と、見られる「客」としての対象。そういうことで主観、客観という言葉をあてたんでしょう。しかし、カントあるいはドイツ観念論の哲学をやっているうちは「主観」という訳語で十分だったんですけれども、そのうちにマルクス主義とか実存主義とか、そういう思想が出てきまして、それがやっぱり subjektiv という言葉を使う。そうすると、そういう行動する哲学、あるいは思索より実践のほうが重要であるような哲学では、もはや「観る」主体としての「主観」という用語は使いにくくなってきて、「主体」という訳語が出始めるようになりました。同じ subjektiv を一方では「主観」と訳し、一方では「主体」と訳す。そういう二本立てでずっとやっているのが現状です。ところがそこで非常に滑稽なことが起きてきました。翻訳文化の悲しさです。「主体的な人」というと、他人に惑わされることなく自分の信念で何かをやる人ということで、ポジティブな評価が与えられますね。ところが「あなたの考え方は主観的だ」なんてことを言われますと、人の意見にあまり耳を貸さずに自分勝手に何か考える、そういうふうにマイナスイメージになります。西洋では subjektiv という同じ言葉で表しているのに、日本では二つの意味に分かれますから厄介です。

精神医学の異常の判定は「主観的」ですが、医学ですから、やはり「誰が見ても異常」という基準がなくてはなりません。一般の医学では普通は患者さんが、あそこが痛い、ここが苦しいということで自分から医者のところに来られるわけですけど、精神医学はそうはいかないですね。私はちょっと頭がおかしいから治してください、という依頼を受けることは、まずないんです。だいたいは、家族や友人、学校の先生から、この人はちょっとおかしいから、なんとかしてやって欲しいという依頼があって、その人は、かなり無理矢理に、連れてこられる。それを我々が見ますと、たしかにおかしいという判断が、周囲の人たちと我々とで一致することが多いんです。これは考えてみれば不思議なことです。それぞれが主観的な判断しかしていないはずなんですから。もちろんその見方が一致しない、あるいは完全に食い違うこともあります。しかし、不思議と一致することが多いんです。この不思議な一致はどこからくるのか。主観と主観の間で何かが共有されているあり方のことを「間主観性」Intersubjektivität というんですが、この言葉はフッサールという現象学者が言い出した言葉です。一番、早い話が芸術作品。例えばピカソの絵なんか、これはいい絵だなあと、そう簡単にはみんなで共有できないはずでしょう。しかし、ある範囲の人たちは、それぞれある絵をいい絵だとか、つまらない絵だとか思っている。これは主観的ですね。絵の良い悪いに何も客観的な基準はありませんから。しかし何人かの主観が、同じように、良いとか悪いとか判断すれば、そこに何かが共有されるわけでしょう。ひとつの共同体ができますね。一種の客観性めいたものが、そこにはできます。そういう共同体の中だけで通用する基準のようなものが生まれます。それで、ピカソの絵はすばらしいという評価が、一部の人のあいだでは確立されます。フッサールの言っている間主観性というのは結局、そういう客観性の基礎になるようなものの成立を言っているのです。

ところが同じ間主観性という言葉を、フッサールの後から出てきたメルロ=ポンティというフランスの哲学者が、やや違った意味で使うんですね。フッサールの間主観性だと、その主観性というところがはっきりしなくなる。結局は客観的になっちゃいますから。ところがメルロ=ポンティは、この間主観性から intercorporéité（間身体性）という概念を出してくるのです。間身体性とはどういうことかと言いますと、主観と主観が身体を介して関わり合っているということです。身体というと、なんとなく物理的な物体を考えてしまうが、メルロ=ポンティが言いたいのは、日本語でいうと「身」ですよね。メルロ=ポンティ自身は「肉」chair という言葉を使っていますけれど、日本語でいうとやっぱり「身」だろうと思います。ということは、主観とか主体とかいうのは、「身」、それも「生身」というか、「生きている」ということと非常に深く関係があるということです。

そこで次に、ドイツの神経科の医者であるヴァイツゼカーという人のことを申します。この人は、「主観的／主体的」subjektiv というのは「生の根拠への関係から」という意味なんだと、はっきり書いているのですね。この「生の根拠」とは何かというと、私が今、ここに生きていますね。生きているのは、普通に考えれば私のものである物質的な身体が生きている、生命活動をしているということですが、しかし、生きているということは、はたしてこれに尽きるだろうかと、ヴァイツゼカーは問うたわけです。

ヴァイツゼカーは、こういう有名な言葉を残しています。「生命それ自身は決して死なない。死ぬのは個々の生きものだけである」。地球上に生命が誕生して四〇億年といわれていますが、その間に実に多種多様な生物が、無数の生きものが、生まれては死に、生まれては死に、を繰り返して現在に至っているわけでしょう。我々もその無数の生物の一例にすぎないわけですね。個々の生物は必ず死にます。ところがその間、少なくとも今までのところ、生命というものそれ自身は途絶えたことがないわけでしょう。今度、また何十億年かすれば生命も消滅するかもしれない。それはわからないけれども、少なくとも今のところ生命は途絶えていない。人類が滅亡しても、おそらく生命は残るでしょうね。

そういう生命というのは、我々が一人ひとり生きているところと無関係な、どこかにあるものではないんです。我々の中にあるんです。そういう生命も。今のところ途絶えない。死なない生命。そういう生命のことを、ヴァイツゼカーは「生の根拠」と呼びます。そしてそれは対象的・客観的には認識できないものだというのです。それは当然そうですね。これが生命それ自身だよ、などとそれを見せることなどできないのですから。

生命それ自身は、認識不可能な、だから客観化不可能なものなんですけど、我々はそれと常に関係を持っている。関係を持たなければ生きていないことになります。私がその生の根拠との関係を絶ったとき、私は死ぬわけですね。死ぬということは生の根拠との関係が絶たれるということです。だから私が生きている限り、私は生の根拠との関係を保っている。そして、その「生の根拠への関係から」という意味で、ヴァイツゼカーは「主体的／主観的」という言葉を使うのです。

私たちは自分のことをいうときに「自《みずか》ら」といい、何かが自然にそうなることをいうときに「自《おの》ずから」といいます。この二つの言葉の送り仮名がいつもわからなくなっちゃうんですけど、大切なのは両方ともこの「から」のところなんです。自らも、自ずからも。ところで、この二つの言葉が両方とも用いている「自」という漢字、これが元来「から」という意味なんですね。私は今日、京都から来ましたけど、それは「自京都、至東京」で、帰りは「自東京、至京都」の列車に乗るわけです。そういう「自」の使い方を知っているのは、おそらく私ぐらいの年代が最後かな。それから例えば講演会なんかのポスターには、「自1時、至3時」など書いてあった。僕らの若かったときはそうでした。「おのずから」という言葉には、何かそれ自身からという意味、オートマチックというような意味があるでしょう。「ひとりでに」といってもよい。それに対して「みずから」は、自分の力でということで、自力です。つまり、自ずからと自らは、意味が逆ですね。言ってみれば正反対のこの二つの意味が、一つの漢字で表されるという、不思議というか、面白い事実があります。この二つの表現を、それぞれ漢字二文字の熟語で書き分けると「自己」と「自然」になるわけです。「自ら」は自己だし、「自ずから」の方は自然ですね。ただしこれは、昔は、とくに仏教では、「しぜん」と読まずに「じねん」と読んでいました。だから自然も自己も、自らも自ずからも、両方ともそこに「自」という言葉、「から」という意味が含まれていて、そのために「自発性」という重要な性格が備わっています。「自発」というのは「自から発する」ということです。あるいは「自由自在」なんていうのは、「自に由来し自に在る」という意味です。日本でも、もちろん中国でも、「自」という文字が大変重要な意味を持っていたわけですね。

2　共通感覚 sensus communis と常識 common sense

さきほど、間主観的に共有される規範みたいなものがあると申しましたが、ここから次に共通感覚と常識の話に移ります。

「共通感覚」というのは、アリストテレスが彼の『霊魂論』の中で書いていることです。我々の五官、つまり視覚・

聴覚・触覚・味覚・嗅覚、この五つはそれぞれ役割が違いますが、それらに共通している基本的な感覚があるということをアリストテレスは言うわけですね。例えば、変化、運動などがそうです。変化するという感覚。視覚にも聴覚にも触覚にも、あるいは味覚や嗅覚にも、何かが変わるという感覚はありますでしょう。それから大きいとか小さいとかの感覚、これは味覚や嗅覚では出にくいですけど、他の感覚では共通してますよね。

その説明の中で、アリストテレスは面白いことを言っているんです。「白い」と「甘い」。白いという感覚はもちろん視覚です。それから甘いというのは味覚ですね。これを比べることができるかというと、普通はできないわけでしょう。白いというのは、黒いとか赤いとかいうのとは比べられるし、甘いというのは、辛いとか苦いというのとは比べられるけれど、白いと甘いを比べることはできない。ところが共通感覚があるから、我々はそれを比べることができるんだというわけです。アリストテレス自身は書いていないことですけれども、これを少し敷衍して申しますと、甘いというのは決して砂糖の甘さだけではない。お母さんが赤ちゃんにお乳をあげている光景は甘い。それから、ヴァイオリンの音色が甘い。あるいはこの作品はまだまだ甘い、ともいいますね。だから、「甘い」という言葉は、お砂糖の味から飛び出して広がるわけでしょう。「白い」というのには、有名な芭蕉の俳句「石山の石より白し秋の風」があります。あるいは、白か黒か決着をつける、というときの白もあります。だから白というのは決して紙の色だけではないのです。白々しい雰囲気。白ばっくれる。いろいろあるわけです。

そういうように、意味を広げますと、甘いと白いがひどく接近してきますね。この接近させるはたらきを、アリストテレスは「ファンタジア」と言いました。後でイマジネーション、つまり想像力、構想力という言葉が出てきますが、想像力や構想力、そういうものを我々が持っているおかげで、白というのは単に白紙の色だけでなくて、そこにファンタジアあるいは構想力がはたらいて、比喩が可能になってくるわけです。さてこの構想力のドイツ語はEinbildungskraftで、これはカントが論じた哲学用語ですが、ファンタジアあるいはファンタジーというのは、幻想とか空想とかいう意味ですね。これをよく考えてみると、これは一種の身体感覚なんです。生の根源からの subjektiv な身体感覚。subjektiv というのはヴァイツゼカーの意味です。生の根源、生の根拠みたいなものを目指しているという意味で、それが直接我々に感じ取られたものが、ファンタジアであり構想力なんですね。

それを物語っている事実として、アリストテレスが「共通感覚」と呼んでいるものは、普通 sensus communis というラテン語の訳で一般にいわれていますけれど、ギリシャ語で、koine aisthesis といいます。aisthesis は「感覚」、koine は「共通」という意味です。これがそのままドイツ語に入りまして、「身体感覚」という意味の Koenästhesie という言葉を生みました。精神医学では今でもこの言葉を使っています。このようにして、共通感覚イコール身体感覚なんです。そうすると面白いことに、さっきの「みずから」ということと大いに関係が出てまいります。「みずから」の「み」は元来「身」のことなのですから。自己つまり自らというのは、身体感覚としての共通感覚に根ざしているということがいえるわけですね。

さて、生の根拠というのは四〇億年前に遡るのですから、人間だけのものではないのですけれども、人間以外の動物のことは僕らは知らないというか、動物に聞いても教えてくれないわけで、人間のことだけでいいますと、生の根拠というのは、人間という種の全体に共通するはずなんですね。一人ひとり違っているということは絶対ありえない。だから、当然、そこから出てくる共通感覚も、間主観的に自動的に人類共通になってしまうのですね。そこでアリストテレスが諸感覚の共通の根拠としてとりだした sensus communis が、人々の感覚の共通性という意味にもなってまいります。そこから英語の common sense つまり常識ということが出てきます。「常識」のことを、ドイツ人は gesunder Menschenverstand（健全な人間悟性）という言葉で言い換えました。しかし common sense というのは悟性じゃないですね。日本語でも、「常識」の定義としては、社会人として最低限持っていなければいけない知識のことだと考える向きがありますが、常識というのは決して知識ではありません。あくまでもセンスであり、感覚なんですね。ある人が「身」につけているセンスですから、それは間主観的に、人間が人間である以上、身についていなければいけないはずのものなんですね。

それで、カントという哲学者は、『純粋理性批判』の中にも書いてありますけど、主として『判断力批判』の中で、常識というものを先ほど申した構想力と結びつけて、しかもそれを共通感覚だということを言っているわけです。構想力というのは、カントの場合、感性と悟性という、この人間の持っている二つの大きな能力の共通の根源として捉えられています。このあたりはたいへん難しい哲学論議になるわけですけれども、私は統合失調症を共通感覚の病理、コモンセンスの病理として捉えているものですから、この問題も避けて通れないわけです。

3　自然さの異常

統合失調症の患者さんは、どこかおかしい。何がおかしいかというと、自然じゃなくなるんです。何となく自然さから浮き上がるというか、不自然になるんです。非常に特徴的な自然さの異常が見られる。この自然さの異常は二つの面で出ます。それが外面的な面に出ると、その人の行動、振る舞いが不自然になります。内面的な面に出ると、その人自身の心の中、その人の感じ方が不自然になります。この二つの面を合わせて、ブランケンブルクという、数年前に亡くなったドイツの精神病理学者が『自然な自明性の喪失』という本を書きました。これは非常に優れた本で、私が中心になって翻訳をみすず書房から出しました。邦訳のタイトルは「自然な」という言葉を省いて、『自明性の喪失』にしました。ドイツ語ですと「自然な自明性」でいいわけです。ところが日本語で自明といったときに、自という言葉が使われていますから、もうそこに自然という意味が入っているわけです。そんなことがありまして、私は翻訳のほうでは「自然な」という形容は省きました。

統合失調症患者に特有の不自然な感じ、それで我々精神科の医者は、直感診断というものが可能になるわけです。この直感診断については、いろいろな人が立ち入った論文を書いていますし、私自身も書いています。初診の患者さんが診察室のドアを開けて入ってこられるでしょう、その瞬間にね、あっ、この人統合失調症だ、ということがパッと直感的にわかってしまうのです。ところが、その患者さんが自分の前に座って、じっくり話しを始めるともう全然わからなくなる。その感じが消えるのです。この直感診断について非常に有名な論文を書いた、オランダ人のリュムケという人がいるんですが、彼は、この感じが一番はっきり出るのは、知らない統合失調症の患者さんと道路ですれ違ったときだと言っています。あらたまって面と向かって話しているときじゃないんですね。この事実は、自然さとか不自然さとかいうものが、対象として認識できるものではなくて、直感的に感じ取られるものだということを物語っています。

4　自他関係の異常

統合失調症の人の、特徴的な症状のひとつは自然さの喪失ですが、もうひとつの根本的な病理として、自己というのもがきちんと成立していない、あるいはいったん成立したかに見えた自己が、人生の途中で、つまり発病する頃に非常にあやふやになってしまう、ということがあります。私が統合失調症について最初の論文を書いたのは、もう四十数年まえのことになりますが、それ以来ずっと、「個別化の原理の障害」という言葉でそのことを言い表してきました。

「個別化」というのは、自分が他ならぬ自分だということ、あるいは一人ひとりがそれぞれ個性を持った自己であるということ、固有性を持った別個の存在だということです。私たちは一人ひとり、物理的には当然、別々の身体を持って個別化されているわけですね。ある一人の人として生まれてくるということは、身体的に個別化されるということです。しかしそれだけではなく、私が心理的にというか、自己意識の問題として、世界中にたったひとりしかいない、私以外のだれでもないような私自身だといえるということ、これがここで問題になる個別化です。この意味での自己の個別化の障害は、統合失調症以外にもあるんです。例えば多重人格。多重人格は自分の中に二人も三人も別々の自己が宿っているわけでしょう。しかし、私が個別化の「原理」の障害と言いますのは、そういった現実の、いわば表面的な個別化の異常とは次元の違ったことです。それは、そもそも人間の精神が、どうやって自己というものを他人から分けるか、自己が他人ではない自分自身であるとはどういうことか、そういう問題に関することなのです。

それは、こういうことなんです。統合失調症の非常に特徴的な症状に「させられ体験」と「つつぬけ体験」があります。これが出てきたら、まず、他の症状をいっさい無視して統合失調症という診断をつけてかまわないでしょう。それほど特異的なのです。

「させられ体験」というのは、自分の一挙手一投足というか、自分が何をやっても、それが他人にさせられているのだと感じる症状です。例えば私が今ここでマイクを握ってしゃべってますよね、これは自分の意志でやっているんじゃなくて、誰かにやらされているんだという、こういう感覚を持つのが「させられ体験」です。考え方によっては、私が今日、京都から出てきたことだって、自分の意志でやってきたわけではないですね。長野先生から誘われて、それをお受けしたからこそ、今朝は家を出て新幹線に乗ってやってきたんです。しかしいったんお引き受けした以上、あとはまったく私自身の意志で、私の役目を果たそうとする意志で、こうやってお話ししているのです。ところが患者さんの場合にはそうではない。こうやってしゃべっている行動のすべてが、リモコンで操作されているように他人の意志で動いているんだと思うんですね。これが「させられ体験」です。この場合もちろん、意志のほうが行動より先にあることはおわかりでしょう。こういう行動をしようと意志する。それに従って行動を起こすわけですから。だからもしこの「意志」が他人のものだったら、意志している他人のほうが、行動している自己よりも先にあることになりますね。自己と他者というのは、通常は、自己というものがあってはじめて、自己ではないところの他者ということが言えるのです。普通は自己が他者に先行するのです。ところが統合失調症の「させられ体験」では、他者が明瞭に自己に先行しています。それでは自己は自己として成り立たない。つまり自己の個別化が原理上、成立しにくくなっているのです。

次に「つつぬけ体験」というのはどういうことかというと、これは一般には「思考伝播」、ドイツ語ではGedankenausbreitung、英語ではちょっと洒落た命名で thought broadcasting などといわれています。thought は思考ですね。broadcasting は放送でしょう。つまり、自分の考えが他人に伝わっちゃうんです。自分の考えていることが、口に出して言わないのに、まるで放送のように人に伝わっちゃう。これは一般には「思考伝播」と呼ばれているんですが、長井真理さんという、残念ながら若くして亡くなってしまった女性の精神科医が、この症状名を批判して、「つつぬけ体験」という名前をつけました。なぜかと言いますと、「思考伝播」というのでは、すでに自分が「思考」として考えていることが他人に伝わるという意味になりますね。ところがじっくり患者さんの話を聞いていると、そうはなっていないというんです。自分の「考えた」ことが他人に伝わるのではなくて、自分の「考えようとしている」ことを、他人が先回りして考えてしまっている、患者さんはそう感じているのだ、というのです。それで「思考伝播」という言い方をやめて、「つつぬけ体験」というニュートラルな名前をつけたというわけです。

これは実は大変に重要な発見なのです。自分の考えようとしていることが、自分より先に他人に考えられてしまっているという、この時間的な順序、これはなかなか理解しにくいでしょう。ぼくたちにとっても、なかなか理解しにくのです。精神科医の医者だって、やっぱり平々凡々たる一般人ですから。しかし診察室で患者さんが言っていることをよく聞くと、私が考えようとしていることを周りの人が先回りしてもう考えちゃっている、というんです。つまりここでも、先ほどの「させられ体験」の場合と同様に、他者のほうが自己より先にある、自己と他者の順序が逆になっているんです。これが統合失調症に見られる「個別化の原理の障害」の、非常にはっきりした実例なのです。

先ほども言いましたように、普通は自己があってはじめて他者がある、自己が他者に先行している、という感じ方のほうが正常だと見なされています。しかし、本当にそうなんでしょうか。本当に自己は他者に先行しているのでしょうか。何人かでテーブルを囲んでしゃべっている状況を思い浮かべて下さい。そのとき、自分がその席で何を話すか、何を話題として持ち出すか。これは、何人かで話し合っているその場の雰囲気に拘束されます。場違いな話題は持ち出せない。本当はこう言いたいと思っても、なんとなく言い出しにくい雰囲気だったりということはいくらでもあります。そこでの自分の発言、あるいは発言以前にそこで何を考えるかということまで、周囲の雰囲気みたいなものに支配されます。それから、集団心理やファシズムの問題もあります。先ほど小林先生がお触れになったオウム真理教なんかの洗脳ですね、あれも集団心理を使うんですね。我々は自由人だからファシズムの世界に生きていなくて、完全に主体的に自分で自分の考え方を形成できていると思っているでしょうけれど、本当はそうじゃないです。本当は学問の世界ですら言っていいことと悪いことがある。学問の世界ですら、自分が何か考えるときは、社会の場というか雰囲気に拘束されています。

ところが、我々はいつも自己が他者に対して先行している、自分が他人より先にあると思い込んでいるのです。この思い込みは、我々が生きているということ、死にたくないということと、密接に関係しています。これはウォーコップというイギリスの哲学者が考えたことで、東大の安永浩さんがこれをもとにして興味深い統合失調症理論を提出されたので、わが国の精神医学ではよく知られている考えなのですが、「生」と「死」、「自」と「他」。この二つの言葉を見て頂くと、まず、「自」とは何であるかは、いわば直感的にわかるわけです。では「他」とは何であるかというと、「自ではない方」といわざるをえないでしょう。その逆はいえないんです。「自」とは「他でない方」という捉え方は、ちょっとおかしい。そこには明らかに「自＞他」という不等号がつくんです。「生」と「死」もそうなんです。「生＞死」。「生きている」というのはどういうことかというと「死んでいないこと」だ、というのは言えるでしょう。「自＞他」も「生＞死」も、不等号の上側を基準にして下側を導きだすというやりかたを、僕らは普通にとっています。ということは、自己と他者ということで言いますと自己の方が他者よりも先だということです。

ところが統合失調症の患者さんでは、この符号が逆転しています。私はそれを「自他の逆対応」と呼んでいます。さらに言うと統合失調症の人は、ひょっとすると生死すら逆対応になっているんじゃないかしらと思う。それは自殺の仕方が特異なんです。鬱病の人や統合失調症以外の患者さんの自殺は、生きていたいんだけれども死ぬ以外ない、という言い分がこちらにも十分わかるんです。生きていることがこんなに苦しいなら、死にたいと思うだろうなということが、こちらにもわかる。わかるということは予防できるということです。

精神科の病気で放っておいて亡くなる方はあまりいないです。ただ自殺だけが例外です。だから患者さんを自殺させるのは我々にとっては堪え難い失敗なんですよね。ところがね、統合失調症の患者さんは本当にいとも簡単に、一見したところ何の理由もなしにポンと自殺しちゃうことがある。もちろん、統合失調症を抱えながら生きていくのは、苦しかっただろうとは思いますよ。もちろん苦しかったでしょう。しかし、統合失調症の人が自殺するのは、症状が一応とれて、退院のめどがついたとか、これから社会復帰に取りかかろうとする矢先、というような場合が多いのです。せっかくここまでよくなってきたのだから、ここで死ななくてもいいのにということがよくあるんです。ということは予防しにくいということです。僕は、若い精神科のお医者に、統合失調症の人が死とごく近いところで生きていることだけ忘れるな、とよく話しています。ということは、どうも生と死の不等号が逆転しているんじゃないか、あるいは逆転していないにしても少なくとも肩をならべていて、生きていることと死んでいることとが差がないという感じすら受けることがあります。

そこで、この「生＞死」とか「自＞他」とかの不等号ですが、これはひょっとすると健常者の、いわば健全で平凡な生き方に特有の錯覚かもしれない、ということを私は考えています。というのは、非常に強烈な宗教体験、あるいは芸術体験、美の体験を持ったりするとき、そういうときには、自分ではない何か、ひょっとすると単なる物でしかないような何かが、自分を圧倒する。自分はほんのちっぽけな、向こうにある何かから見られているにすぎないような存在になってしまう、というようなことが起こります。西田幾多郎は、「物来って我を照す」という有名な言葉を残しています。「私」が「物」を見ているんじゃない。あるいは、「私」が「物」を見てそこに物があるということを確かめているんじゃない。「物」の方が向こうからやってきて、「私」の存在を照らし出してくれるんだということですね。さっきは他人ということで言いましたけど、自分ではない世界、物の世界でも同じことです。もちろん神でもいいんです。こういった自他の逆対応状態が、それを異常と呼ぶかどうかは別として、少なくとも統合失調症の患者ではない、優れた芸術家や宗教家、哲学者によって経験されています。そうなると我々凡人がふつうに考えている、自己が他者より先にあり、世界より先にあるというのは、生を死より優先して、死にたくないと考える自己保存の本能のいわば系として、そう考えなければやりきれないからそう考えているだけの錯覚ではないのか、という感じを私はかなり強く持っているんです。そして統合失調症の人は、この真理を見抜いているというよりも、何かの理由でこの健全な錯覚を構成できないでいるのではないか、だから一見深遠な宗教的、哲学的な洞察と同じことを経験しているのではないか、と私は考えています。

5　「真理は生きるために必要な誤謬である」（ニーチェ）

ニーチェは、「真理とは、それがなければある種の生きものが生きられないような誤謬のことである」という名文句を残しています。この「ある種の生きもの」というのは、いうまでもなく人間のことです。これを、ニーチェ自身の文脈から離れて、少し考えてみましょう。

例えば、時間というものを、私たちは過ぎ去ったら戻ってこないものだと思っていますが、私たちに時間というものを経験させてくれる客観的な事実、つまり物理学が扱っている時間は、空間とまったく対等な一つの次元として、あくまでも可逆的な変数でありまして、どちらの方向へも行き戻りができるわけですね。ところが人間は死を免れない存在だから、人間が生きているこの時間は過去から未来へ、ということはつまり生まれてきた時から死んでゆく時に向かって、一方向に流れるだけで、絶対に元には戻らないと感じています。時間がもとに戻りうるということは、人間が若返るということですから。だから「時間は不可逆だ」という「真理」は、実はそう考えなければ人間が自分の死すべき人生に対処できない、そんな「誤謬」の一つだということになるでしょう。

それから、僕はだいたいこういう場所でしゃべるときは、歩き回りながらしゃべることが多いんですが、その間、私の網膜から脳の視覚中枢に入ってゆく視神経の刺激としては、この部屋全体が動いているという情報が入っているはずなんですね。ところが私は全然そんなふうには思っていない。部屋は動いていないで、私が動いているんだということをちゃんと知っているわけでしょう。それを知らなかったら、私はたいへんな混乱に陥って、こんなに落ち着いてしゃべっていられませんよね。これも「生きるために必要な誤謬」の一つです。

ただしときどきは、この「誤謬」がうまく機能しなくて、思い違いをすることもあります。自分の乗っている電車が駅に停まっているときに、隣のホームの電車が動き出すと、まるで自分の乗っている電車が動き出したのかと勘違いすることがありますね。これはよくある錯覚ですけど。しかしだいたいにおいて、ふつうは錯覚でないと考えられてるような感覚でも、いま申した時間が逆戻りしないとか、私が部屋の中を歩き回っているときに部屋は静止して見えているとか、そういう「正常」な感覚でも、よく考えてみれば実は錯覚だということができます。

統合失調症の場合のこととして先ほどお話しした、他者のほうが自己より先行しているという体験、これを「異常」な体験だといたしますと、私たちがふつうに感じている「自己がまずあって、その後に他者が来る」という「正常」な感覚も、実はこの種の「誤謬」あるいは「錯覚」かもしれないのです。先ほどもお話ししたように、集団状況では自分より他人が先で、自分が他人に振り回されているというのが実情なのですから。そして私は、この「錯覚としての正常」は、実はヒトという種がこの巨大な脳と自己意識をもたされてしまった「進化」の結果ではないか、だから個人の問題ではなくて「遺伝子」の問題ではないか、と考えているのです。統合失調症になる人というのは、この「錯覚」がうまく形成できない人、だから「他人のほうが自分より先」という「真理」がそのまま体験されてしまうような人だとはいえないでしょうか。

ここでまた少し言葉の問題にこだわりますが、geneを「遺伝子」と訳したのはよくなかったですね。むしろ「発生子」とでも訳すべきだったのではないでしょうか。親から子へある形質が伝わるという意味での「遺伝」の問題であるよりも、ヒトという種におけるある形質の「発生」にかかわることなのですから。統合失調症というのは、親から子へ病気が伝わるという意味での遺伝病ではけっしてありませんけれども、遺伝子というか、「生成子」がからんだ疾患であることはたしかだと思います。だからその genetic な刻印からは、決して統合失調症という病気だけが出てくるんじゃない。普通の平凡な我々とはガラっと違う体験を持ちえて、我々とは全然違うイマジネーションを持ちうる人が、同じ genotype から出てきうるだろうと思います。これはさっき小林先生がおっしゃった天才がそうですね。天才と統合失調症は「紙一重」だなどという言い方がされることがありますが、紙一重というよりも、同じ一つのものの裏表なのです。

だから統合失調症というのは、医者にとって、治療するということが大変に難しい。そもそも「治療」ということが成り立つかどうかが問題なのです。ただ、統合失調症の人は、そのままでは生きていけないから、二次的にいろいろ防衛手段を講じます。頭で、あるいは心で防衛手段を考えるのではなくて、その人の体そのものが自然に防衛手段を講ずるわけです。その防衛手段のひとつが、脳のドーパミンといった物質の代謝異常であったりするわけですね。それでいわゆる妄想とか幻覚などの臨床症状が出てくる。ふつうに統合失調症の症状として理解されている異常な精神現象は、すべてこの基本的な「障害」に対する、二次的な防衛反応だろうと私は考えています。

だからそういった症状を薬で治療して消したりすると、防衛手段が奪われてしまうことになるから、それは患者さんにとってはつらいことなんですね。私はそれで一度痛い目にあったことがありまして、薬がとてもよく効いて、激しい精神症状がきれいに治ったと思ったら、自殺されてしまったことがあるのです。その方は、いわば妄想や幻覚という症状を盾にして生きていたんだということもいえる。そんな経験を若いときにしたことがありまして、それ以来、精神医学における正常と異常とはそんなに簡単に言えることではない、ということをずっと考えています。

我々が治療している患者さんは、もちろん「正常」とは言えない、やっぱり「異常」だと言わざるをえないのですけれども、その「異常」というのは普通の意味での「正常・異常」という物差しでは絶対に測れない極めて特別な「異常」であって、「哲学的」とまでは申しませんけれども、ふつうの常識的な理解を超えるような、さまざまなことを考え合わせたうえでないと言えないような、そういう「異常」ではないだろうかと思っております。

ご清聴ありがとうございました。

〔きむら　びん／京都大学名誉教授・精神医学〕

近代人の形成と解体（二〇〇六年学会設立記念関西講演）

水田　洋

十月二十一日に龍谷大学の会場で研究報告をするようにといわれて、危機感と義務感から二つ返事で承諾したものの、すぐに後悔した。東京で加藤周一が示したような集客力はぼくにはないし、話すのは歴史ばなれの風潮に逆行することだけである。その翌日に東京の社会思想史学会で報告する「四〇歳のアダム・スミス」は個別的すぎて流用できない。いろいろなやんだあげく到達したのが、ここにあげた途方もなくおおざっぱなテーマであるが、これを思いついたのには二つの理由がある。ひとつは、八月にようやく出版できた『新稿社会思想小史』で、まがりなりにも通史をまとめたことであり、もうひとつは、五二年まえの『近代人の形成―近代社会観成立史―』以来、続編を書くことをしばしば求められながら答えてこなかったということである。さいわいなことに、ぼくが責任編集をしている同人雑誌『象』のしめきりが九月二十日だったので、それをのばしてもらって、報告全文を書くことにした。しかしじっさいには、当日の三日前にニーチェに到達したにすぎず、しかもそこで気がついたのは、この原稿が一方で未完だという欠陥を持ちながら、他方では四〇分の枠におさまりきれないという欠陥をもっている、ということだった。窮余の策としてレジュメをつくり、当日はそれをみながら話したのだが、自分が書いてきたものの要約だとはいえ、正確に対応したものにする余裕はなかった。

このような事情により、論文末尾に当日のレジュメにわずかに手をくわえたものを掲載し、また以下のような未完の全文を掲載して、責めをふさぐことにした。

近代という歴史的時期の開始点を、ルネサンスと宗教改革とすることは、こまかい点で異論があるにしても、一応の常識として認められるだろう。しかしそのばあいに、ルネサンスのはじめをかざったペトラルカもボッカッチョも、十四世紀の人物であることに注意しておきたい。その最盛期をかざるミケランジェロにせよマキアヴェッリにせよ、活動するのは十六世紀なのである。宗教改革は、ルターの九十五箇条という明確な時点があるが、その先駆史をウィクリフやフスあたりからとすれば、やはり百年前後の時差を考えなければならない。したがってマキアヴェッリとルターをそれぞれルネサンスと宗教改革の思想家とよぶのは、そのような前史とそれに対応する後史の存在をわきまえたうえでのことなのである。

マキアヴェッリは『君主論』で、君主たるものその地位を保つには、宗教にも道徳にもとらわれることなく、自由に力（暴力）と知恵（謀略）を使うべきだとして、近代的個人の原型を示したとされる。しかしそれは同時に、かれが自分自身以外には何もたよれるものがない、孤立無援の個人であることを意味した。だからかれは、自分をとりまく状況の変化を、運命の女神の気まぐれとしか感じることができなかったのである。そのことはまた、かれが近代的個人を君主という例外的な地位の人間としてしか、考えられなかったことに対応する。かれはそこから視野を国家にひろげようとしたともいわれているが、それが共和制都市国家だとすれば、もはや歴史的概念にすぎないし、近代国家だとすれば、彼の政治手法の域をこえることであった。

ルターは、中世後半にあらわれた異端の教義、万人司祭説を受け継ぎ、すべてのドイツ人が読めるようにバイブルを翻訳したのだが、それは領邦国家の強固な家父長制と識字率の低さによって、むしろ思想統制の強化を生みだした。万人司祭説を実践しようとする再洗礼派に対して、ルターがしたことは、領邦君主の軍隊を動員してかれらをホロコーストすることであった。後年ルターが、自分の手は農民の血にまみれていると、自己批判をしなければならなかったように、生まれ出たばかりの近代個人は孤立無力のまま運命に身をまかせるか、ホロコーストで血まみれになるしかなかったのである。

ルターのながれをくんだカルヴァンについては、日本ではイギリス版カルヴィニズムのピュアリタニズムが、マクス・ヴェーバーと大塚史学によって美化されているために、知られることがすくないが、カルヴァン自身の異端糾問のきびしさは、カソリックのそれにおとるものではなかった。

信仰の内面化、純粋化というのは、聞こえはよくても実際には、各人それぞれに内面的信仰の正当性を主張してあらそうという、宗教戦争のたねをまいただけであった。イギリス、フランス、ドイツではそれぞれのやりかたで宗教戦争からぬけだし、とくにイギリスでは、十八世紀なかばまえに、ヴォルテールが「イギリス人はそれぞれすきな道をとおって天国にいく」とのべたような状態が実現した。ただし、そのイギリスから、宗教戦争の火だねは北アメリカ大陸にはこばれて、キリスト教原理主義としていまなお生き残っている。

イギリスの宗教戦争の只中で書いたホッブズは、ヴォルテールの軽妙さには到底およばないが、『リヴァイアサン』によって、教会とはかかわりのない近代国家の理論を確立しようとした。マキアヴェッリやルターの近代個人は、この近代国家のなかに再生する。ホッブズによれば、各個人は生存権を、侵すこともゆずることもできない自然権としてもっていて、生きるためにはできるかぎりのことをしていいのだが、それでは万人対万人の戦争状態という、ころしあいの自然状態におちいらざるをえない。それをさけるために、すべての人びとは社会契約によって単一人格の絶対主権を設立し、自然権を譲渡して、平和を達成しようとする。ところが、すぐ気がつくように、自然権は生きる権利であり、それを平和に実現する手段として国家をつくり、それに服従したはずである。誰か一人でも自然権を持ったままであれば、平和は維持されない。だからホッブズは、善悪正邪所有信仰のすべての判断を主権者の手にゆだねたのではあるが、しかも自然権を譲渡したといいながら、ルソーが奴隷状態といったところに個人のせまい脱出口を設けた。平和に生きるための手段としてつくった国家権力が、生きること自体を否定しようとするならば、それは自然状態への復帰であるから、自然権による抵抗が可能になる。

とはいっても、はじめからそういうことを認めていたら、社会契約はなりたたないので、ホッブズが抵抗権をみとめていたわけではない。国家権力が身体を拘束または損壊し、抹殺しようとするにいたって、その当人だけは闘争または抵抗する権利を持つというのだから、抵抗の効果は、マルクスの言う利害の同一性が共同性に転化しないかぎり、期待すべくもない。つまり近代的個人の生存権は、ホッブズの体系のなかで、このぎりぎりのところでしか存続しないのである。みじめだと思うかもしれないが、生存権はこうした隘路をとおって確立されてきたのである。

ホッブズの『リヴァイアサン』を、ぼくが捕虜収容所で翻訳したという話は、伝説になっているが、それは翻訳をはじめたというだけのことで、辞書さえほとんどないインドネシアの捕虜収容所で、そんなことができるはずはなく、岩波文庫で完成するまでには、四〇年が必要だった。捕虜収容所生活の収穫としては、それよりも、オーストラリア軍の大隊本部で、イギリス政府発行の良心的兵役拒否の手引書を発見したことのほうが、大きかった。

生存権の理論的確保のために、ホッブズがやったような離れ業がいらなくなるのは、生活資料の生産が、事実としても観念としても、普及したためである。ホッブズがそのことをまったく考えなかったというと、奇妙にきこえるかもしれないが、理論的にはそうであり、それだからこそ生活資料のうばいあいとして、自然状態が成立したのである。事実認識としても、同時代の毛織物商人であったリチャード・ヘインズは、くりかえして、世界には現在ある以上の毛織物が存在することはないのだといっていたし、初期のジョン・ロックでさえ、そうであった。ロックは名誉革命のころには、労働投下による所有権を基礎にして政治参加の権利を主張するようになった。が、イギリス人の生得権すなわち自然権としての政治参加権すなわち参政権は、ホッブズの同時代、すなわちイギリス革命期にレヴェラーズによって要求されたことであった。

しかし、レヴェラーズは、女性にも徒弟や雇い人にも、参政権をみとめなかった。ホッブズも、心身の能力において平等な人びとが、自然状態（戦争状態）から脱却するために参加する社会契約では、男女は平等であるとしながら、現実の国家では、男が造ったものが多いから、そこでは父権が優越するのが当然だと考えた。

かれらのあとをうけてアダム・スミスは、利己的個人の相互同感、生産物の等価交換によって、かれが商業社会または文明社会とよぶ近代社会の、自律的秩序が維持されるということを、道徳哲学と経済学によって立証しようとした。かれはルソーのつよい影響をうけた平等主義者であったから、くりかえして貧富の差を批判したが、それでも、分業による生産力の発展が、不平等にもかかわらず下層階級にまで富裕をおよぼすとして、自らなぐさめた。それほど分業の効果を賞賛しながら、かれは、分業による単純労働のくりかえしが、人間から主体的判断力（マーシャル・スピリット）をうばって、かれをかぎりなくおろかにすることを、見のがすことはできなかった。近代社会の体系的認識としての経済学をはじめて提供したスミスは、同時にそれの最もはやい内在的批判者だったのである。

アダム・スミスは、フランス革命がはじまってまもなく死去するので、フランスでルソーを継承しようとしたロベスピエールの、誰も不足せず誰も持ちすぎない社会の建設がどうなったかを、見とどけることはできなかった。しかしスミスが、死にいたるまで改訂の努力を続けた『道徳感情論』の第六版（一七九〇）で、カラス事件を例として世論と良心の対立の可能性を指摘したことは、近代社会の等質性幻想への先駆的な批判であった。ホッブズにとって良心とは、コン・シアンスすなわち共知であり、スミスにとってもそれははじめ、相互同感によって成立した、行為の一般的規則の内面化であった。

こうした良心の孤立について、フランスの恐怖政治のなかで犠牲者の一人となったアレクサンドル・ボーアルネは、自分の無実を主張しながら、「鉄鎖を粉砕しようとしてたたかう偉大な民衆」にとって必要な警戒心が、自分のような犠牲を生むのはやむをえないのだと遺書に書いていた。世論と良心の対立は、このようなかたちでも存在したのである。

この問題を少数意見の保護の問題として明示したのは、ジョン・ステュアート・ミルであるが、スミスとミルのあいだには、近代社会の等質性と異質性について、さまざまな意見があった。こういえば、当然ロマン主義と社会主義が想起されるだろうが、ロマン主義は主として小市民知識人の意見の多様性について、社会主義は主として経済的利害関係について、対立を重視するものとして理解するにとどめたい。それをまとめたのが、マルクスでありミルであったのである。

二人とも、産業革命後の近代社会における個人の問題を考えるにあたって、ロマン主義の影響を受けていたことに、注意しておきたい。詳細にたちいる余裕はないが、ここでロマン主義というのは、フランスではサン・シモンの社会主義、ドイツではハイネたちの青年ドイツ派をふくめた思想圏のことであって、マルクスがベルリン大学でまなんだ民法学教授エドゥアルト・ガンスはサン・シモニアンであった。エンゲルスに労働問題についての理論的な関心をおこさせたトマス・カーライルは、ミルの親友であり、マルクスとエンゲルスの『共産党宣言』とおなじ年にミルが出版した『経済学原理』（一八四八）で、ミルはサシ・シモニアンの影響下に、資本主義の永遠不変性を否定した。

産業革命のまっ只中のマンチェスターで、カーライルを読んだエンゲルスは、眼前でおこなわれている労働の非人間性にたいしてカーライルが中世の職人の仕事の人間性を強調していることに、つよい印象をうけ、マルクスとともに、人間とくに労働者の非人間化の研究にむかった。経済学の研究ではエンゲルスが先行し、体系化はマルクスによって推進された。『資本論』体系からはワシーリ・レオンチェフの産業関連分析が出てきたことをあげておこう。労働価値論はどうしたのだと、いわれるかもしれないが、あれは経済学ではない。ぼくは昔から、労働価値論を理解できないやつといわれ、『社会思想史概論』のスミスの部分では、山田秀雄や平田清明と意見があわなかった。ところがその後気がついてみると、マルクス研究のなかで、労働価値論をカチカチ山のように論じ続けていたのは、日本の学界だけだったのである。

昨年出版された『マルクス入門』(今村仁司)では、商品価値を「人間相互の関わりのなかでのみ出現する精神的なもの」と説明され、それを読んだ老マルクス主義者(津田道夫)は、「目を白黒させた」と書いた。どちらも正直な告白であって、投下労働量によって決定される価値という観念は、経済学とは関係がなく、せいぜい労働力の商品化(それ自身はマルクスの鋭い着眼による発見であるが)が生む人間の疎外に関係があるという程度である。ヘーゲル左派の哲学者であつたマルクスが、エンゲルスの示唆で『国富論』を読み、そこではじめて出あった経済的価値の観念について、頭の訓練をした結果が、かれの労働価値論であった。

そういう脱線とは別に、近代思想史におけるマルクスの巨大な貢献は、疎外論とイデオロギー論である。疎外論によって、それまで賞賛された進歩の欺瞞性があきらかになり、イデオロギー論はその欺瞞の必然性をあきらかにした。これは、それまで進歩をたたえていた人間(啓蒙思想の近代人)とはちがった人間が、かたりはじめたことを意味する。その人間とは、産業革命を終了した近代国家が必要とした小市民知識人であり、その下のプロレタリアートであって、ブルジョワジーからの転身もすこしは発生した。ミルのばあいは、プロレタリアートへの恐怖から、小市民知識人の立場があいまいになるが、とにかく「意見のちがい」というものが、ぬきさしならない性格をもっていることが確認されたのである。

マルクスはイデオロギー論によって、ブルジョワジーの制度や思想の虚偽性と抑圧性を曝露したが、これまでの批判者たちとちがって、それらを単純に否定するのではなく、成立の必然性、必要性をあきらかにしようとした。もちろん、そうでなければ、イデオロギー論そのものがなりたたないだろう、ところが、こうして近代的個人をブルジョワジーとプロレタリアートという二大階級に分解したマルクスは、人間性を全面的にうばわれたプロレタリアートに、それを回復する権利と能力があるとして、この階級全体を理想化してしまったために、階級内部の問題も階級間継承の問題も、とりあげる余地がなかった。継承については、彼自身がひとつの好例であったのだ。

これに対してミルは、二大階級のどれにも属さない教養小市民の少数意見を、数の支配からまもろうとした。かれの提案は、選挙区をこえた敗者連合であったり、知識人の複数投票権であったりして、近代民主主義の平等性原則に反するのだが、かれ自身は平等論者であり、教育の普及が、現在の少数意見を多数意見にかえることを期待していた。具体的な少数意見としてかれが主張したのは、土地の国有化と所得税の累進化と女性の政治参加など、平等原則の実現であった。とくに女性の参政権は、近代思想のなかに例外的な少数意見としてかろうじて受けつがれてきたものの明確化であり、やがて家族制度の解体をふくむ女性解放思想へと発展する。これは原始マルクス主義には、きわめて不完全なかたちでしか存在しない思想であった。

近代的個人はマルクスによって階級（労資二階級）に分解され、ミルによって教養人と無教養人に分解され、さらにミルによってというよりその妻となったハリエット・テイラーによって、男と女に分解された。しかしこの三重分解によって生じたどの部分についても、それぞれの内部でのさらなる分解は考えられなかった。ミルは個性を強調し、マルクスも『共産党宣言』で、「各人の自由な発展が、すべてのものの自由な発展の条件」になることを展望したが、いずれも、価値観の多様化が神々のあらそいになるとは、予想しなかっただろう。

ほぼおなじころの日本では、つまり明治維新（一八六八年）の前後に、ホッブズ、スミス、ミル、ルソーなどの思想が、順序不同ではいってくる。しかし『リヴァイアサン』は文部省によって、自然権としての生存権の部分を省いた絶対主権論として翻訳されたし、ミルの訳者は社会ということばの意味がわからなかった。ルソーについては一般意思と全体意思のちがいよりも、啓蒙的専制または合法的専制ということばの、もとの意味が伝わらなかったことが問題だろう。スミスの『国富論』は福沢門下の二人の青年のいのちがけの翻訳によって伝えられ、その一人の生家は今日なお、富国論という酒をつくっている。スミスよりも、ここでは福沢がスミス以上に注目していたフランシス・ウェイランドをあげておきたい。福沢たちがウェイランドの著書に寝食を忘れるほど熱中したということを、ある国際会議で話したところ、アメリカ人から、あんな退屈な本に熱中するとは信じられないといわれたが、彼らの興奮の理由として、儒教道徳体系が崩壊した空位時代に、「一身独立」したあとにそれらの一身をつなぐモラルあるいはマナーを、かれらがキリスト教に求めようとしたのだ、と考えられないだろうか。もちろん事実としては、儒教側の再編成におしきられるのだが。混乱期の青年としては、福沢は長く生きすぎ、えらくなりすぎた。このような明治青年の苦闘、近代的個人が日本でふみこまざるをえなかった泥沼については、これ以上ふれることをひかえなければならないが、既存の価値体系の崩壊としては、それぞれの国にさまざまなヴァージョンをみることができるのではないか。

すぐまえにミルとマルクスについてのべたような、近代的個人の分解、多様化は、西ヨーロッパでは、かれらの晩年ごろから、次第に目だってきて、第一次大戦でひとつの頂点に達する。それがほぼ、帝国主義の時代とよばれるものと一致するのは、けっして偶然ではない。

近代国家、あるいは近代社会といってもいいが、その運営には、公私をとわず、行政、経営、教育、技術を担当する膨大な中間層＝知識人が必要であり、かれらのもとでより大きな中間層が再生産される。それを物質的に支えるのが植民地支配である、こうして小市民社会が形成されていくと、そこで生産され享受される芸術作品の評価の多様性が、すぐわかってくるし、同時にそれの商品化と市場価格の問題も発生する。マルクスやミルの晩年、すなわち帝国主義の到来が近づいたときに、フランス画壇で反主流から主流に転化する印象派は、小市民や労働者の生活をえがくとともに、自己の印象すなわち主観的価値判断に忠実であろうとした。印象派という名称がそのような理論によるものかどうかについては、異論もあるのだが、そのような主観主義から、彼らは無政府主義に共感をもった。クールベが同郷のアナキスト、プルドンを尊敬していたことは有名だし、ピサロもプルドンの愛読者であった。ヴァロトンは版画「アナルシスト」を残している。これらの画家だけでなく、象徴派の詩人マラルメも、無政府主義機関誌の定期購買者であったし、世紀をこえると、晩年のシニャックが、アンドレ・ジッドとともに、反ファシズム知識人委員会を主宰するにいたる。先に進みすぎたが、ジッドが、共産党に協力しソヴェート連邦をたたえながら、くりかえしてコンフォルミスムを批判したのとおなじく、芸術家たちがもとめていたのは、個人の責任における価値判断の保障だったのである。

こうした価値判断問題はドイツでは、二つの新カント派によって、ちがったやりかたで、とりあげられた。ひとつは、ランゲ、コーエン、フォアレンダーのマールブルク学派で、これはカントの人格協同体の実現としての社会主義を考えるのだから、枠ぐみとしてはわかりやすいし、かれらは三人ともドイツ社会民主党の党員であった。コーエンは手紙で「同志カウツキー」とよびかけているし、フォアレンダーは、一九〇〇年に『カントとマルクス』を書き、第一次大戦後には『マキアヴェッリからレーニンまで』を書いた。

もうひとつは、ハイデルベルク学派あるいは西南ドイツ学派とよばれ、ヴィンデルバントとリッカートによって代表される。マールブルク学派が、分裂し非人間化されつつある近代人を、社会主義に流しこんで再生させようとしたのに対して、ハイデルベルク学派は、認識の客観性に執着して、ここに近代人をつなぎとめようとしたのだから、主体の問題は残っていることになる。

しかし、ヴィンデルバントが『偶然に関する諸学説』（一八七〇）、『認識の確実性』（一八七三）からはじめ、リッカートも二番目の著書が『認識の対象』（一八九二）であるというように、かれらは認識の確実性を追究しながら、とくにリッカートは、文化科学的認識は価値に関係することにあるとしながら、それでおわれりとして諸価値の闘争を無視あるいは放置した。ミルのばあいとおなじように、伝統的諸価値そのものへの信頼はゆるがなかったのである。

おそらくここで、フランス、イギリス、オーストリア、さらにはアメリカの類似の思想状況にふれるべきなのだろうが、紙数はかぎられているので、ベルクソンとフロイトをあげるにとどめる。アメリカについては、プラグマティズムをあげていいだろうが、イギリスでは問題意識そのものが希薄であったようにおもわれる。それに対して、ドイツでとくに認識主体と価値の問題がとりあげられたのは、もちろん、ドイツの哲学的伝統があったからではあるが、その伝統そのものは、近代社会とその思想のなかでの後進国意識に深く根ざしていた（近代以前には国家・国民間の比較ということがなりたたない）。ただし、後進国意識が必ずしもつねに劣等感をともなうものではないことに、注意しておきたい。ドイツの哲学にも経済学にも、イギリスの先進性をみとめながら、そのまちがいを訂正するという優越感があった。後進国の理論的優位ということばは、ヒュームとカントの研究者、山崎正一氏のものであった。

そこで、マルクスとミルの晩年のドイツに帰ってみると、ニーチェが『悲劇の誕生』（一八七二）以来の執筆活動を続けていた。かれは近代文明、近代個人の全面的否定者のようにおもわれているが、それは的はずれである。かれはたしかに近代の批判者ではあった。しかし、その批判が近代のどこにむけられていたのかは、議論の余地があり、かれがルネサンス・イタリアの近代的個人にあこがれていたことについては、議論の余地がない。『ツァラトゥストラ』（三・三・三九）には、マキアヴェッリの『君主論』（運命は女）からの無断引用があり、『善悪の彼岸』にも、かれへの讃辞がある。学生時代に読んだ政治思想史の本（フィギスだったと思う）では、マキャヴェッリの君主を、ニーチェの超人の先駆としていたから、二人をむすびづけるのは、それほどめずらしくはないのかもしれない。分解しそうになった近代個人を、古代ギリシァとルネサンスをモデルとして再建しようとして、生みだされたのが超人ではなかっただろうか。そのあとをうけて、しかもミルとマルクスに目をくばりつつ、近代個人の運命にとりくんだのが、マクス・ヴェーバーであり、それをまちうけていたのが、第一次世界大戦による価値体系の世界的崩壊であった。

以上で、いまの機会に書けることは、時間的空間的におわった。このまたあとは、続けての機会になるかどうかわからないが、焦点をヴェーバーにしぼるつもりはない。むしろ新カント派が認識論で終わったことへの不満から、フッサールが現象学で認識主体の確立につとめ、そこで純粋化された主体を、ハイデガーが一度日常性になげこんだのちに、実存としてすくいだす――というような過程のなかでヴェーバーを考え、その周辺を見回すことができないであろうか。ただしそこから二度の大戦を通ってサルトルまでというのは、もちろんたいへんな長距離の難路であって、限りなく試論をかさねることしかできないだろう。

第二次大戦後の日本におけるヴェーバー研究の成果は、質量ともにアダム・スミス研究とならぶほどなので、ふたりとのつきあいはともに七〇年であっても、ヴェーバーおよびヴェーバー研究についてのぼくの知識、したがって発言権は、きわめて限られている。しかも外側から見ていると、信徒の正統性の争いのようなものがあって、アダム・スミス研究の雰囲気とはまるでちがうのである。日本での争いはさておき、山之内靖『ニーチェとヴェーバー』には、「単刀直入に言うならば」とか「率直にいうならば」とか、思いいれ十分な表現がある。余人にはわからないだろうが、という意味であろう。研究成果というものは、はじめから率直にいわれるべきではなかったか。

ニーチェとヴェーバーの関係にしてもヴェーバー教徒ではなく思想史を見ていれば、誰でも気がつくことで、発見の先陣争いをするほどのことではあるまい。争いがおこるのは、「発見者」に深読みがあるからだが、過去の思想家のあいだに、影響関係を断定するには、明示的な証拠が必要なのだ。類似について語るのは自由である。

ニーチェが近代の超克をめざしたというのが、通説なのだそうであるが、ぼくは『社会思想史概論』に書いたように、かれはルネサンスにあこがれて、後進ドイツの近代を批判したのだと思っている。

＊＊＊＊＊

講演「レジュメ」

Ⅰ　はじめに

近代の思想家たちは、自分が実現をめざしている近代的人間あるいは近代社会が、いくつかの重要な、ときには致命的になりかねない矛盾をかかえていることを知っていた。それらを自覚的・理論的に表現しないばあいでも、自分の身をもって（つまり作品自体で）表現した。しかしそれにもかかわらず、かれらはなお、近代を支持することをやめなかったのである。

ここには、商品化された思想としての「ポスト・モダン」との大きなちがいがある。

Ⅱ　近代のはじまりとしてのルネサンスと宗教改革（いずれも二〇〇～一〇〇年以上にわたる）

・マキアヴェッリの君主――孤立無援の個人　「運命は女」はニーチェが『ツァラトゥストラ』で『君主論』から引用

・宗教改革――信仰の内面化・個人化　神々の争いではなく神をめぐる争い　ルターのホロコースト　カルヴァンの異端糾問

Ⅲ　1イギリス市民革命

・ヴォルテール　イギリス人はそれぞれ好きな道を通って天国へいく

・ホッブズ――イギリス宗教戦争のなか　主権と人権
『リヴァイアサン』の翻訳を捕虜収容所ではじめる。良心的兵役拒否の手引き文書
・レヴェラーズ――参政権要求　女性と徒弟を除く普通選挙への三〇〇年

Ⅳ　産業革命と資本主義社会の発展

・アダム・スミス――自然状態に生産と再生産を導入　分業の礼賛と批判
平等と自由競争　見えない手は何を意味するか　相互同感のコントロールが前提　政治批判の後退
・ベンサム――すべての個人は平等　したがって近代社会は等質

Ⅴ　資本主義社会の矛盾とその認識

・異質性認識のはじまり――フランス革命　イギリス産業革命　ドイツとイギリスのロマン主義の個人意識＝小市民知識人　近代国家と中間層
・ミルとマルクスによる近代人の分解――階級分解　教養による分化
ただしそれぞれの集団内部は等質　ディズレーリの two nations
・印象派と象徴派の意味　新カント派（ハイデルベルガー）――近代人を認識主観に分解したが価値自体は同質　マールブルガー
・ヴェーバー――『プロテスタントの倫理』（一九〇四-〇五）
エンゲルスの先行　『空想から科学へ』英訳（一八九二）への序文　ノイエ・ツァイトにドイツ訳
神々の争い　目的手段の適合関係　価値の選択と合理主義

Ⅵ　二つの世界大戦

・大戦による価値体系の崩壊
・ヴェーバー――ナショナリスト　ドイツの大学教授
・サルトル＝実存主義　アナキズム　捕虜→レジスタンス　自己責任

〔みずた　ひろし／名古屋大学名誉教授・社会思想史〕

エッセイ　現代と人間の問題

◉ホモ・サピエンスの稜線を越えて

江原　昭善

1　人類の向上進化と現代人の現状

(1)　進化は人間に宿命的な矛盾を課した　人類の進化を超マクロ的に概観すると、約一四五億年前にビッグバンを生じ、エネルギー次元から、引き続いて物質秩序系・生命秩序系・文化秩序系・精神秩序系の各ゲシュタルト水準へと向上進化し、今、さらにメタ（超）精神秩序系の世界へと進化しようとしている。

各水準の世界の中でも、多くの小ゲシュタルトが松かさのように有機的・複合的に重なり合ってより大きなゲシュタルトを形成し、とくに文化・精神レベルの世界では、全体として構造的にいっそう複雑な様相を呈している。このような図式の中で、巨視的には生物（動物）としての諸特徴を土台として、それらを覆うように文化を誕生させ、精神活動をするという人間の姿が見えてくる。それぞれ出自や次元の違う各特徴を抱えもった一大ゲシュタルトとしての人間の姿が見えてくる。

そのような人間について、生物としての論理、文化の論理、精神の論理などが、すんなりと同調しているときは問題がないが、多くの場合は出自や由来が違うだけで頑固に自己主張し合うから始末が悪い。つまり同じレベルの秩序系の中での自己主張はまだしも、生物と文化や精神といった異なる秩序系から由来する自己主張の間では、簡単には整合できず、自己矛盾の様相を呈する。たとえば、空腹という動物的欲求から、社会や文化などのしきたりを無視して食物を入手すると窃盗として罰せられ、衝動の赴くままに社会の習慣や価値観や掟を無視して異性と結ばんとすれば、どの人間社会でも背徳として断罪される。この種の矛盾は人類ではもっとも大きい。

(2) すさまじい進化の加速度

ビッグバン以来の人類の向上進化を巨視的に見るとき、すさまじいほどの加速化を遂げていることに気がつく。

約六五〇〇万年の歴史をもつ霊長類レベルでの人類の進化を見ても、その加速化の特徴ははっきりと見てとれる。そして生物的な人類が押しも押されもせぬ「人間」の条件を獲得したのは、そのうちの約十万年。過去や未来があることを知り、死を認識してこの世とあの世があることを知り（宗教的目覚め）、護符（お守り）を携帯し、時空の認識とともに「自分つまり人間とは何か」を問い始めたのが、多めに見積もって約一万年前。十八世紀半ごろ以降では、技術と科学が一体化し、生産が飛躍的に向上して、その影響は社会の構造や人間の精神、思想にまで大きく影響し、産業革命として歴史が大きく区切られるようになった。その科学や技術の発達の速度は、まるで人間を置き去りにして先へ先へと進む。このようにして、モノとココロ、つまり人間の精神と物質文化は大きく分裂してしまった。グローバルに見て、地球上で起きている地域紛争や民族間の衝突、国内で生じているさまざまな黙示録めいたやり場のない事件、わずかな金銭欲しさに、事もなげに人が人を殺し、親の身勝手で子を殺し、子が親を殺すような末世的な出来事、まるで世の異常な進み方に人間の方がついていけないような事件が日常茶飯事となっている。「まさか」という出来事が「またか」となり、ついには「当たり前」になりつつある恐ろしさ。これらの病理的現象が、上記の事情と果たして無関係だと言い切れるだろうか。

まかり間違えれば、さまざまな自己矛盾のなかで、上記のような黙示録的な状況は、いわば人類の回避できない危機的な状況となり、一歩間違えれば、人類の絶滅につながりかねない。

「人が人を殺す」のは生物学的には同種殺しであり、動物社会でもないわけではない。だが動物の世界では、注意して観察すると、それなりに理解し得る生物学的な論理が潜んでいる。だが人間の同種殺しや親子・兄弟間の殺しは、拠って立つべき人間社会の根本原理の崩壊を意味する。

一方では、人の心を救済し安らげるべき宗教が、ますます激しく流血の惨事を繰り返している矛盾、まかり間違えれば人類はおろか地球自体が崩壊しかねない人類的犯罪と断罪できる核問題。あるいは、一九九一年に国際的に緊急問題として承認し合った地球温暖化をストップさせるべく、二酸化炭素排出規制を取り決めた京都議定書が、自国の産業力と国益を維持すべく無視されようとしている国際論理。人類の存続と秤にかけて、帳尻が合うはずがない。

　このような人類や人間の末期的な自己矛盾から救済する方途は、あるとすればどのようなものだろうか。

2　人間探求における科学や合理主義の限界

⑴　**科学や技術自体は人類や人間を救済しない**　進化史的に見ると、人類は危機を回避し生存を確保すべく、外的条件の言いなりになって、まるでしんこ細工のように、受身で適応し変化してきたわけではない（自然選択）。確かに生物たちの進化する姿を見ると、自然条件に身を委ね、適応変化してきたように見える。このようなことから、進化とは適応の時系列変化だと割り切ってしまう傾向が強いが、これは大きな間違いだ。もう少し突っ込んで観察すると、生物の側にも主体性があり、なかなかタフでもあることがわかる。ニーチェも指摘しているように、

　「生き物は外的条件（自然）になされるがままに受身で適応しているのでなく、みずからの欲求によって外部の条件を選択し服従させ、自分に同化吸収していく意志を持っており、それを生」

と呼んだ。生き物は生きるという意志や欲望を持っており、そのために外的条件を受身で受け入れ、それに受身で処理し適応しているだけでなく、むしろ逆にそれを生き物の側から積極的に選択し利用しているというわけだ。


⑵　**「心」と「物」の分断**　進化の過程で生物次元に属する人類が、文化を作り出し、精神活動を行うようになったこと自体が、必然的にデカルト的二元論の呪縛に雁字搦めにされているかのようだ。この状況は合理主義やニュートン的な科学主義では、理解できない論理的矛盾を示す。だからといって、デカルト式に精神《ココロ》と身体《モノ》を相容れない次元の現象としてばっさり切断して考える限り、人間は修復されることなく、いよいよ分裂の溝を深くしていく。

　しかし、その分裂状態もしだいに修復の兆しが見えてきた（フッサール以降の現象学、とくにメルロ=ポンティの『知覚の現象学』）。

　だが依然として、生命秩序系や文化秩序系、精神秩序系、さらにはメタ精神秩序系（宗教的次元）の間での論理の亀裂はまだ完全に修復されたとはいえず、その亀裂を修復するには論理的解決というよりも精神的飛躍を必要とする（G・ベイトソンの学習Ⅲ、もしくは江原『稜線に立つホモ・サピエンス』京都大学学術出版会、一二四二頁参照）。

3　稜線を踏み越えて

⑴　**科学主義や合理主義の彼方で**　すでに述べてきたような自己矛盾は合理主義や科学主義では、とうてい解決は

おぼつかない。人類進化史的に見るとき、この壁は好むと好まざるとにかかわらず、精神秩序系からメタ精神秩序系への飛躍（向上進化）としてのみ、解決が可能だ。

科学に限界を感じ、精神医学から哲学へと転進したドイツの実存哲学者ヤスパースは、世界に名を留め得る古典的な思想家として、ブッダ、龍樹（漢訳名。元はナーガ・アルジュナ。二世紀。大乗仏教の理論的集大成を行う）、孔子、老子を挙げている。興味があるのは、仏教は宗教であるだけでなく、ある面では思想として取り扱うことも可能だということか。三～四世紀の大乗仏教では、龍樹を中心とする中観派《ちゅうがんは》と四世紀の無着・世親を中心とする唯識派が挙げられる。中観派によれば、一切の存在は縁起、つまり互いの関係性によってのみ成立するもので、絶対的な実体は存在しないという「空」の思想を説いた。唯識派も龍樹の「すべては実体がない空である」という認識論を打ち立てた。

驚くべきことは、すでに三世紀のインドで、デカルト哲学の出発点となった「我思う、故に我あり」も超えて、その「我」すらも実体として認めなかった。さらにすべての存在は縁起もしくは依他起性《えたきしょう》として理解していたことには、まさに敬服するのみだ。また、その論の進め方には、フッサールの現象論や、フロイトやユンクに並ぶ。これがすでにインドの三～四世紀の頃の出来事であったことに一層の驚きを覚える。

(2) 学習ⅡからⅢへ　現代人の日常は、学習Ⅱのリアリティ、つまり普通の経験から形成された世界に住んでいる。その世界にいる限り、直面する状況には学習Ⅱで会得した経験や知識やそれらを組み合わせた工夫で十分解決し対処できる。しかし学習Ⅱの経験的知識が破綻や行き詰まりを生じた際には、それから脱却して新しい次元に飛躍する必要があり、それが学習Ⅲだといえる（G・ベイトソン）。人間の場合は、個人的に新しい世界観やパラダイムを持つとか、宗教的回心や悟りを得ることをいう。一方でカルト的になるとか、フラストレーションやノイローゼや分裂症的世界に入るのも、このカテゴリーに属する。詳細はG・ベイトソンもしくは拙著『稜線に立つホモ・サピエンス』に譲る。

本題に戻って、現代の病的状態の壁に包囲され身動きできなくなっている現代人は、その状態から脱却すべく、学習Ⅲつまりメタ精神秩序系へと飛躍する以外に解決策はなさそうだ。つまり既存の宗教から脱皮したメタ宗教こそが救済の道だと考えられる。たとえば世界宗教の中でも、一神教には「自らは正統で他は異端だ」とする排他性が根強く、そのような固陋な観念から脱却しない限り、未来を託しうる可能性が少ない。現に今も一神教の世界では、腹に爆薬を巻いて異端者を攻撃し、宗教なるがゆえに流血の惨事や凄惨な衝突が後を絶たない。自らの属する宗教・宗派が絶対的に正しく、他は異端だとする限り、この状況からは脱却できるはずがなく、それ故どうしてもそのような宗教・宗派自体がメタ化する必要があるということだ。

では、この時点で何をどうすることが必要か、すでに枚数も大きく超過したので、機会を改めて述べることにして、今回はここで筆をおくことにしよう。

〔えはら　あきよし／京都大学名誉教授・人類学〕

◉サルらしさとヒトらしさ

木村　光伸

科学としての霊長類学

ニホンザルの観察を通して彼らの社会構造を知ろうとする試みから始まった日本の霊長類学は、いまや現生霊長類のほぼすべての分類群を対象とする総合霊長類科学となった。生態学的な意味での野外研究（狭義のサル学）という分野はすでに霊長類学の小さな一部分に過ぎなくなり、実験諸科学と近代装置で武装された古生物学などの支えなしには、独自の理論的展開が困難な状況にある。双眼鏡の向うに野性の世界を見るなどというロマンティックだが曖昧な観察論文で現代「科学」の一員の立場を守れるはずもなく、野外研究もまたその精緻化を迫られて久しい。霊長類学を取り巻くそのような情況の推移の中で「サルを知る」ことの意義はどのように理解され、評価され、また再認識されてきたのだろうか。

日本のサル学がニホンザルの調査研究をとおして解明を試みたいわゆる社会構造論では、霊長類社会を記述するための多くの概念と用語が提出されてきた。それらは、しかし、自然科学全体の共通語としてではなく、サル学と現実的な人間社会を繋ぐアナロジーのための記述形式として重宝されたのであって、科学的に厳密な用語として定着したとは云い難い。そのためにサル学独自の発想は、科学という舞台以上に、マス・コミュニケーションと連動して社会に拡散されたといってよいだろう。それほどにまたサルの社会行動は人間にとって面白かったのだ。「サルを見て自らを振り返る」という行為が、「ヒトの振り見てわが振り直せ」ということと同様に、人間規範の問題として理解されたのだともいえるかもしれない。「反省だけならサルでもできる」のかどうかはともかくとして、それは科学としてのサル学が日本で誕生して以来の宿命であった。

とはいうものの、サル学は人間社会の原初形態を追求するための証拠探しとしても重宝された。今西錦司[1]の主宰した霊長類研究グループは、人間家族の起源をテナガザルのペア型社会、さらにはゴリラの単雄群に求め、その後、チンパンジーの離合集散する群れの中に人間社会と文化の起源を探ってきた。研究の初期から野外研究の指導的立場を占めてきた伊谷純一郎[2]はすでにこの世を去り、研究の中心は今西から数えて孫・曾孫の時代となったが、家族の起源の問題は山極寿一[3]らによって、いまも追及されている。最近のアフリカでは、人類がチンパンジーの祖先と分岐した頃に十分近い年代の人類化石が発見され[4]、いよいよ人類誕生が神話から実証の段階を迎えようとしている。ここでも狭義のサル学は人類進化のパースペクティヴを描くことに貢献はしたが、最終的には歴史の証拠を握る実証科学にその成果を譲らざるを得なかった。

生きたサルを見てわかること

筆者は一九七〇年に幸島のニホンザルに出会って以来、いくつかの場所で同種を眺めつつ、その後、南米コロンビアのアマゾン最上流部に広がるマカレナ熱帯林に生息する数種の霊長類について野外調査を継続してきた[5]。中南米に生息する霊長類は新世界ザル（分類上は広鼻猿類）と総称されるが、その中に含まれるマーモセット科およびオマキザル科には少なくとも四七種もの多様なサルが存在している。同地に霊長類が生息したであろう四千万年に及ぶ長大な時間の中で、たとえばアマゾン熱帯森林の環境条件はきわめて安定的であったということを考えれば、そしていまから一千数百万年前にはすでに現生種の大半が形態的には現在とほぼ同じ姿で存在していたらしいという古生物学的事実を付加するならば、現生種の多様性は彼らの生息環境を十分に反映したものであると考えられる。伊澤紘生を中心とする調査隊が一九七一年に研究を開始し、とりわけコロンビアのアマゾン最上流域にマカレナ調査地（一九七五―一九七七年、一九八六―二〇〇二年）を確保して以降、中南米のサルたちもまた霊長類の本性 nature を知るための重要な対象となり[6]、同地ではこれまでに七種のサルたちが調査されてきた。もっとも人類誕生の舞台を遠く離れた地で生起したサルたちのストーリーが、人類の起源と進化の問題をどのように解き明かすことが出来るのか、それは誰にもわからなかった。ただひとついえることは、ひとつの系統群の中で生起する多様性にこそ、人類進化を解く鍵が隠されているということであろう。進化はアナロジーでは語れない。中南米のクモザルの離合集散する社会形態がいかにチンパンジーのそれに似かよっていたとしても、それで進化の問題が解けるわけでもあるまい。

サルとヒトの関係を考える場合、連続する進化の道筋として論理化するのか、それとも生物進化の必然である多様化に主眼を置くのかという方法上の違いが存在する。旧世界における人類進化研究は主として祖先探しの旅のようであったわけで、しかしその行き着く先に「サル類の社会」イコール「人間社会の原型」があったわけではなかった。つまり、サル類の研究が人類進化にどのような示唆を与えてくれるのかという点がよくわからないままに、「サルはヒトの祖先」という、誤ってはいないが正確でもない、観念が霊長類学をリードしてきたのであろう。そしてそこでは多様性の理解という視点が忘れ去られてきたのである。

チンパンジーの野外研究は人間の理性の起源という問題に一つのヒントをもたらした。彼らの集団の複雑な個体間関係はあたかも「政治をする」かのようであったし、そのように擬人化して考えることでチンパンジー社会それ自体の問題もクリアに見えてくるようであった[7]。平行して進行している実験的シチュエーションからの知見[8]がチンパンジーの心的状況の人間臭さを演出し、チンパンジーはもうちょっとで人間になれる存在であるかのように表現された。このように科学が明らかにした進化の道筋は否定されるべきではない。しかし、それではチンパンジーはサル的世界とヒト的世界を繋ぐ生きたミッシングリンクなのだろうか。

チンパンジー研究が人類進化の痕跡を生き証人に求めた結果、サルとヒトの間に横たわるルビコン河に橋が架けられた。ヒトは動物種としてまっしぐらに進化してきたのであり、だからこそ人類は自然を離れては存在し得ないのである。しかしまだ疑問は残る。チンパンジーが畢竟の幸運によってヒトに進化した傍らで、あまたのサルたちはどのような進化の道を歩んできたのか。いや逆にかれらの進化のありようから、人類進化の本当の意味が見えてくるのか。南米熱帯林の暗く、しかし、たおやかなる自然の中でサルたちを眺めていると、彼らの悠久に変わらぬ生態こそ、あまりに変貌する人類の生態を映し出す鏡であるようにも思える。ヒトは何ゆえにヒトであるのかという問いかけにたいしてサルを観察する者からの視点でいうならば、ヒトのもつ「個体性を主張することの激しさ」こそがヒトらしさの源泉であるのではないかと感じられるのである。

総合人間学のために

人間存在を考えるということは古代ギリシア以来のわれわれの課題であった。自らを考えるということの困難さをこれまで多くの哲学者たちが乗り越えてきた。しかし人間それ自体をいくら眺め続けたとしても、そこにヒトの歴史を読み解くことは困難である。科学はたくさんの傍証を必要とし、そこで登場したあまたの論理体系のひとつが霊長類学であった。霊長類学は人類学よりも大きなカテゴリーを抱えており、そこでは人間という存在は地球上で起こったすべての歴史的事実が産み出した輝く成果、いや鬼っ子なのかも知れない。人間は自らを検証することを欲し、自らの存在の不確実性を自覚した。人間が偶然の産物として現在の地球に在るのか、それとも進化という時系列的必然の結果なのか、われわれにはわからない。ただ、人間という不可思議な存在をめぐって、多様な議論が必要であり、それが自然科学の法則に沿ったものであると同時に、認識論的検討に耐えうるものであらねばならないという困難に、われわれが直面していることだけは確かである。その議論の一端に霊長類学が科学として参与し続けることを願うのみである。

〔きむら　こうしん／名古屋学院大学教授・地域生態論〕

参考文献

（1）今西錦司『人間以前の社会』岩波書店、一九五一年。「人間家族の起源―プライマトロジーの立場から―」『民族学研究』、二五、一一九―一三八、一九六一年。『人間社会の形成』日本放送出版協会、一九六六年。

『人類の誕生』河出書房、一九六八年。

（2）伊谷純一郎『霊長類の社会構造』生態学講座第二〇巻、共立出版、一九七二年。

（3）山極寿一『家族の起源―父性の登場―』東京大学出版

会、一九九四年。
（4） White, T. D. Asa Issie, Aramis and the origin of Australopithecus. *Nature*, 440: 883-889, 2006.
（5） Kimura, K. Home range and inter-group relations among the wild red howler monkeys. *Field Studies of Fauna and Flora, La Macarena, Colombia*, 13: 19-24, 1999.
木村光伸「マカレナの森と7種のサル―熱帯林における霊長類の同所性・歴史性・多様性をめぐって―」『名古屋学院大学論集、人文・自然科学篇』、四一（二）、一―二〇、二〇〇五年。
（6） Nishimura, A., K.Izawa and K.Kimura. Long-term studies of primates at La Macarena. *Primate Conservation*, 16: 7-14, 1995.
（7） 西田利貞・上原重男・川中健二（編）『マハレのチンパンジー』京都大学学術出版会、二〇〇二年。
（8） Matsuzawa,T., Tomonaga,M., Tanaka,M.(Eds.), *Cognitive Development in Chimpanzee*. Springer, 2006.

◉総合人間学はニーチェからの挑戦に応えうるか？

清 眞人

不気味な、破壊と死への新たな胎動の黒い予感がわれわれを捉えだしている。しかも、われわれは、打つ手を失い、傍観するほかないという無力感に自分たちが足萎えになりつつあると感じている。「暴力の連鎖」という地獄的循環性のなかに幽閉されたパレスティナやイラクの人々の惨状は、彼らの悲惨を示すと同時に一つの共示的意味《コノテーション》をもつ。人類に対して、あるいはわれわれに対して、「お前たちは無力だ」と宣告しているのだ。そしてこの宣告は、われわれのもとで「お前たちは、お前たちの事柄においても無力だ」という宣告となって、遠からずその深甚なる意味を開示するに至るのではないか?

つい先日も朝日新聞が数日大きな特集を組んで次の問題提起をおこなっていた。それによれば、中・韓・日のそれぞれの青年の一部に、自分たちの抱え込む社会生活的でもあれば実存的でもある苦境への反抗心とルサンチマンをきわめて短絡的な仕方でそれぞれの「愛国ナショナリズム」に回路づける、ある点で相互にきわめてよく似た構造をもった攻撃的な情動が、看過できない明らかな強度をもって蓄積され始めているというのだ。しかも、この攻撃的情動はそれぞれの国の権力を志向する政治家たちによってまったくご都合主義的に利用される。その正しい解消と、それによって産み出されるはずの人間として望みうる希望と可能性に満ちた対他関係(民族相互においても、民族内の諸個人相互においても)の構築が追求されるのではなく、政治家たちの「力への意志」追求の道具として利用されるのだ。

なされるべき説明や論証を省略して私の結論を述べれば、こうだ。今日の人間学は、《ルサンチマン暴力の暗い無意識の力に担われた「復讐の正義《ディケー》」という「力への意志」に、われわれは果たして抗しうるのか?》というニーチェ的な問いをその中核的問いとして抱え込んだというべきではないのか? しかも、この問いのいわば積分的形態と微分的形態との両方にまたがって。

積分的形態とは「革命」や戦争にかかわる。この点ではこういわねばならない。上記の問いが人間学の中核的位置へと移動するのは、二十世紀の当初人類に大いなる希望を抱かせたさまざまな「革命」がほとんどすべて挫折し、否、たんに挫折するどころか、その挫折のなかから、「革命」が立ち向かったはずの抑圧に匹敵する(ある場合はそれを超える)抑圧しか産み出さなかったという、この二十世紀の固有の事情に大いに関連している。一言でいえば、革命の暴力はルサンチマン的暴力を浄化し、人間をこの暴力から解放するプロセスとして働くどころか、逆に完璧に後者の暴力へと買い取られ、回収された。微分的形態とは、一言でいえば、今日の日本の青少年を蝕んでいる「いじめ」問題によって象徴される人間というもの(彼らの自己も含めて)への彼らの落胆・絶望の問題である。今や彼らが「社会変革」のために人間が団結し行動するということへの一切の社会的想像力を喪失したことと、「いじめ」経験が彼らの人間観の隠れた経験的中核へと移動してきたことには深い相関関係がある。

前者は、個々の革命党派・イデオロギーの敗北や挫折の問題ではなくて、根本的には人類の敗北にかかわる問題である。「社会変革」をとおして人類の生のあり方をそれまでの著しい抑圧と暴力から——全的に、とはいわないまでも——解放し、その平和的な発展の可能性において少なくとも従来とは異なる質的な飛躍を人間の社会が勝ち取るという希望、これが決定的な敗北を蒙ったのだ。今われわれはこの「ポスト敗北」の世紀を生きている。そして、後者の問題は前者の敗北問題によって大きく規定されている。前者がわれわれの精神の深部に生み出した意気阻喪が、明らかに後者の問題を著しく加速する社会的雰囲気を醸成している。

ところで、ニーチェはある文章をこう書き出している。

> 「人間性という言葉が口にされる場合、人間を自然から分離し、特徴づけるものが存在するだろう、という観念が基礎になっている。しかしかかる分離は実際には存在しない。『自然的な』性質と本来『人間的』と呼ばれる性質とは、切っても切れない関係にある。人間は、そのもっとも高貴な、もろもろの最高の力を示す場合でも徹頭徹尾自然であり、自然の不気味な二重性格を具えている。事によると彼の恐ろしい、そして非人間的と見做されるもろもろの能力こそ、そこからのみあらゆる人間性が感動や行為や業績として生じ得る実り豊かな土壌ですらあるかも知れない。[1]」

ここで彼のいう「不気味な二重性格」とは、「残虐性、虎狼のごとき殲滅欲」という「ただ戦慄すべき闇」の力・「暗黒の夜」の力相互の確執そのもののなかから、この確執を「闘争」ではなく「競争」へと導くことで、そこに人間の比類なき英雄的行動・デモーニッシュな芸術家的制作、超人的業績が誕生するという連関を指す[2]。彼はまたこうもいっている。「事実殺戮と殺戮の償いとからギリシア人の正義の概念が発展したように、より高貴な文化も己が最初の勝利の花冠を、殺戮の償いの祭壇から受け取る[3]」と。

確かにニーチェのなかには深い矛盾がある。彼は、ルサンチマン宗教の最たるものと彼が規定した「キリスト教」とイエスその人の思想を厳密に区別し、後者の核心をまさにルサンチマン暴力の放棄の主張、「復讐には復讐で報いることなかれ、汝の敵を愛せ」の主張に見出す。かつ、たんにかかるイエスを称揚するだけでなく、ツァラトゥストラをして自分の最高の希望はルサンチマンからの解放にあると語らしめる。ギリシア的な「復讐の正義」をとるか、イエス（＝仏陀）的な「復讐の正義」の放棄をとるかの価値選択は、実は最後までニーチェを苦悶させた問題であるといってよい。

とはいえ、文言上、ニーチェがとる最終選択はイエスを捨ててディオニュソスをとることであり、それは次のことを意味した。すなわち、「生の本質」としての「力への意志」の根源的暴力性を承認し、この暴力性の承認なくして生の肯定はありえず、生の根源的肯定こそがニヒリズムの克服である以上、ニヒリズムの克服は、「自然」（すなわち「生」）の「不気味な二重性格」に己を賭けた古代ギリシアの英雄的な生肯定の論理と倫理のなかにしかありえないという立場をとるということである。

周知のことながら、このニーチェの立場は「キリスト教道徳」をいわばその代表とする「道徳」的思考の立場一般への拒絶と結びついている。ここで、私が「「道徳」的思考の立場一般」という場合、その主要な契機は次の点にある。――人間はそのコミュニケーション努力を通じて相互理解に到達することが可能である。この相互理解が、人間にあらためて価値の共有と普遍化を可能にするがゆえに、この価値から出発して自分たちの相克を暴力によってではなく理解によって解決することを可能にする。またこの相互理解の努力こそが、各自が己の無意識的な攻撃性を批判的に自己対象化し、この対象化によって乗り越え、学習と更なるポジティヴなコミュニケーション経験の積み重ねのなかで、己の情動構造それ自体を他者に対する寛大さに満ちたいっそう平和的で開かれたものへと成長させる力、そういう力としての主観性の力というものを人間に与える。そうした信念形成をとおして、人間は「社会変革」という連帯的行為によって、あくまで人間の生の平和的ヴィジョンを放棄せず、非暴力的で互恵的な生の実現が人間のもとで可能であるという信念形成を行う。こういった諸契機の全体が、生に対する一個の同時に信仰的態度でもあるところのヴィジョンを生む。

誤解して欲しくはないのだが、私はここで何も哲学学会風にニーチェについての研究報告をしようとするつもりではない。今日、「総合的人間学」ということが「社会変革」をとおしての人間の生の変革というヴィジョンにまだ絶望してしまわないでおこうと決意している人間たちによって追求されるとすれば、これまでの文学・芸術・人文社会諸科学の側からこの「総合」という議論の場へと進出するうえで、この側には、ニーチェからの或る天才的な鋭さを秘めた暗黒の挑戦にどう応えるかといういわば特殊な問題の環が、今日の時代の暗黒性と一体となって、その進出への通路に挟まれているといいたいのだ。

ニーチェの「道徳」批判は、その批判対象として共に極度に禁欲主義的＝反情動的＝反身体的なキリスト教道徳とカント哲学を念頭にしていたがゆえに、容易く、「意識道徳」か「身体情動」かの不毛な二者択一へと進んだ。しかしながら、彼の「道徳」批判は、彼自身はまったく「社会変革」というヴィジョンに絶望しまた軽蔑していたから全然開拓しなかったが、読み方によっては、人間の「情動構造」それ自体の「社会変革」運動を通じての変革可能性という貴重な問題提起を潜在化しているといいうる。しかもそれは、フロイト以降の精神分析学的問題意識に先駆ける彼の鋭利な心理学的洞察に裏打ちされた「身体」／「無意識」理論そのものと密接に関連する形での問題提起なのである。問題内容の点では、まさに人間の「暗黒の夜」としてのルサンチマン的攻撃性の転換可能性にかかわる問題として成立しているものなのである。

社会変革の希望と己を結びつけた人間学的思考の左派的系譜を振り返った場合、たとえば三木清にしろ初期マルクスの思想を核に人間学的展開を試みた戦後マルクス主義の努力にしろ、実は、この問題の環に関してはまったくその問題意識は脆弱すぎるほどに脆弱である。左派人間学は、サルトルやフロムを例外とするぐらいで、まったく今日の「ニーチェ的なるもの」に対決しうるための思考装置を形成しないままで来ているといって過言ではない。

だが、今やこの問題の環に打ちかかる思考の努力なくして、人間学は、人間に絶望しつつある現代人の関心を我が身に引き寄せることはできないだろう。

〔きよし　まひと／近畿大学文芸学部教員・哲学〕

注

（1）ニーチェ、塩屋竹男訳『悲劇の誕生』ニーチェ全集2、ちくま学芸文庫、三一九頁。
（2）同前、三二二〜三二五頁。
（3）同前、三二一頁。

◉魂の復権をめざして—旧い友へ

木下　康光

過日は思いがけず総合人間学会にお誘い下さってどうもありがとう。貴兄とは大学の教養時代にクラスの同じ読書会で社会科学や哲学の本を次々に取り上げ（「西田幾多郎からマルクスまで」をモットーにしていましたね）、熱い議論を闘わせて青春の一時期を過ごしたことがとても懐かしく思い出されます。その後貴兄は哲学、僕は独文へとそれぞれ専攻に分かれてから、早や四十年になろうとしていますが、まもなく還暦を迎えようという今になって再び貴兄と同じ学会で相見えようとは、なんというくすしき運命の計らいかと、うれしくもまた不思議に思うのです。

しかしよく考えてみればこの事態は二重の意味で少しも不思議でなく、むしろ必然のことだったと気づかされるのです。我々が教養課程を終えてそれぞれ専門分野に分かれて行ったとき、登山に喩えてみれば、登り道は違うけれど頂上は同じ筈だという暗黙の了解があったのではなかったでしょうか。そうであれば、頂上はまだずっとずっと先としても、お互いの姿がそろそろ見えてきてもおかしくない筈ですし、実際また我々の年齢からしてそうでなければならないところです。でも正直なところ、自分がそんな高いところにたどり着いているとは到底思えないのですけれども、二つ目の事情は我々のこの再会の必然性にもっと本質的な根拠を与えるものです。それはほかならぬ、この総合人間学会設立の趣旨にも述べられていた〈時代状況〉です。

一九八九年の東西二極体制の崩壊によって始まったアメリカを源とするグローバル化、すなわち市場経済の原理に基づく自由競争の波は生活の隅々にまで押し寄せ、これまで現実の社会と節度ある距離を保つことを少なくとも理念的には許容——本来なら要請と言うべきところですが——

されていた大学までその例外でなくなったことは周知のとおりです。成果主義と効率化の名の下――それが結局は資本による収奪の強化であることが近年ますます明らかとなり、ようやくその正体が見えてきましたが――、企業と同じ組織原理が導入された結果、現実社会の直接的利益に結びつかない諸学は冷遇ならまだしも廃止されさえし、大学の知的資源は国家間の競争に総動員されようとしています。現今のこのような事態に多くの大学人が当惑を覚えるのみならず、それどころか学問の終焉、文化の死の危機を感じ取っているのではないでしょうか。本学会設立の内的契機はそこにあったのではと僕は思っています。つまり学問は今改めてその存在理由を問われているのだと思います。そしてこれまでのように個別学問の壁の中に閉じこもっていたのでは、その研究成果は権力と体制に恣意的に利用されるだけで、学問の本来の目的を遂げることができないでしょう。そのような切実な危惧、そして学問の自立性と全体性の回復への希いが本学会設立に結実したのではないでしょうか。

グローバル化という現象をどう評価するかは、そもそも近代をどう考えるかという問題と同じではないにしても深く繋がっていることは疑いの余地がありません。グローバル化は近代を推進してきた資本主義の最終段階、完成形態と言えるでしょう。その意味でようやく今こそ近代の功罪について総決算が可能となったのであり、我々はそのような特別な時代に生きていることになります。近代が多くの解放とともに自然科学の進歩発展による豊かな物質的成果をもたらしたことは誰の目にも明らかな事実ですが、その反面また多くの負の遺産を残したこともいまさら言うまでもないことです。個人の解放は同時に共同体の崩壊を意味するものでしたし、物質的繁栄による大量生産・大量消費は地球温暖化のような環境破壊や地球資源の枯渇化を招いています。資本主義の原理の貫徹の結果、水や空気といった人間の最も基本的な生活財でさえお金を出して買わねばならない時代がやがて来るかもしれない、という話は悪魔的な悪い冗談と言えなくなってきました。(げんに都市部では住む場所を持たない人間が多数現れてきています。)究極のサバイバルとしての、強者による生存手段の囲い込みと弱者の締め出しです。

また科学技術の発展に支えられた消費社会は人間の生活態度に甚大な影響を及ぼしました。消費が美徳とされる使い捨て文化にあっては、一切のものは代替・補充可能であり、そこではなにかをかけがえのないものとして大切にするという態度は育ちようがありません。だが「かけがえのないものがなければこの世に大切なものはなにもない」(『星の王子さま』)のではないでしょうか。そして地球は唯一つのものであり、我々の人生も一回きりのもの――たとえクローン技術が発達しても――なのでした。

かけがえのないもの、言い換えると絶対的なものを持つことが人生を意味あるものにするためにはどうしても必要です。神の死ということが言われましたが、理性は結局神に代わるものとはなりえませんでした。それは人間がその存在根拠を失い、宙吊りにされた状態においてはいかなる決定力も持ちえず、完全に無力でした。そのような状況の中で唯一機能し、支配したのは、物質的欲望とエゴイズムであり、それを実現する経済合理性でした。それはまことに貧しい野蛮な図であったと言わねばなりません。それでも妙なイデオロギーが支配するよりまだましだ、と言う人もあるでしょう。でもこの考えは決して現状を正当化するものではありません。それにこう考える人は結局資本主義イデオロギーの支持者にほかならず、突き詰めて考えれば人間はなんらかのイデオロギーなしに生きることのできぬ存在であることを忘れているのです。理念も道徳もない社会において青年が無気力、無責任になるのもやむを得ませんし、心の核となるべきかけがえのない大切なものがなければ無感動になるのも当然です。

我々のこの学会の誕生の背景には誇張でなく人類存続の危機の認識があると思います。この破局を回避するためになすべきことは何か。何が破局を回避させることができるのか。それはこれまで述べてきたことから明らかなように、かけがえのないもの、言い換えると霊的なものの復活ではないでしょうか。今日の危機の根源にあるのは目に見えぬものとしての霊的なものが忘れ去られたことではないでしょうか。魂の存在を前提とせずして真善美がありうるでしょうか。そもそも文化が成り立つでしょうか。人間とは魂を持つ存在であり、それを信じることが人間の根本条件であることが一般に受け入れられたならば、今日の社会が抱える多くの問題は解消し、人々はもっと真剣に、もっと美しく、そしてもっと豊かに生きることでしょう。

ちなみに、魂――なんなら超越的なものと言ってもいいのですが――の復活を唱えることは決して学問を否定することにはならないと思います。人類の救済に対して理性が無力である以上、学問は単なる科学でなく、知恵あるものでなければならないでしょう。科学は万能の神でない以上、これに人間理性の道具として限界を与えねばなりません。

そして人間はもう一度主体性を回復しなければなりません。学問は決して無色透明、無前提なものではありえません。むしろ互いにテーゼを出し合い、そして最終的真理を求めて徹底的に批判しあうところに学問の本領があるのだと思います。徹底して問い続ける中に答えが見えてくると信じます。

僕はこれまで民衆文芸なるものを自分の研究テーマとしてきました。その際僕が民衆文芸の研究に期待していたのは、万人の心の扉を開くことのできるユニヴァーサル・キーのようなものを見つけることだったと言えるのかもしれません。というのは民衆文芸は時間と空間を超えて共通するところが多く、我々はそこに人類の普遍的メッセージを読み解く可能性を持つからです。

例えばグリム兄弟は、民衆文芸は自然文芸である、としましたが、これは今言った民衆文芸の普遍性を期せずして指摘したものとも言えます。その際自然はルソーのそれに似た無垢なるもの、神的息吹に満ちたものと捉えられているのですが、グリム（特に兄のヤーコプ）はこのような自然に（ひとりでに）生まれたものとしての自然文芸に対して、創作（芸術）文芸を人間の作為による不完全なものとして排撃します。ところでまことに興味深い類似現象がわが国においても見出されるのです。それは民衆文芸ならぬ民衆工芸を唱えた柳宗悦で、ご存知のように、柳は芸術家個人の意識的創作としての美術工芸を否定し、無名の工人の手から生まれた生活と一体の民衆工芸にこそ神仏が顕現していると賞揚したのでした。

むろん芸術というものが鈴木大拙の言う「宇宙的無意識」（「神の作業場」とも言われる）における活動であるとすれば、そもそも個人意識の産物とされる創作文芸などありえないのであり、自然文芸以外に真の文芸はありえないことになりますし、逆にまた、個人の創作物とされるものであっても、それが天啓を受けてのものであれば、それはもはや個人的創作物とは言われないことになるでしょう。さらにまたいわゆる民衆文芸もただそれが非個人的な集団による共同文芸だという理由だけで芸術である保証もないことになります。そう考えるとグリムの言う民衆文芸―創作（芸術）文芸という二元対立的区分も簡単な問題で終らないことがわかりますが、グリムにせよ柳にせよ、彼らをして創作（人工）を否定して自然の擁護・賛美に向かわせたのは、同じ共通の念、すなわち、個人意識を基盤とする近代に対する深い懐疑の念、要するに反近代の意識ではなかったかと思うのです。柳宗悦は職人の手仕事の意義を説く一方、資本制による機械生産を非人間的なものとして批判しました。柳の先達とも言うべきラスキンやモリスが資本主義の先進国イギリスの人であったことは偶然ではありません。

むろん歴史の時計の針を戻すことはできない以上、我々は近代の原動力であったカピタリスムスを一般的に否定するのではなく（それはエゴイズムを否定することができないのと関わっているでしょう）、その功績を評価しつつ、それを超越しコントロールすることのできる原理を見出すこと、これが我々に課せられた課題となるのではないでしょうか。近代を一方的に断罪することが我々の仕事ではありません。それは容易な業ですが、なんの生産性もないでしょう。昔はよかった式の前近代のロマン主義的美化も同断です。近代の功罪を正しく測ること、それこそ困難ながら、それにして初めて未来への展望を切り拓くものとなるでしょう。今この我々の時代にゴールに達しようとしている近代（とそれに内包された諸理念）の功罪を徹底的に検証すること――この学会がそのための自由で創造的な議論のできる場になればと願っています。

〔きのした　やすみつ／同志社大学教授・ドイツ民衆文学〕

◉「旅する人間」の文明学

吉澤　五郎

人は、なぜ旅に出るのだろうか。古来、洋の東西を問わず多くの人びとは、日常的な「一所定住」の呪縛をこえて、新たな異界を夢見る「一所不在」の旅を続けてきた。およそ宇宙の一隅に座をしめる人間は、絶えず天地万物が生々流転するように、自らも片雲の風に誘われるさすらいの生に心を委ね、各々に「此岸の楽園」や「彼岸の救済」を求めたのであろう。つねづね、未知なる世界への旅は、自己を対極に照らして映す「自己観照」の泉となり、また独りよがりな迷妄を解く「自己超克」の舞台ともなった。

申すまでもなく、ヒトの最大の特徴は、「二足歩行」ということである。爾来、険しい道程に魂の救いを求めて歩いた道行きは、聖なる「巡礼の旅」となった。他方、人類史上に繰り返される集団的な「移動」は、異なる生活空間をつなぐ「文明の道」を拓いた。その聖俗相交わる旅のルートは、しばしば広域の交易や商業また知識や情報交換のロータリーともなり、やがて一連の都市の胎動や固有の「文明」を育む原動力ともなった。もっとも今日では、「大観光時代」の到来とともに、旅の量的拡大と世俗化の大波が押しよせている。その新たな変貌と潮流は、果たして「観光」の本義である「国の光を観る」(『易経』)という英知に合流するのであろうか。

私自身、これまでほぼ三〇年にわたる「巡礼文明史」の旅として、ヨーロッパ・地中海世界を起点に、さらにコーカサス山麓、シルクロード・ガンダーラ地方から新大陸におよぶ異界を巡り歩いてきた。もっとも、このいささか邪道な巡礼者としての功罪は、今日気に病む関心事でもある。ここに、「旅する人間」(ホモ・ヴィアトール)の自己遍歴として、とくに、人間と文明の営為を全体論的に省察する比較文明学の視座から、人類の「多様なる共生」を目指す覚書の一端を綴ることにしたい。

じつは、比較文明学の先達であり「二十世紀最大の歴史家」と謳われたA・トインビー(一八八九―一九七五年)は、終生にわたり「旅人」でもあった。彼にとって旅は、つねに新たな開眼と創意の源泉となり、精魂を込めた「著作」とともに最高の価値をしめている。畢生の大著『歴史の研究』(一九三四―七二年)の構想も、じつは彼が「ギリシアートルコ戦争」(一九二一年)の取材を終え、イスタンブールからロンドンに向うオリエント急行の車中で書き留めたものである。

他面、トインビーの過去への旅は、同時に未来を投影する旅でもあった。彼にとって最初の「ギリシア・ローマ旅行」(一九一一―一二年)は、たんに学問的故郷を偲ぶ「黙せる巡礼」にとどまらず、激動する現代の鼓動を聞きとる機縁ともなった。とりわけ、古代クレタ文明の最盛期を飾る遺跡「ミノス帝国」との出会いは、偉大な諸帝国が走馬灯のように興亡する「一つの文明」の変遷を想起させ、他ならぬ第一次世界大戦前夜の不安に心を駆られた。その歴史的危機と対決する「現代史の証言」が、トインビーの第二の主著ともなる『国際問題大観』（一九二四―五六年）の誕生となる。言わば、このような実存的な動機のもとに、過去の歴史と現在的関心を結ぶ全体的な探究が、近代史学の「静謐なる歴史学」をこえる比較文明学への船出となった。

私自身、このようなトインビー史学の命題と「文明史の旅」に魅せられながら、これまで西洋中世史の碩学・木間瀬精三氏らとともに一連の「ヨーロッパ・地中海巡礼」の調査に通いつめることになった。第一回・巡礼行（一九七八年）目的地は、当時まだ日本に馴染みの薄いスペインの聖地「サンティアゴ・デ・コンポステーラ」である。いわゆる、フランスの北からパリ、ヴェズレイ、ル・プュイ、アルルを起点とする四路を織り込みながら、折しも春雪の舞うピレネー越えで一路スペイン西北端のサンティアゴに向かった。申すまでもなく、聖地サンティアゴは、エルサレム、ローマとともに西欧キリスト教世界で名をなす「三大巡礼地」の一つである。その聖性は、スペインの使徒「聖ヤコブ」（スペイン語名サンティアゴ）の墓所という古伝承に負っている。

もとより、「巡礼」とは、宗教的な目的を根拠とする旅の原型でもある。しかし、現実の巡礼行は、聖俗両界を一体化する複合性のもとに、歴史上にダイナミックな足跡を残してきた。巨視的には、文化・文明の発生と展開に深い関係があるといえよう。とりわけ、「西欧文明の誕生」に立ち会うのがサンティアゴ巡礼である。その背景には、対イスラーム抗戦としての十字軍的な意図が潜んでいる。すなわち、スペイン中世史の大動脈となる「レコンキスタ」（国土回復運動）の精神的シンボルの一つが、サンティアゴ巡礼でもあった。そこに、スペインの宣教者・聖ヤコブとイスラームの征服者・カール大帝伝説の結合があり、またクリュニー修道院による巧みな陰の演出があった。

一先ず、このサンティアゴ巡礼の調べを中心としながら、「西欧文明」の誕生問題について比較文明学の一断想をそえることにしたい。問題視角は、「西欧の心臓」と称されるサンティアゴ巡礼の歴史的な相貌を通して、新たに「西欧・キリスト教」文明を再定義することである。すなわち、近代の普遍的な「西欧パラダイム」をこえる「全体性」と「関係性」の基本枠組みから、今日の全人類的な「地球文明」にかなう「もう一つのヨーロッパ像」を描くことである。ここでは、とくに「ヨーロッパ的な精神」の真の発現とされる「ロマネスク美術」（十一世紀初頭―十二世紀）の形成について一考したい。

一般にロマネスク美術（建築）は、その多くが大聖地サンティアゴに向かう巡礼路上に開花している。いわゆる、サンティアゴ大聖堂をモデルに同一の造形表現をみる「巡礼路様式」（キングスレイー・ポーター）の教会群である。その後西欧各地に隆盛をみるロマネスク美術について、フランスの著名な美術史家であるエミール・マールは「十二世紀の偉大な創造性」と謳い、同じくアンリー・フォションは「西欧最初の独創的な芸術」と定義する。私の関心は、このような一元化された「創造性」や「独創性」の背後にひそむ、多元的な「影響文明圏」の問題である。

その源泉には、第一に、イスラーム支配下のキリスト教美術である「モサラベ美術」（九世紀末―十一世紀）がある。とくに名高い「サン・ミゲーレ・デ・エスカラーダ聖堂」（九一三年、北スペイン・レオン地方）は、イスラーム色の馬蹄形アーチや支柱つき円蓋などを用いた優雅な装飾と完璧な融合で知られる。第二に、そのモサラベ美術の写本絵画として重要な「ベアトゥス写本」（「黙示録註解書」、九世紀末―十世紀）がある。一見「熱帯の花園」を彷彿させる独創的なデッサンと強烈な色彩用法は、おそらく近東のシリアやアルメニア写本を手本にしたものであろう。その様式的および装飾的な起源は、遙か東のササン朝ペルシアから西のアフリカ（コプト）へと遡及する。

この特異な両者にみるイスラームおよびオリエント文明の豊饒な遺産が、スペイン・フランスを始めとする「ロマネスク美術」の形成に果たした役割は大きい。これまで、西欧美術史上で黙過されがちな「影響文明圏」の究明は、新たに多様な芸術様式の関係性と連続性を読み解く鍵となろう。さらに、今日の文化や文明の違いをこえる「グローバル・エトス」（人類共通の価値観）を築くプレリュード（前奏曲）としても、不可避な課題である。

このように、歴史上にみる多くの文化・文明の生成は、思いのほか自らの単独の業というより、異なる民族や宗教の多彩な交流と変容に負うところが多い。その観点から、新たに歴史的な表層の「差異性」にひそむ深層の「関係性」について、日本にわたる具体的な作例を垣間見たい。

まず、先の西欧「ロマネスク美術」の源泉となった「ベアトゥス写本」には、シルクロードの終点シリアから、北アフリカ、スペインにおよんだ仏教的主題や芸術表現の影響が強い。その代表作「雲に乗って来臨するキリスト像」（九七〇年、マドリード王立アカデミー蔵）の挿絵は、まさに阿弥陀如来が右手の親指と薬指で印を結び、下品にたいする説法を暗示するかのようである。同じくシリア、ビザンツ経由で登場する有名な中世キリスト教の聖伝『聖バルラームと聖ヨサパト』（八世紀）の物語は、明らかに仏教の『釈尊伝説』を下敷きにしている。このヨサパトとは、他ならぬ「ボディサトヴァ」（菩薩）の変形である。

他方、一世紀末のガンダーラ美術や一歩遅れたマトゥラー美術を融合してインドで完成をみたグプタ朝の「仏像」（五世紀）は、西域から中国・朝鮮をへて六世紀前半に日本に伝播している。たとえば日本仏像の誕生は、飛鳥時代の法隆寺・本尊「釈迦三尊」（六二三年）のように、インドとりわけ中国を祖型としている。その後、平安中期の「薬師三尊」（九九〇年）では「和様化」の顕著な傾向が認められる。また、法隆寺金堂壁画「観世音菩薩」の源流が、インド「アジャンター壁画」の白眉とされる「持蓮華菩薩」（第一窟、六世紀）に遡及することは、すでに美術史・図像学上の立証をへた事実でもある。

総じて、このように旅路の途上では、幾重もの「知の連鎖」や「共生の風景」に出会う。さらに、悠久の人類文明史を眺望するとき、新たに比較文明学の誕生を導いた二人の巨匠の言葉が甦る。すなわち、A・クローバーの「芸術様式の発展は、全体として一つの道を辿っている」との歴史的検証であり、またトインビーの「文明の同一性は、差異性よりも根本的である」との歴史的洞察である。両者のメッセージは、今日世界が渾然と一体化する中で、新たに旅立つ総合人間学の「人間を全体として見直し、文明の在りようを根底から再検討する」いう呼びかけとも、あながち無縁ではない。

〔よしざわ　ごろう／麗澤大学比較文明文化研究センター客員教授・比較文明学〕

◉イメージ三題――この秋パリで考えたこと

堀尾　輝久

1　科学とイメージ

フランス国立科学研究所（ＣＮＲＳ）主催「イメージと科学（image et science）」国際フェスティバル（略称）は今年で二二回目を迎える。世界各国の科学・教育映像番組の成果を交流し、競い合い、科学を生活のなかに生かし、世界の平和に貢献しようという大きな夢をもって、毎年秋に、場所もエッフェル塔の二階のホールで行われてきた。いかにもフランスらしいとりくみである。

参加作品の選考から、番組作成の予算・スタッフ、その考え方やポリシー、科学ジャーナリズムの役割等々、それぞれに賞が与えられる。

私は一九九〇年の在仏時に、このフェスティバルに招かれて審査員として参加、五年後には審査委員長として招かれた。一九九八年からは、賞の一つジュール・ベルヌ賞の審査員として、このところ毎年参加、今年で前後あわせて一〇回目になる。この機会にこれまで印象に残ったことを書き留めておこう。

参加作品には、宇宙の生成のなぞに迫ろうとするＳＦ風の作品もあれば人体という小宇宙への探検のフィルムもある。脳や心臓の活動を生々しく伝えるフィルムには各国がとりくんでいるようだ。地球科学の発展の成果、たとえば火山や地殻変動、温暖化とエルニーニョ、風力等の新しいエネルギーへのとりくみ、これらはイメージとしてもとらえ易い。しかし危険を伴う作業でもある。ハワイ沖の火山爆発を接写した作品は迫力十分だったが、後日、雲仙岳の溶岩流を撮ろうとして犠牲になった外国人写真家が、あのハワイの火山活動を接写した研究者であったことを知ったときのショックも忘れられない。

実験室での物質変化の実験フィルムもある。冷凍したうなぎをポンとたたけば体は真っ二つに割れる。水に入れて解凍すれば動き出すといった実験もある。

アフリカで普及したビニールの水袋が散乱し、放牧中のヤギが食べ、あるいはのどにつまらせる被害が広がっているという公害キャンペーンの作品もある。アフリカのある部族は、例えば蟻のさなぎを食用にしているが、すぐ隣の部族はそれを忌み嫌うという習俗をもつ。しかし食糧危機にそなえては、これを食する習慣を、それを忌避する部族にも拡げようと、その食生活のフィルムをつくり社会教育活動にとりくんでいるという作品もある（ブルキナファソ）。

西アフリカの、その地域の語り伝えられてきた神話と、海辺の小動物たちの、満月の夜の賑やかな種の維持と生存競争の活動とを重ね綴った叙事詩的・自然誌的作品は、その映像の美しさとともに、強く記憶に残っている。

中国の考古学チームの発掘調査は、中国の歴史の古さを改めて考えさせてくれる。薬学者たちの薬草（木）を求めての深山の探索フィルムも貴重なもの。いかにも中国らしい。イランのチームは最新の心臓手術の映像とともに、イランの歴史を、オスマントルコを越えて、ペルシャ帝国に遡って語っている。イランの言語がペルシャ語だったことも思い出させてくれる。それはイラン＝ならず者国家といった短絡的なイメージをふき飛ばす力をもつ。

私がこのところ審査委員をしているジュール・ベルヌ賞は探検家で科学的空想小説（ＳＦ）の草分け、『海底二万海里』や『八〇日間世界一周』等で知られるJules Verne（1828-1905）に因んでの賞で、一〇年前に始まり、この国際フェスティバルの中ではユニークなものである。これはCNRSの映像《イメージ》と科学部門の研究チームが、あらかじめの選考によって四つの国ないし地域の放送局（団体）を選び、そのチームが映像・プログラムの作成と普及についての考え方や方針（philosophie と politique）を、作品を紹介しながらpresentationを行うというもので、各チーム三時間をかけての熱弁と作品の提示、一時間の質疑と、なかなかハードで厳しいものである。審査は全チーム終了のあと合議によって順位をつけるのだが評価をめぐって論争になることもあり、難しい作業である。審査員の構成はイギリス二名、イタリー二名、フランス三名、ベルギー一名、日本一名で顔ぶれは殆ど変わらない。それぞれ、科学者、医師、放送関係者、科学ジャーナリストとして活動している、あるいはしてきたベテラン揃いで心強い。

これまで参加したチームで印象に残っているのが、先に紹介した中国、イラン、ブルキナファソ、そしてメキシコの石油開発の歴史と帝国主義の問題など、これらをとりあげたフランスのCNRSチームのphilosophieとpolitiqueにも感心したものだ。

今年はフィンランド、ルーマニア、ナイジェリア、ユーロ・ニューズ（E・N）、と四つのチームが選ばれて参加した。

このなかで、強烈なイメージを残したのはナイジェリア・チームのものだった。国の三分の二が砂漠なのだが、砂嵐（duna）の度に砂漠化（desertification）が進み、住民は村ごと移動を余儀なくされていく。生き残るための、水を求めてのたたかい。自然の力を運命と引き受けて転々としつつも生き続けようとする。しかしそこには先の見えないあきらめの気持ちも伝わってくる。フィルムはこの砂漠化がすすむ現実をナイジェリアの市民に訴えるためのものだが、これは世界の人々が知らなければならないこと、そして環境問題への国際的なとりくみの必要を強く訴える力をもっていた。温暖化がすすめば風と雨の流れが変わり、アンデスの東側が砂漠化するという超コンピューターによるシミュレーション予測が出されていることも想起しておこう。

ルーマニア・チームはソヴィエト支配の時代にも、科学番組の放送には力を入れていたという歴史にもふれながら、解放後の映像文化の発展にとりくんでいることを雄弁に語り、ポスト・モダンの科学論にもふれて、科学は文化の一部であるとともに、現実を再構造化する科学は文化を含むのだというphilosophyを語った。しかしその哲学を映像を通して語ることには失敗であったというのが審査員の共通の感想であった。

ユーロ・ニューズ（E・N）はEUへの動きの中で、一九九三年、フランスのリヨンに放送局を開設し、スペイン、イタリー、ポルトガル、フランス、イギリス、スイス、それにロシア語が加わって七カ国語の放送を行っている。七カ国語の同時通訳放送、それぞれの国の地域のnews番組との競合もあり、地球時代への関心は地球から月へ、さらに宇宙へ拡がるなかで、E・Nとしてはこのような科学情報に集中する傾向がある。また資金集めはコマーシャリズムに陥り易いといった問題もあり、E・Nの困難はEUの将来展望とも深く関係しているように感じた。私はアジアでこういう試みは可能かという視点から興味をいだいたが、ヨーロッパの審査員は、その現状についてはいずれも厳しい批判的意見をのべていたことが印象的であった。

フィンランドのチームはまずこの国の歴史、古くはスウェーデンそしてドイツ、さらにはソ連の支配に抗して、民族のアイデンティティを守り続けた歴史を語り、この間にも自然科学、社会科学への積極的姿勢を守り続けてきたこと、それが科学放送の哲学となっていることを強調した。そしてPISSAの学力調査で好成績をあげたことも誇らしげに語ってくれた。その成果は学校でのテスト準備教育ではなく、知の広いネットワークづくり、そしてopen universityの充実とも関連していることがよくわかった。環境・エネルギー問題への関心も深く、水素エネルギーや風力利用、豊富な木材の新たな利用法の作品にはユニークなものがあり、あるいは神のイメージの多様性をテーマに、さまざまなトーテム、仏陀キリストのイメージ、逆にイスラムの偶像否定等、神のイメージが多様なことを映像で提示し、宗教と神の正当性は相対的であること（authentisity is relative）を解り易く伝えていた。この国では音楽放送は重点の一つであり没後五〇年のシベリウスの交響曲第七番の楽理的分析を含んだ番組も提示された。

審査委員会は以上四つのチームと作品を審議し、ナイジェリアとフィンランドで意見が分かれたが、結局、フィンランドのphilosophieとpolitiqueを評価し、これを一位にきめた。

それにしても、imageとscienceのイメージとはなにか。とりあえずそれは映像であり、ことばや論理を補うものだが、ときにそれはことば以上に雄弁であり論理を超えたもう一つの世界にimaginationを馳せさせる力をもつ。映像はフィクションを含み、フィクションは新たな科学を呼び起こす。“科学と文化”という場合にも、このimage, fictionの問題を含んでその関係が深められねばならないのだと、改めて考えた。

2 imagier

パリのセーヌ川左岸、オルセー美術館のすぐ傍に、新しいミューゼが誕生した。musée du quai Branly, musée primaireともいう。アフリカ、アメリカ、オセアニア、アジアの文化人類学的コレクションの豊庫である。開設最初の展示のテーマは、“d'un Regard l'Autre”とあり、〈一つの眼差しで、他者を〉の意だが、アフリカやインディオのさまざまなマスクや楽器や衣装の展示物の前に立てば、否応なく私たちの眼差し自体が問い直される。とくにさまざまなマスクはその民俗の神話と歴史を語るものだが、それを作り出した人々を共同に支えるイメージや、人間と自然と神々のとらえ方に私たちのイマジネーションをさそう。

売店で一冊の本を買った。各ページの片方にマスクや楽器などの展示物の写真、他方には詩人や画家たちの寸言がのせてある。P・クレー、ゴーギャン、ピカソ、アポリネール、ネルーダ等々の一節。これを写真（とそのもの）につないだのは編集者だが、そのつながりの適切さに感心したり、これはどうかと考えたりする。本の表題は〝Imagier〟。このフランス語はどういう意味だろう。辞書を引いても適訳は見当たらない。フランス人の友人も分らないという。おそらくこの本のための造語であろう。imageと詩《ことば》をつなぐもの、その心の動きにimagierということば（動詞）をつくってあてたのだろうと想像し、この編集者のセンスに感心する。

そういえば先日私は東京で、〝詩と歌で綴る戦争と平和〟と題するexposition（だしもの）をやったのだが、その時に感じた詩と歌の関係、それをつなぐはたらきもimagierだといえるかもしれない。たとえば〝死んだ男の残したものは〟という谷川俊太郎の詩は強い迫力がある。それに武満徹の曲がつき、合唱もよいがバスで歌うともっとすばらしい。詩の黙読、朗読、曲をつけて唱う。それぞれのimage, imagination, imagierの違い。サルトルに*Imaginaire*という著作（「想像力の問題」と訳されていた）があった。その中に詩のことばは〈もの〉であるという一節があったように思う。

かつて私は発達論的視点からのsymbolique論を書いた（『人間形成と教育』所収）が、改めてそれを発展させる課題も見えてきたように思う。これも総合的人間学的課題の一つだといってよかろう。

3　子どものイメージ

パリ行きの飛行機の中でフィリップ・クローデルの『リンさんの小さな女の子』という作品に読みふけっていた。戦禍を逃れる難民の群。その中に大事そうな小荷物を小脇に、それよりももっと大事そうに、小さな子どもを抱えている老人がいる。難民をのせた船は大波にゆれながら、数日後、ようやくたどり着いた港は、ボン・ジュールとあいさつを交わす土地だが、老人にはその土地のことばは一つとして通じない。

難民収容所の近くの公園で出会ったその土地の老人と、互いに通じないことばで話し合ううちに、いつか深い友情が生まれる。その心の交流を支えていたのが、いつも抱いて離さないその小さな女の子の存在である。

老人は戦争で自分の妻と息子夫婦を失い、残された小さな孫娘を片時も離さない。その瞳に自分の息子の、その妻の、そして自分の妻の瞳を感じている。そしてこの子がいつかは母になることを願っている。

ある日もう一人の老人は自分が若かった頃、老人と女の子の国との戦争にかり出され、その国の人たちに害を加えた思い出を苦しげに告白する。老人にはことばが通じなくても、そのことはよくわかった。それは自分も若かった頃、その土地にふりかかったもう一つの戦争でもあったのだから。

この寓話風の小さな作品には、土地の名も国の名もいっさい出てはこない。ことばの通じない二人の老人の、小さな女の子を仲に交わす友情の物語り、それを通して戦争の悲劇と平和への願いをよみとってほしいというのが作者の意図でもあろう。フランスの図書紹介にもそのような記述があった。しかしそれだけではないだろう。二度の戦争体験をもつベトナムとフランスの老人の対話。一度はフランスの植民地支配からの独立戦争での敵として。二度目はアメリカのしかけたベトナム戦争。戦禍で両親を失った小さな孫娘を抱えてのフランス（あるいはフランス領）への難民という歴史的背景にこの物語りをおけば、一旦、抽象化された寓話的物語りを、自分のイメージのなかでより具体的に描けるのではないか。その上で、ボン・ジュールという国はグッド・モーニングの国であってもよい。小さな子どもの命こそことばなしに人の心を交わせるのだという著者のメッセージも生きてこよう。この著者の近作に『子どものいない世界』という作品がある。この若い作家はヴィクトル・ユーゴーやサン・テグジュペリに並んで、〝子ども〟を主題とするフランス文学史に残る人に違いない。（二〇〇六・十一・二〇）

（ほりお　てるひさ／東京大学名誉教授・教育学）

◉情報の海という人工世界の中で

松永 澄夫

自然と人為的秩序

今日、環境問題が切迫したものであると、誰でも知っている。そのとき、環境ということで自然を考え、自然ということで生命に満ちた自然を考えるのも、当然のこととなっている。これは、人間が生命体として生きるもの、その中でも動物として生きるものであって他の動植物を食べ、生命を含む自然の恵みを前提に存在し得るのだという事実が前面に出るからである。しかし、この事実にも拘わらず、個々の人間が自然に直接に向き合って生きることは益々少なくなる、そういう方向に人間は向かっている。

人は、飲食なしには生きられないのに、食べ物や水の入手を人に頼る。レストランが消え、食料品店が消えても動じずにいられる人々がどれだけいるか。仮に米や肉が手許にあっても、ガスや電気、水道の供給が途絶えていればお手上げである。逆に、歩いていて柿が生《な》っているのを見て、その持ち主を思わずに直ちに手を伸ばして食べることはできない。柿は自然に生《は》え自然に実ったのではなく、栽培されているのかと思う。自然の恵みとその享受との間に他の人々が介在し、その介在には、慣習、政治、経済を始めとするさまざまな人為的秩序があり、自然は人為の層の向こうに、所有されたり管理されたりしてあるし、人は単なる自然の恵みではなく人の手によって生産物という形態に変えられたものを相手にして生きる。そうして、自然や生産物というものに対して違った関係位置にある人々の間には、まさにそのものを通して或る人間関係が生じ、次には、この人間関係が人とものとの関係の有り方を新たに決定する、そういう相互亢進的な循環がある。人間の生存を許す自然という大枠の中で人々が出会うのは社会であり、社会の有り方を通してのみ姿を見せる自然である。（季節、気象、地震のようなものでさえ、剥き出しのものとして出会う相手ではなくなろうとしている。）

都市と価値物の生産と情報という価値物の新しい形態

このような人間の有り方を最もよく示すのは、人々が都市に住む方向へ向かうことである。経済成長だとか生産性だとかを気にかける人々は、都市こそ生産性の高い圏域だと考える。農林水産業から工業へという重点のシフトは農山漁村から都市へのシフトであったし、次いで商業やサービス業も都市のように人々が集まる所にこそ発展してきた。食べ物なしに人の生存はなく、ところが都市は（起源としては政治的秩序の出現に伴って成立した、というようなことがあろうが、それは措いて）地勢や気象等の自然を基盤としつつも、大方がその直接性を回避し或る種の利便性を得るために構築された人工環境であり、食品工業はあっても食料の本源的形態である動植物を入手する場所ではない。それなのに、人々が日々の暮らしや政治的、経済的競争において争う価値物、富と目されるものは、都市に溢れる人工の世界に属するものとなる。人々が自然という価値の源泉を想い出すのは、資源の資格でのみ、それから環境問題を言うときだけであるかのようである。

そして今、目敏《めざと》い人々が最新で最も強力な富の源泉とみているのは、情報である。これまでも、いつだって情報は極めて重要な価値をもつものであった。だが、かつて（実のところは今も）情報は人々の社会的位置によって不平等に分配され、その不平等さが更に人々に異なる社会的力（政治的力や経済的力）とを与えたのであった。それに対し、今日の情報への注目は、（戦略的な価値をもつ希少財としての情報という相変わらずの事柄もそれとして機能しているが、その傍らで、むしろ）消費されるものとして価値をもつ情報、いわば消費財としての性格をもつ情報の出現ゆえである。

情報とは偏在するところに、従って希少であるところに、情報であるゆえんがあるはずのものであった。しかしながら、情報化社会に商機を見いだす人々が念頭におく情報とはそのようなものではない。絶えず生産され、それゆえに新しく、新しいから情報と目されるのだけれども、どこででも誰でも手に入れ得るもの、そして、情報の受け手が極めて多数であるからこそ、その量によって利益をもたらし得るもの（特殊な立場にある少数の人間にとって莫大な価値がある情報とは違うもの）、これが脚光を浴びている。そして、夥《おびただ》しい新しい情報が降り注ぐことが日常のこととなっている世界、すなわち、何か特定の情報が大きな価値をもつものとして偶《たまさか》に現われるというのとは違い、情報の海そのものが一つの常時的環境を形成し、そのことに大きな価値が見いだされる世界が到来している。この到来が私たち人間にとって意味する事柄を、特に影の部分、危惧される方面に焦点をおいて検討する必要がある。

人工的知覚対象としての情報

私たちは、見るときに目が捉《とら》える事柄を視覚情報と呼んだり、地震が地球内部についての情報を与えるとか言ったりもする。しかし、情報とは本来、人が他の人にもたらすものである。確かに、今日の情報化社会とは、人や人がつくったものの移動に伴う仕方で情報が流れてくるという形態に変わって、通信手段の相継ぐ革命で、情報だけが、広大な空間を瞬時に越えて伝達される（しかも極めて低コストでそれが可能である）、ここに成立したものである。誰がその情報をもたらしたか、ということの意識さえなしで、端的に情報として犇《ひしめ》いている。しかし、それでも、その情報には発信者がいるのであり、更に言えば制作者がいる。情報も、財の資格で出回るものやサービスと同じく、生産物なのである。情報の海は、未だ自然の基盤の上に成り立っている都市の人工性を遥かに超えた、徹頭徹尾、人工の世界なのである。それでいて、情報という生産物は、あたかも素材でしかないかのごときものとして周りに溢れ、私たちの知覚対象の大きな部分を占めようとしている。情報と言えば言葉の形でこそあるもの、そういうものではなくなっていて、私たちの五感のどれであろうと、それらに訴えるべく人がつくって投げ出すものとしてある。（たとえば「＊＊を売る店が××にできた」という内容だけが情報ではない。それを告げる文字の色、字体、それを知らせる音声の調子、店の写真の派手さなどが情報の重要な部分を占める。）

本来、動物における知覚の誕生は行動を導くためのものである。ただ、人間では、花に見とれ月を愛《め》でるような有り方、それから花の紋様のパターンを調べるなどの好奇心にもとづく観察の仕方も生まれ、行動から離れた知覚様態もある。そこで、特に前者との関係で、絵画や音楽のような知覚事象の人による制作を考えることもでき、今日の情報も、それに似た性格を分けもつとも言える。情報内容の前に、それが知覚を喜ばせる、知覚を刺激するということが求められる。

しかしながら、情報という性格づけのもとでの知覚事象が、絵画や音楽のようにそれ自身の魅力で人を惹きつけると言い切れるかというと、それも怪しい。新しさや話題性こそが重要なのである。今までになかったもの、新しいものとしての資格で知覚器官に飛び込んでくる限りで情報として歓迎される。情報をキャッチするそのことが何より重要である。その知覚的特性自体は副次的な事柄である。そうして、もともとの情報といった性格に返れば、情報が教えてくれる事柄について考え、それを分析して行動を練るということが大事であったはずなのに、これも二の次になるということも生じている。そして、行動する場合も、情報を分析し判断するそのことも別の情報に委ねて、情報の示唆する方へ向かう。擬似（あるいは偽《にせ》）情報を流す側の情報操作によっていいようにされるというような、気づいてみればマイナスと判断されるような事柄としてではなくて、喜んで委ねる。誘導される行動もまた新しい経験であり、それ自身が新しい情報に接する機会であるから肯定できる、とでもいう具合である。しかも、行動が発見するものは予め用意されている。そうして、このような性格の情報を受け取る環境を手に入れるために人々はお金を使うのである。

ここから、情報流通のインフラ整備と端末器機の生産に関わるセクター、情報自身の生産と流通のセクター、それから広告というたぐいの情報形態にメリットを見いだすありとあるプレーヤーが、（どのようにして入手するかが大問題であるような貴重で隠れがちな情報に代わって）大量に流通すべき情報という財のために、大規模に発生する。そして、極めて生産性、成長性が高い分野として情報に関わる産業をもてはやし育てるというのが、世の趨勢である。もちろん、その光の部分は沢山ある。特に、人と人との関係のうちに生の豊かさを求める人間という生き物にとって、情報を媒介にした新しい人間関係の創出に希望をもてる場面もある。自らが情報を生産し送りだす能動性に歓びを見いだすこともある。だが、それも、用意された情報の海といった環境の中での、釈迦の掌《てのひら》の上での戯れでしかない懼《おそ》れもある。情報の流通がゲーム的なものになろうとする現状を考えたい。自然の懐《ふところ》でさまざまな危険に脅かされることを含みつつ人の営みを超えたものどもに向き合うという経験が稀《まれ》になれば、経験の質が薄っぺらで脆《もろ》いものになる、この怖さは忘れるわけにはゆかない。

自己を獲得する経験の次元

既に人工色の強い都市において、自然環境の苛酷さは緩和され、住民にさまざまの快適さが用意されている。（実際は、大抵の都市は整然として贅沢《ぜいたく》な空間の裏でスラムを付随させるのが普通であり、また、そこで人々はさまざまな厄介でもあり得る——また人々を差別する——ルールに従うべきことにおいても、階層によっては劣悪な環境でもある。）そして、人は人工環境が調うと、そこを離れては生きてゆけないほどに人工の事柄に依存してしまい、そのつくられた環境を（いわゆる第二の）自然として受け取り、それに順応し、自分がもっている潜在的な諸能力の多数を眠らせたままにする。ただ、それでも都市は、表層を人工のものが覆うにしても、人々が鋭意工夫して生き抜くべき生活世界ではある。

しかるに、情報の海という人工世界の中で、仮に人々が情報の消費にこそ価値の中心を見いだすようになる場合にはどうか。次々に更新されるその情報とは、所詮、人間や人の集団、もしくは人がつくった機器が制作したものでしかない。それは抵抗をもつ自然や生身の人間という存在を基準にすると、先が透けて見える皮膜のようなものである。すると人々は、生きることの緊張を要求する基盤を捨てるのではないか。危険を孕《はら》むことのない人工的に用意された情報の集積から成る知覚世界の中で、身体的行動のために知覚と感覚とを研ぎ澄ますこともない。下手すると、そこで培養されて、もともと自らがもっていた諸能力とその発揮としての諸行動の多くをいわば外注してしまう人間というものが形成されてゆきはしまいか。分業などといった生易しいものではなく、人が個人としては生きられず、得体の知れない社会的怪物の一末端としてのみ生存し、自分たちがつくった世界から一歩も出られない、そのような無気味な運命が待ち構えはしないか。

抵抗のある経験を重ねることで、私たちの内部にあるさまざまな可能性が呼び覚まされる。そして、さまざまな可能性の束から自らの責任で選び、その帰結に直面するといった経験の痛切さ、これに根差してこそ深い感情が湧き起こり、ともに、存在することの意味を確認できる深い内面をもった自己が立ちあがる。ここに、私たち人間という存在の生があるのではないのか。

「経験する」という言葉が、「新しいものに関わる」ことと同義だと考えられ、新しさだけに重点がおかれるとき、そして、新しさとは情報の形でやってくるのだと思ってしまうとき、それは本当の経験、自己を現出させる経験にはならない。情報の海という人工環境が圧倒的力を揮《ふる》おうとする時代の傾向の中で、「経験」という言葉がもっていた豊かさを取り戻すための生活の次元をいかに構築するか、ここに二十一世紀初頭の私たちの課題がある。

（まつなが　すみお／東京大学教授・哲学）

◉社会権［法］的人間観の再興を！

竹内 章郎

はじめに

社会権［法］的人間観とは、もちろん市民権［法］的人間観の対であり、この後者と結合して初めて、本来の平等主義的で解放的なシティズンシップ・人間観への昇華が可能になる。だからことあらためて、単独で社会権的人間観の再興などと言えば、奇異に聞えるかもしれない。だが、国家抜きの市場主義だと誤解されがちな新自由主義──新自由主義は〈財政的には小さい場合もあるが強力な国家を内在させた市場原理主義〉であり、国家介入抜きの単なる市場主義ではない──が現在隆盛で、そのために格差・差別・不平等が深刻になっていることも[1]、社会権的人間観不在の市民権的人間観の跋扈と深い関係があり、また、そうした市民権的人間観と私有財産制や市場秩序との親和性にも大きな問題がある。それだけに余計に、社会権的人間観を重視すべきだと思う[2]。

「能力の共同性」との関連

ちなみに私は、二〇年来「能力の共同性」論を唱えているが、それは、平等主義的で解放的なシティズンシップ・人間観の中核に在るべき真の共同性──資本主義や市場秩序が強要する個人還元主義に陥らず、伝統的な共同体主義を払拭した個の重視と最良のコミュニズムにも到る共同性──の実現には、共同性を諸個人の間だけでなく、個人内部の能力においても把握すべきだと思うからである。「能力の共同性」論はいまだ未完だが、拙著で示したように[3]、その若干の実現は細微な日常生活にもある。だが世界的な激しい格差や差別の現実が、能力の私的所有論や自己責任論にも依拠していることからして、本来は超資本主義的・超近代主義的にのみ想定しうる「能力の共同性」に繋がるものを、資本主義的で近代主義的な枠内で確立する必要もある。

私個人の思索の中では、社会権的人間観は、上記の「能力の共同性」論的人間観に至る途中経過に位置づく。同時に、三〇年来の諸情勢や諸議論からすれば、社会権的人間観は、資本主義や近代主義の枠内にいながらの――もちろんその超克を目指す中でだが――変革理念として、今まさに全社会的に重視されるべきである。特に、現代帝国主義やこれに基づく多国籍企業化政策と一体の新自由主義による格差拡大は、生活破壊としての社会保障全般の改悪を典型としているが、これらに対抗する新たな福祉国家論の中軸となるべきものとして、社会権的人間観の意義には相当なものがある。そしてこの意義は、日本国内の格差問題についてと同時に、世界的格差問題への覚睡を促す意味でも、更には「能力の共同性」への通路としても確認されるはずである、と私は考えている。(4)

社会権的人間観の「再興」

更に、社会権的人間観の「再興」ということにも理由がある。新自由主義による近年の、社会福祉基礎構造改革［改悪］を焦点とする社会保障全般の改悪、労働法（社会法の一部）の改悪と就労・雇用条件の悪化、これらによる社会全体の不平等化は、戦後日本にはなかった勢いで、十九世紀末以来の社会権や福祉国家の一定の成果を大崩しして進行しているからである。例えば、私有財産次第で社会保障受給の権利が左右されることを自明視して、一九九四年社会保障制度審議会社会保障将来像委員会第二次報告は、「（社会）保険料を負担する見かえりとして受給は権利であるという意識を持たせる」などと言ったが、これは私有財産次第で生存権（社会権）の剥奪を可能にする妄言であり、以前には福祉国家批判者ですら滅多に言わなかった事大主義的に市場秩序に追した暴言である。ちなみに、この種の暴言への批判・非難が今もって少ないことにも、その「再興」が必要になるほどの社会権の成果の崩壊がみられよう。また高齢者の公的介護保険制度や障害者自立支援法などでの応益負担化（いわゆるホテルコストの全額及び福祉費用額の一割の自己負担化＝市場的等価交換化）の自明視の背後にも、確立しかけた社会権的秩序を崩して、市場秩序に適合的でこれを根拠とする市民権のみを権利とする傾向の強さがある。

つまり、社会権的なものとも結合して初めて真に平等主義的で解放的なシティズンシップ・人間観が成立するはずなのに、社会権的なものが看過され、過去にはなかったほどの勢いで、社会権不在の市民権的なものが跋扈している。しかも、社会権的なものの地位低下に対する反撃は少ないだけでなく、社会権を市民権に還元して理解する傾向や、市民権こそが第一義的権利だとして、事実上社会権を二義的扱いし、平等を実現する上での社会権の独自性を看過する議論も、以前よりはるかに増えている[5]。これらはまた、社会権を軽視した市場秩序に適合的なゲーム的「事後的チェック社会」――経済戦略会議が強調したこの社会は、事実上、一定以上の私的所有者のみが参加できる社会――の審判的地位に市民法[権]を置くこととも一体であり、これらの実効性担保のために、例えば、市民法的紛争の解決用に法曹の大幅増を狙う司法制度改革も実行されつつある。

社会権の平等性

ところで社会権は本来、その成立期以来、個人の私有財産は無論のこと、個人の能力の多寡などにも左右されるものではなく、この点は或る程度は確認されてきたはずである。つまり、そもそも「社会的権利〔社会権：竹内〕の内容は、それを要求する個人の経済的価値によって決まるのではな[6]」く、市場競争等を左右する諸個人の能力とも無関係なはずである。また、「理性や意志の力を扱う権利主体のみならず、生きている人すべて、というほどの権利主体の多様化[7]」を通じて、社会権は、その権利主体の平等主義化・普遍化の下に理解されるべきである。だから「社会権[法]的秩序という枠組みの中で、主体は、唯一生命体であるという事実だけに基づいて権利主体になる[8]」。こうした社会権の独自性が看過されれば、諸個人の能力を含む私有財産《プロパティ》（＝固有性）次第の差別・抑圧は正当化されやすくなる。他方マーシャルも言ったように、成立期のそれ自体としての「市民的権利は、各人は自らを防衛する手段を与えられている〔自己所有している：竹内〕という理由で、彼らに対する社会的〔社会権的：竹内〕保護の必要性を否定することを可能にした[9]」。つまり、成立期の市民権は、そのままでは諸個人の経済的価値や能力に左右されるのが当然の権利だったのであり、この権利だけでは真の人権が構成できないのは自明なのである。

当然のことだが日本国憲法などは、市民権と社会権を結合させており、上記の成立期問題も解消しているが、例えば、生存権保障の二五条から労働権に関わる二八条までは社会権である。対して、一三〜二四条まではほぼ市民権であり（総則的な一〇〜一二条の分類は難しい）、二九条の私有財産保障や三一条の人身拘束否定も市民権だが、三〇条の納税は社会権保障のための義務規定である。先のマーシャルを敷衍するだけだが、例えば二二条が保障する居住や移転の自由（市民権）は、無所有者の自由な居住や移動までも平等に保障する権利ではない。また一九条の思想の自由にしても、当該思想の形成・発表に必須の能力や財政負担までをも平等に保障する権利ではない。これらを実現する手段の大半は、結局は個人が私的所有せねばならず、その意味で市民権自体は、能力も含む一定の私有財産を保障しはしないのである。

一八七〇年問題

こうした市民権の在り方は、古典近代の市民権成立期の『人及び市民の諸権利宣言』六条が能力以外の何らの差別もなくとしたことや、古典近代の人権論が、白人で一定の財産所有者たる家長などしか人権主体とはしなかったこととも一脈通じている。そして、全ての人ではなく私有財産を多く持つ特定のブルジョアなどのみを権利主体とする差別的な市民権[法]が平等主義化し始めたのは、十九世紀末のこと。既述の社会権[法]的なものの端緒が開かれて以降のことだった。この十九世紀末の社会権[法]の端緒という点で、新自由主義隆盛の今から振りかえっても興味深いことは、「一八七〇年問題」と私が勝手に名づけた――だが多くの人に考えてもらいたい――論点である(10)。

例えばカール・ポラニーは、「一八七〇年以降……産業文明の要請でありながら市場的〔私有財産的：竹内〕方法では対処することのできないものにこたえた」「「集団主義的」諸措置」、つまり「保護主義を目指す全般的運動(11)」として、平等重視の社会権を実現する福祉国家の初歩的段階を肯定的に評価した。これに対して、この同じ一八七〇年につき、新自由主義の大御所ハイエクは、「一八七〇年代に始まる自由主義の教養の没落(12)」と明言し、資本主義が醸成してきた、社会権不在のままの資本主義的で市民権に基づく自由が衰退したことを嘆き、当時の初歩的な福祉国家とこれが実現する平等主義的な社会権に敵対した。以上の一八七〇年を巡るポラニーとハイエクとの対立は、実は『人権宣言』と誤訳されている古典近代の文書による成立期の市民権も含めて、不平等な市民権的人権・人間観を社会権的なものによって制限しなければ、真に差別・抑圧を克服した平等主義的人間観が成立しない、ということを示している。ハイエクほどの資本主義的自由優遇論に陥らなくとも、成立期の不平等な市民権的なものをそのまま認める限り、現代の新自由主義が吹聴する不平等に加担することになりかねない、とも言えよう。

むすびとして

まともな社会変革論を志向するなら、社会権的人間観を再興しその独自性を明示した上で、これと社会権的なものにより制約された市民権的人間観――成立期の市民権自体は受容しない人間観――との結合を新たに構想すべきであり、そうした営みを哲学的にも深めるべきである。私個人は「能力の共同性」論との接続も構想したいが。

〔たけうち　あきろう／岐阜大学教授・社会哲学〕

参考文献

(1) 竹内章郎「現代の優生学的不平等の克服のために」『唯物論研究年報』第一〇号、青木書店、二〇〇五年。
(2) 竹内章郎「人権論再興への或る現在的視点　格差・差別・不平等」(上)(下)『賃金と社会保障』第一四一七、一四一八号、旬報社、二〇〇六年。
(3) 竹内章郎『「弱者」の哲学』大月書店、一九九三年。竹内章郎『いのちの平等論――現代の優生思想に抗して』岩波書店、二〇〇五年。
(4) 後藤道夫『収縮する日本型〈大衆社会〉』旬報社、二〇〇一年。
(5) 竹内章郎、前掲書、二〇〇六年。
(6) マーシャル(岩崎信彦・中村健吾訳)『シティズンシップと社会階級』法律文化社、一九九三年、五五頁。
(7) Ewald, F., *Der Vorsorgestaat*, aus dem Französischen ins Deutche von W.Bayer und H.Kocyba, Suhrkamp Verlag, 1993 (Titel der Originalausgabe: L'Etat providence, Bernad Grasset, 1986), S. 29f.
(8) Ewald.F. *ebd.*
(9) マーシャル、前掲書、一九九三年、四三頁。
(10) 竹内章郎『平等論哲学への道程』青木書店、二〇〇一年、一二八〜一三三頁。
(11) ポラニー(吉沢英成・野口建彦・長尾史郎・杉村芳美訳)『大転換』東洋経済新報社、一九七五年、二〇九〜二一〇頁。
(12) ハイエク(田中真晴・田中秀夫編訳)『市場・知識・自由』ミネルヴァ書房、一九八六年、二二五頁。

◉医療の場から見た人間の生命

齊藤　寿一

「人間とはどの様な存在か」という問いかけに答えようとする時、存在という言葉の意味を追求する哲学的な努力と併せて、人間が置かれている様々な局面における人間の営みから考察することも重要であろう。

ナチスの強制収容所での日々を経験した精神医学者V. E. Franklはその体験があったからこそ洞察しえた人間精神の内奥を著書『夜と霧』の中で記している。極限状態の飢えの中で一切れのパンに縋らなければ生き延びられない状況下にあっても、ある人はより過酷な飢餓状態におかれた見知らぬ他者に、自分のパンを分け与える「思いやり」を失ってはいなかった。また収容所内で現実には既に亡くなっていた家族への「愛」が、真に絶望的な状況下においてもなお生き続けようとする気力を維持させたという事実は、人間の精神が本質的に備えている高さと深みとが、この環境下で初めて観察できる形で発露されたのであった。

今日の医療の現場はこの様な極限状態を生み出した環境とはほど遠いものであるが、自らの死が遠くないことを知りしかも前向きに生きる多くの患者の姿勢を見ると、人間の精神が備える強さとしなやかさに心を打たれることが少なくない。以下、医療の現場における生命への対峙から垣間見た人間の姿の一端を考察したい。

1　がん告知の問題

医学・医療が進歩した今日においても末期がんで代表される全身に転移して拡がったがんに対して、これを根治させる方法は殆どないと言って良い。患者はこの状態で遠からず迎えることとなる死と直面せざるを得なくなる。この様な患者に現状と今後の見通しを正確に伝えるいわゆる「がん告知」はその是非という過度に単純化された命題として、少なくとも一〇年前までは我が国のマスコミの関心事であった。確かに筆者が医学部を卒業した一九六〇年代から一九九〇年頃までは、我が国の医療の現場で予後不良の患者に真実を伝えることは原則的には妥当な医療行為とは見なされていなかった。死を前にした患者の眼から真実を隠すことが妥当だとされていたのである。当時、欧米諸国ではがん告知が医療の現場で当然のこととして行われており、その差が何に由来するのかを考えてきた。一つには死を前にした人間の精神や行動を支えるキリスト教などの宗教的背景の差がもたらすものであろうかとも考えた。しかし、宗教的環境が過去数十年間に大きく変化してはいない我が国においても、現在はがんの告知が自然な医療行為として定着している状況を見るとこれが単に宗教的土壌の差に由来したものではないことが判る。一方、がん告知の問題は一般的な問いとしてその是非を問うことがあまりに問題を単純化していることも明らかになってきた。その第一は告知を受ける患者の個別に異なる受容力であり、第二には告知の環境と方法に依存する部分が少なくないという事実である。さらに第三には告知した後の患者を如何にフォローするかという医療者の支えの力である。これらの組み合わせにおいて患者が自らについての厳しい内容を受容する整った状態が期待できるならば、今日の医療者の多くが患者は自らの人生の最終段階について最も重要な情報を知る権利を損なわれるべきではないと考えている。患者にもまた、情報化社会といわれる中で少なくとも自らについての最も基本的で重要な情報は当然知る権利と義務があるという認識が浸透していると言えよう。その結果、現在ではいわゆる末期がんを持つ患者の多くは、その病名と今後の厳しい見通しについて説明され、理解しているのが実態である。

2　死の拒否

ある文学者は病の床にあって自らの死が近いことを知った時「深淵を前にたじろぐ蛙かな」という辞世の句を記している。この句は多くの人間が死というこれまでの人生で全く経験したことのない、しかも自分をこれまで抱き育んできた一切の事象からの断絶という展開に対して多くの人間が抱く不安と恐怖とを適確に凝縮していると言えよう。「死を避けたい」という古来多くの人間が抱いて来た共通の意識の根底にはその様な恐怖が横たわっていることは否定できない。しかし、その中でも近年、自らの死について誰もが抱く限り無い拒否感情が我が国においても次第に薄らいでいる様に思われる。病床でがんが手術後に再発してがんの転移が確認された患者も、「肝臓にあったがんが肺に転移してしまってね」と自分の厳しい状況を動揺なく説明し、また明らかに末期がんで苦しそうな呼吸を続けている患者においても、病床の傍らで控えめに発する「どうですか……」という医療者のためらい勝ちな問いかけに、むしろ明るく微笑みながら「大丈夫です。良く看護してもらっていますから」という前向きの答えを受け取って、質問した者が戸惑いさえ感ずることも少なくない。人は高齢に達しても、死について多く場合に前向きに受容出来る強い精神力を備えていることにしばしば胸打たれる。

かっての我が国の医療現場では少なくとも患者本人には、たとえ患者が医師であっても、二つ目の偽カルテを作る詐術を施してまでもがんであることは隠蔽すべきものとして扱われてきた。近年、死が患者本人にも率直に語られる様に変貌して来たのは何故であろうか。それには、幾つかの要因が関与していると思われる。一つには医療技術の進歩により死に際して伴う苦痛が著しく緩和されたことである。人は長い間、死という断絶を恐れると同時に、そこに至る疼痛や呼吸困難などの肉体的な苦痛に対する恐怖を抱いて来た。特に医療者の側においても生命の短縮につながるモルヒネなどの鎮痛剤の使用は極力抑え、とにかく少しでも生命をのばすことが医師の使命である、という思いがこれまで深く浸透していたことに大きな原因がある。しかし、今日多くのがん医療の現場ではたとえ余命の短縮につながることがあっても十分な鎮痛薬を使用し、人格の尊厳をも侵しかねない苦痛はむしろ積極的に取り除くことが患者中心の医療の重要な部分を占めることとして理解され、浸透しているのが現実であろう。

3　死の受容

少なくとも二〇年前頃迄は、個人にとって死は本質的には直視し受容することの出来ないものとして受け止められて来たと思われる。しかし近年、前述した「死に至る肉体的苦痛」の問題を離れても多くの人にとって死は受容すべきものであり、また受容しうるものとしてその姿を変えている様に思われる。生物としてこの宇宙に生命を受けたすべてのものが、それぞれその終焉の時を持つことは生命が地球に誕生したとされる四〇億年以上前からその種を問わず厳然として存在し続けて来た真実である。その意味で人は自らにも必ず死が訪れることを知っており、成長と共に自我に目覚めて以後意識の底流において理解している事象である。死が生物としての避けることの出来ない終点として存在しつづける限り本来、人は基本的にはこれを受容できるのではなかろうか。それでは時代と共に変わる死への受容の変遷は何に由来するのだろうか。ここでは受容出来ない死の典型として「戦争」の影を感ぜずにはいられない。過去の長い間、戦争は、自らの肉体に避けがたい形でいわば自然に訪れる生物学的な終焉とは全く関わり無く、しばしば強制されて、他者の手によって、多くが国家の手によって決して納得出来ない形で個人にもたらされるものとして存在して来た。死というものが国のため、社会のためあるいは家族のためと如何に美辞麗句による理由付けによって修飾されて来たとしても、戦争によって他者の意志によって死なければならなかった多くの者や残された遺族にとって、心の深奥において死は絶対に受容できない生からの断絶であった。身近における死が最近まで「戦争における納得できない死」の影を引きずりつつ多くの者にとっても容易には受容出来なかったのではないだろうか。

4　生への執着度

最近、報道されている憂うべき社会現象の一つに我が国における自殺者の増加がある。これは現在よりは少なくとも物質的にははるかに貧しく厳しい日々の暮らしが続いていた戦後一〇年、二〇年の間には見られなかったことである。この事から、人間が自分の生命にどの程度の執着を示すのかは、少なくとも現在の物質的な豊かさの度合いとは関連が薄いことを示している様に思われる。一方、この頃に出版された多くの書物を見ると随所に「希望」あるいは「未来」といった社会の上昇感を示す言葉が溢れている。「これからは日本の社会も、自分の暮らしももっと良くなる、もっと良くして見せるぞ。」という将来を信じる明るさと気概とが感じられる。現在は社会に物があふれており、格差社会の敗者と言われる人々の暮らしでさえも、戦後間もない時代の生活を考えれば比較にならない程、豊かになっている。日本の社会は「上昇飛行の社会」から将来、微調整や多少の起伏はあったとしても人口の推移で端的に示される様に「水平飛行の社会」に突入したと言えよう。このことは、自分の生活についても社会の姿についても、将来への期待感は戦後間もない時代に比して明らかに薄れている、と言わざるを得ない。近年、少なくとも我が国の社会では「このまま生を終えるのは、あまりに心残りだ。」というかって横溢していた生への執着心は希薄になり、「この先生きていても、ほぼ行く末は見えている。」という、淡白な心境が社会に蔓延していると言えないだろうか。医療の現場で、予後の厳しい多くの患者が迫り来る死を受容できる心境に達する背景には「行く末を見届けるまでは死ぬに死ねない。」というかって多くの患者を支え、時には苦しめて来た生への強い執着心が現在は希薄になりつつあるという、むしろ負の側面の投影であるとの思いが否定出来ない。人間が古来求め続けて来た幸福な状態とは、その時に置かれた充足度の「絶対水準」の高さで決まるのか、あるいは充足度がどの様に変化しつつあるかという「変化の勾配」なのか、それともこれからはもっと良くなるという「将来への期待」なのか、医療の現場での病む人の姿から多くの問いかけが発されている様に思われる。

5　延命治療の中断と人間の意志

今日、末期がんの患者に挿入されていた人工呼吸器を抜管して死期を早めた医師の行為が不適切であるかという議論がマスコミで報道されている。このいわゆる延命治療を中断する行為の適否はそれぞれの事案の様々な状況を総合的に判断して決すべきことであろう。しかしながら、一般的に言えば、末期がんなど治癒の見込みのない患者で取り除くことの出来ない堪え難い苦痛が持続し患者もまた延命治療の中断を希望するとき、医療の手による延命治療の中断が是認されるであろう。また脳死など明らかに非可逆的な脳機能の喪失によって回復の見込みが全くない時、いわゆる生命維持装置を取り外すことが、意識があった時の患者の意志として明示されて居り、同時に家族、肉親の同意がある時是認されると考えられる。この様な延命治療の中断において「人間の意志」とは何かという基本問題に医療者はしばしば遭遇する。ある時点で、例えば患者の配偶者が「回復の見込みのない患者を苦痛から解放して欲しい。」と強く希望し、医療者にそのような対応を懇願したとしても、その応諾には多くの関門があると言わざるを得ない。まず、その様な希望が患者自身とその配偶者とで完全に一致しているとの保障は多くの場合得られない。また家族間においても配偶者と患者の子供や兄弟の間で意見の相違があることも少なくない。さらには、延命治療の中断を強く主張した当の配偶者自身でさえ、いざ生命維持装置が取り外され、それによって患者が死を迎えた時、自らの意志で配偶者の死期を早めたことに自身として後悔の念を強めることもある。その結果、場合によっては自分は生命維持装置の取り外しには反対であった、と主張を変えることすら経験される。とりわけ患者の死後、遠戚に至るまでの親族が集まる場では生命維持装置の取り外しを求めたことが親族の非難の対象になり、止む無く自分が生命維持装置の取り外しに同意した事実はない、と主張の変更に追い込まれる場合も想定される。文書による配偶者の同意が整っていれば法的には医療関係者の責任追求は一応は回避されるとしても、肉親に後悔を残す医療行為が是認されるとは思われない。一人の人間の意志でさえ流動的に推移するものである以上、ましてや複数の人間の意志が「一人の人間の延命」という重大な決断について完全に一致することは期待すること自体、不可能と言えるのかも知れない。結論が声の大きな家族や、理路整然と自説を述べる遠戚者の意見にともすれば流されやすいことも否定できない。そもそも「人間の意志」とは何であろうか。患者を守り、家族の意志を尊重したいとする良心的な医療者においてこの解決策の見えない命題に直面することが少なくない。ケースバイケースと単純に片づけるには、あまりに重い問いかけであり「総合人間学」の課題である様に思われる。

〔さいとう　としかず／社会保険中央総合病院院長・医学〕

◉「総合人間学」の新たな〝研究課題〟
――「動物」レベルの生理機能に〝発達不全〟が発生

正木　健雄

本学会が発足に際して刊行した「シリーズ　総合人間学3」『現代の教育危機と総合人間学』（柴田義松編）で第1章を担当し、これまでの研究成果を「子どものからだと心の変化から人間の危機を考える」として紹介した。ところが、もう次の〝問題〟と〝研究課題〟が浮上してきた。

二〇〇六年五月の上旬に、中国・北京市における「子どもの自律神経」についての調査を依頼され、研究同人五名で北京に出向いた。北京市の「首都体育学院」の学生四〇名が「体位血圧反射法」の検査を担当してくれ、北京師範大学大学院生や北京体育大学への日本体育大学からの交換留学生、それに高等教育出版社の社員さんも調査を応援してくれた。

日本では、一九四七年に東京大学生理学教室教授の福田邦三先生が、〝疲労〟が「脳幹」に及んでいるかどうかを検査する方法として、この「体位血圧反射法」を提案された。一九五六年に、同研究室の猪飼道夫先生らが東京都で一一二〇名の子どもを対象にこの方法で調査をされ、〝一定の基準〟で判定された結果が『民族衛生』誌に報告されていた。

この時の調査結果は、「血圧調節不良」の者は小学一年生では四八％であったが、成人では一三％であり、加齢とともに「血圧調節不良」の者が減少していくので、「自律神経」は年齢とともに〝自然〟に発達する、と考えられていた。ところが、一九七八年に「最近増えている〝からだ〟がおかしいという事象」について全国的な実感調査を行ったところ、中学校で最も多かったのは「朝礼でバタン」という事象であった。この「からだの〝おかしさ〟」についての実感調査などを手掛かりにして、ＮＨＫは一九七八年十月九日に特集番組「警告！こどものからだは蝕まれている」を放映した。

この放映の翌七九年度に、早くも神奈川県知事・長洲一二さんから「県民が21世紀を担う神奈川の子どもの全き発達を願う〝騒然とした教育論議〟の素材を提供するために実態調査を行う」ことを提案され、私が当時所属していた日本体育大学体育研究所も加わった「21世紀を担う神奈川の子どものからだと生活を考える会」に実態調査が依頼された。一年間の議論を経て、一九八〇年度に「子どもに実感されてきている〝からだのおかしさ〟」の実態を解明するために、県下の小学校二校の四、五、六年生の各一クラス全員（二二七名）を対象に調査をしたところ、この「血圧調節不良」の者が六〇％もおり、さらに、「一学期に二回以上〝朝礼〟で倒れた子」は、全員これらの「血圧調節不良」の者であった。このような関係から、「朝礼でバタン」という事象は「自律神経」に関することである、という予想が立てられ、「〝脳幹部〟まで及ぶ疲労がなぜ起こっているのかについての解明が新しい課題として登場してきたということができるだろう」と考察された（子どもの体力と生活研究会『神奈川の子どものからだに関する実態調査報告書』一九八二年三月）。

一九八四年には、この「神奈川調査」の結果を確認するために、各地で「血圧調節機能」に関する調査が旺盛に行われた。一一二八名について調査した結果は、小学校低学年では、一九五六年当時と「血圧調節不良の者」はそれほど変わらなかったが、加齢に伴ってこれが減少せず、逆に多くなっていく傾向であった。これは、大変ショッキングな事実であった。これまで「自律神経」は自然に発達し、意識しなくても〝からだの調子〟を整えてくれるものと考えられてきたからである。

この当時は、このような「自律神経」が〝自然に発達しなくなった〟という事実が明らかになったものの、ではどうしたら発達するのか、ということは全く分からなかった。この「血圧調節」のよい子はどのような生活をしているのか、ということが検討され、「一日に一回、汗をかくくらい運動をしている」「夜十時頃には寝ている」「寒くても外で元気に遊んでいる」などの特徴が浮かび上がっていた。しかし、これらを実行すれば「自律神経」が確実に発達する、というところまで確認されるに至らないまま、今日に及んでおり、その後の各地での調査結果は「血圧調節不良」の者がさらに多くなり、現在では七五~九〇%というところまで事態は進行している。この「問題」については、正にお手上げ状態である。

このような状況を、国連・子どもの権利委員会で『初回の政府報告書』が審査される際に、私が議長を務める「子どものからだと心・連絡会議」が編集している『子どものからだと心白書1996』を英訳して添付資料として提出したところ、この委員会で注目されることとなり、『日本政府報告書』の「審査」に際して、一九九八年五月二十八日午前の審査において、日本政府代表に対して「フルチ(Paolo Francesco Fulci)委員」から「ある研究によると、日本では神経システムの発達にゆがみが生じる子どもが多くなっているそうです。(中略)ストレスと疲労のために子どもの神経システムの発達にゆがみが生じているのでしょうか。この現象に関してデータをお持ちでしょうか。また何か取り組みを行う予定はあるのでしょうか。」と質問されている。(子どもの権利を守る国連NGO・DCI日本支部編『子ども期の回復』花伝社、三三〇－一頁)そして、『日本政府報告書への〝最終所見〟』の第二二項で「懸念」され、第四三項で「勧告」されている「問題」である。

ここでは、"developmental disorders of the autonomic nervous system"と言われたことを、わが国では「発達障害」と訳され、「厳しい受験競争の下で」このような発達障害が起こっていること、として広く話題にされることになった。しかし、政府はその後もこの「事象」について何らの調査も、対策も採らないまま、依然として「行動体力」が低下していると理解して、これまでの「体力向上」対策を続け、今日に至っている。

ところが、近年中国においても、日本でかつて問題になった「朝礼で〝バタン〟」という現象が心配されるようになり、さらに「北京オリンピック」に向けて各地で盛り上げている「競技大会」の開会式において、「選手」までが倒れる事態に直面して、この「子どもの自律神経の調査」について依頼があり、五月の中国・北京市での調査と相成ったのであった。

その結果は、「血圧調節の不良の者」は日本における二〇年前の結果と全く同じ水準の六〇～七〇％であり、中国においても「自律神経」が自然に発達できないでいるということを確認することとなった。これは「体力」の中でも〝防衛体力〟と言われている問題であり、「行動体力」への取り組みだけでは「防衛体力」への取り組みを代用できないことが、両国での諸調査の結果から判明したことになる。

中国では、この調査結果は二〇〇六年十二月に刊行される政府報告書『２００５年全国学生体質健康調査報告書』の付属文書として、二〇〇七年二月に刊行される『２００５年全国学生体質健康研究報告書』に掲載される運びになっている。

ここまで明らかになって、ではどうすれば「自律神経」を発達させることができるのか、ということが切実に求められることとなってきた。そこで、中国でまだ「生活の現代化」が進んでいないベトナムとの国境近くの「雲南省」の山岳地帯の子どもたちについて、この「自律神経」についての調査をしようということになり、九月の中旬に研究同人三人で出かけた。この調査には、中国の「中央教育科学研究所」研究主任の賈 志勇さんが応援に駆けつけてくれた。

ここは、冷暖房がなく、テレビは村長さんの家だけ。夜も暗く、学校まで坂道を駆け上り、昼食は坂道を駆け下りて家に戻る、というところであった。ここの四年生の子が「血圧調節の不良の者」が五〇年前の日本の子どもと同じ水準であり、やっとこのような「子ども集団」に巡り会うことが出来た！と感動した。ここは、あまりにも僻地であったために、ここの小学校は四年生までであり、調査ができたもう一つの小学校では二年生までしかいなかった。これより高学年になると、麓の小学校で「寄宿生活」をして通学している。ここの子たちは、「早寝、早起き、朝ごはん」は勿論のこと、毎日「ノーテレビデー」であり、テレビゲームもない。また、たっぷりと運動をしている。これらの生活要素の中の何が一体「自律神経」を発達させることになったのかを明らかにすることが、これからの研究課題になる。

考えてみれば、日本でも五〇年前には、これに近い生活であったような記憶である。高々五〇年前の「生活」が思い出せないくらい現代の生活は大きく変貌してしまい、「自律神経」を発達させるためにどの生活要素を取り戻せばいいのかが分からなくなっている。しかし、「中国・雲南省」での子どもの「自律神経」調査の結果に励まされて、もう一歩、この〝発達刺激〟要素を突き止める研究に邁進しなければならない、と気持ちを高めている。

〔まさき　たけお／日本体育大学名誉教授・教育生理学〕

◉高校生は他者の生き方をどうみたか

岩田　好宏

はじめに

二〇〇四年の五月〜六月、千葉県のある高等学校の一年生について、四人の人の生き方を学習材として提供し授業を行った。

一人は一九六〇—七〇年代の千葉市の製鉄工場からの排出物による大気汚染に関する裁判の原告となった当時四十歳代の人である（ＩＮ氏）。多くの人の協力をえながら自分たちのからだの状況を記録する一方で大気汚染の状況を化学的に測定し、これらと科学者や医師の調査や論証を証拠とし、勝利和解に導いた人である。二人目は、四歳の時に失明し、家族や周囲の人に支えられ、外資系通信社で働いている若い女性である（Ｓ氏）。三人目の人は、東京下谷に住む四十歳代の男性で、彫金を職業としながら、江戸下町の伝統文化の継承に力を注いでいる人である（Ｕ氏）。最後の人は、七十歳代の油絵画家で、ガンの宣告を受けて、死を目前にして若者との接触を通じて新しい絵の創作に取り組んでいた人である（ＩＭ氏）。ＩＮ氏については、原告本人調書（裁判記録）を読むことを中心に授業を進めた。後の三人については、いずれもＮＨＫが放映したテレビ番組を録画したものを視聴するという方法をとった。

高校一年生がもっとも強い関心を向けているのは、自分のこと、友人など他人とのつきあい方、生き方、自分の将来である。自然や社会といった外の世界をそのものとしてとらえることは、ごく一部の生徒を除いて興味はなく、大部分の生徒にとっては、そうした世界が自分と関係していることを感じると興味を示す。それは、若者にとって大事なことであり、教育はそれに対応して組織されねばならない。こうしたことからこのような授業を考えた。

この四氏の生き方についての授業が終わったところで、定期試験問題として「授業では四人の人たちが人生上の重要な問題に出会った時、それをどのように乗り越えたかということを中心に考えてきました。この授業の中で、自らの生き方を考える上で重要だと思ったことを明確にし、具体的にくわしく述べて下さい」という問題を出し、五〇分で八〇〇字ほどの文章で答案をつくってもらった。その答案の分析結果の一部をこれから紹介する。

多くの高校生は失明した女性に

答案の分析のなかで、どの人に強い関心をもっていたか、書かれていた字数の多寡で調べてみた。限られた授業時間のなかで接したにもかかわらず、多くの字数で語っているということは、それだけ印象深くしっかりと記憶に留めたことになる。もっとも数が多かったのは四歳で失明した女性Ｓ氏であった（三三・三％）。つづいて江戸彫金師のＵ氏（二七・三％）、その次が画家のＩＭ氏で二一・二％であった。公害問題に取組んだＩＮ氏は一二・一％であった。残りの六・一％を「その他」とした。男女別では、男生徒はＩＭ氏が多く、女生徒はＳ氏が多かった。またＵ氏については大きな男女差はみられなかった。

この結果は予想に反するものだった。四歳で失明しすぐれたピアノ演奏をし、鳥の鳴き声や匂い・音で季節変化を感じ取り、俳句をつくる若い女性Ｓ氏に集中すると思ったが、ＩＮ氏を除けばほぼ分散した。Ｕ氏は独特の話し方、名人に見られがちな偏屈さから低く予想したが、意外なことに関心が高かった。

しかし、この四氏のうち生徒が答案で最初に取り上げた人は、圧倒的にＳ氏が多く、四五・五％の生徒がまず取り上げていた。問題文で紹介した順序通りに取り上げた生徒の割合が三〇・三％であるから、S氏からどれだけ強い印象を受けたかがわかる。それに対して、二七％の生徒が多くの字数をさいて大事なこととして述べていたU氏が最初にはまったく取り上げられていなかった。印象が強烈でなかったためと思われるが、答案作成の過程で取り上げることによって記憶がよみがえり、その大事さを確認できたためと思われる。

生きる上で何が大事と考えられたか

「その他」にいれた生徒のうちの一人は、四氏の生き方についてはまったくふれず、自分のこと、自分の生き方について大事だと思ったことを書いていた。別の生徒は四人全部にふれながらもいずれにも重点をおかず、書いた字数が少なく何を大事なこととしているかが私には充分理解できなかった。後者は、くわしく具体的に書くほどには四氏には興味がもてなかったのだろう。この授業に強い関心がもてなかった生徒と思われる。本人にとってほかに重大な問題があるとも考えられる。その心を動かすだけの力がこの授業にはなく、この生徒が何が学びたいか授業者として明らかにできなかったことになる。

前者は、自分のなかに重大な問題があり、そのことによって、四氏の生き方に心を向けるだけの余裕がなかったのだろう。それが何なのかは、答案からつきとめることはできなかった。もう一人、IM氏についてふれながら、答案の大部分は自分のこと、とくに部活動に取り組んでいる自分について書いた生徒がいた。IM氏の生き方はそのことを考え出すきっかけに過ぎず、そこから今自分にとってもっとも重大な課題となっている野球部活動の様子と、それに対する思いが具体的にくわしく書かれていた。

生徒たちは、これらの生徒をふくめてすべて、生きる上で大事だと思うことを書いていた。もっとも多かったのは「がんばること」で、四二・四％いた。「がんばる」と「自分らしさ」を上げた生徒は一五・二％で、両方合わせると「がんばる」は五七・六％となる。また「自分らしさ」と「個性」をあげた生徒は二七・三％であり、これと「がんばる」と「自分らしさ」を合わせてあげた生徒数を加えると、自分らしさや個性を重視した生徒は四二・五％となる。ほかは少数で、「生き方を考える」が六・一％、「生きがい」、「一日一日を大切に」、「協力」をあげた生徒がそれぞれ三％となっていた。

「がんばる」、「根性」、「自分らしさ」などは、高校生に一般的にみられる信条である。またそのとおりにはできない実態がある。この授業では自身の信条を追認したことになる。しかし、それは四人の他者（おとな）の生きているさまと対峙して確認されたことであり、この確認には四人の生きている姿は離れることなく、以後その背景に具体的に寄り添うこととなるだろう。このことを実証するような事実を、生徒たちの答案のなかに発見した。それは、多くの生徒が試験問題で求められていた生きる上での「大事なこと」についてだけでなく、答案のまとめのかたちで「これからの自分の生き方」に関する決意のようなものを書いていたことである。答案作成作業が進む過程で四人の生を思い起こし検討し、そこからこれからの生き方についてふれないわけにはいかない状況に立ち至ったのではないかと推察した。

ところが、そこに書かれたものの多くは、初めに書いた「大事なこと」と一致してないことに気が付いた。たとえば、初め「大事なこと」として「自分らしい生き方をしっかりと考える」と書いていたある生徒は、「勇気ある大人になりたい」と結んでいた。また初めに「意志を最後まで貫き通す」と書いていた別の生徒は、答案の終わりでは「自分もチャンスを見つけて自分の人生を変えられればいいと思う」と書いている。「一日一日を大切に」と書いていた生徒は、通学の電車内で出会った聴覚に障害がある小学生の明るく積極的な様子に感動しながら、そのことと自分の生き方とを重ね合わせて書いていた。

全体の七〇％をこえる生徒がそうした自分の問題として生き方を考え書いていたが、そのうちの六〇％の生徒、全体の四五・五％の生徒が初めに書いたことと後で書いたものが一致していない。想像するところ、最初に書かれた「大事なこと」は、問題文に接してただちに思い付いたことで、あとのものは四氏の生き方を思い出してあらためて考えたところで到達した結論ではないか。そこでは、「がんばる」とか「根気」とかということばは少なくなり、かわってこれからの生活のなかで遭遇するであろう場面を具体的に想定して考えられた決意が多くみられた。はじめは自分の信条を述べたにすぎず、後から書いたものが四氏の生き方との取り組みの中で生まれたものではないかとも理解した。

若者の「これからをどう生きるか」は、彼等にとって最も重要な課題であり、またその基本になることを明らかにすることはこれからの授業の課題である（もちろん学校教育だけで応えるものではないが）。この授業で確認されたことはいわばその出発点である。そこから乗り越えねばならない課題を明確にし、その実現のための糸口をこの授業分析から探すことが最初の仕事だと考えた。

〔いわた　よしひろ／元千葉県立千葉高等学校・教育〕

◉環境危機と人間の自己理解の再検討

三浦　永光

周知のように、環境と資源の問題は現代世界が直面している主要な問題の一つである。大気汚染、地球温暖化、異常気象、砂漠化、酸性雨、オゾン層の減少、海洋汚染、森林の減少、生物多様性の減少、水不足、有害化学物質による汚染、原子力発電による放射能汚染など、枚挙にいとまがない。国連が二〇〇五年に発表した『ミレニアム生態系評価』によれば、世界の生態系の人間に対するサービスを二四種に分類して、その状態を調査したところ、一五種、すなわち全体の六〇％が悪化しているとの結果を得たという。生態系の悪化は人類の存続にかかわる事態である。環境問題は今や世界的な現象であるが、先進工業国の環境悪化が過剰な生産・消費・廃棄に起因しているのに対して、発展途上国のそれは貧困と人口増加から生じている。貧困が人口増加を生み、人口増加が環境と資源に圧迫を与えている。そうだとすれば、環境問題はたんに人間と自然の関係の歪みにとどまらず、社会的・国際的な公正の問題でもあり、しかも両者は相互に促進し合っている。

環境問題と国際的な貧富格差を歴史的に辿ってみよう。先進工業国の大量生産体制の歴史的起源は近代初期の西欧諸国の世界諸地域への進出と商業の拡大、およびそれにともなう科学技術の発達にある。大航海と探検の時代に続いて、アメリカその他の地域での植民地の建設が進み、西欧と植民地の間の商業が飛躍的に発達した。遠隔地商業の発展はそれまで西欧諸国には未知の、または希少な産物（タバコ、茶、砂糖、香辛料、毛皮、金銀など）とその楽しみをもたらし、人々にいっそうの消費欲求を高め、商人階級と国家に莫大な利益をもたらした。しかし西欧人による植民地の建設と拡大は、現地の先住民にとっては、政治的自立の喪失、植民者の下での奴隷労働または低賃金労働、土地と自然資源を収奪されることを意味した。そこに形成されたのは西欧を「中核」とし、世界の他の諸地域を「辺境」とする国際的分業体制であり、この体制下で「辺境」の富が「中核」によって獲得され、集積されたのである。

このような西欧諸国の政治的・経済的支配の拡大は科学技術の発達、とくに武器（火砲）、船舶、天文学と磁針などの航海術、印刷技術による知識の伝達と蓄積によって促進された。産業革命は石炭エネルギーの導入と種々の機械の発明によって工業の生産力を飛躍的に発展させた。大量生産は商工業者階級には多大な利益を、中産市民層には豊かな生活をもたらした。しかしそれは一方では西欧社会の労働者には低賃金と長時間労働、失業を常態化し、他方では自然界からの資源（工業原料）の大量採取を必要とした。工業原料としての資源（鉱物資源、綿花、農産物、木材など）はおもに植民地から得られた。高い技術力と生産力をもつ少数の国がその力をもたない大多数の貧しい国々に対して政治的・経済的優位に立っているという構図は、二十世紀後半の植民地支配終焉後の現在も基本的に変わっていない。そして先進工業国はその高度な技術と生産力をフルに発揮して経済成長を追求し、ますます大量の自然資源を消費して地球の再生産能力を減少させている。

以上に見たような西欧の政治的・経済的発展の背後にはどのような人間理解があったのだろうか。市場経済の理論家アダム・スミスはすべての人間を市場で商品を売買する「商人」と規定する。生産者（供給者）も消費者（需要者）も市場価格によって売買する商人である。スミスの捉える人間は自己利益を求めて自由に行動し、市場を通して相互に競争する主体である。彼は国内および国際市場での自由競争が資本、労働、資源を産業諸部門に合理的に配分し、各人に正当な利益の分配を保証すると考えた。しかしその後の歴史は、先に見たように、国内でも国際的にも貧富の格差の恒常化または拡大を示している。そうだとすれば、スミスの利己心、自由、競争を骨格とする人間の理解は社会的公正の観点から、また経済的行為者としての側面を過大視する人間観に関しても偏りをもっているという疑問が生ずる。

人間と自然の関係については、フランシス・ベーコンが「知は力なり」と語り、科学と技術の発達を通して「宇宙における人間帝国」の拡大を奨励した。デカルトは、科学技術の発達によって人間が「自然の支配者にして所有者」になることを夢見ていた。ジョン・ロックは「神と人間理性は大地を征服することを人間に命ずる」とのべ、合理性と勤勉によって国内と諸外国の土地と自然の開発、またそれによる生活の豊かさと財産の蓄積を追求すべきことを説いた。しかしこれらの思想家が説く人間の自然支配が真に人間の福祉を保障するものであるかどうかを、現代の状況からあらためて問い直すべきときが来ている。自然を科学技術の操作の対象として、また経済的開発と資源採取の場としてのみ扱う態度の最終目的は、人間の物質的生活の豊かさの追求である。だが物質的豊かさは健康な生活にとっての自然環境の意義から見ても、人間の幸福の観点から見ても、重要ではあるが一面的なものにすぎない。また自然は人間のためのたんなる手段ではなく、有機体としての人間を支えるいわば母体であり人間存在の基盤であるという古代の人間理解が過去の迷妄として切り捨てられている。

上に見てきた問題は、「人々に対する（国内的・国際的）支配」と「自然に対する支配」と表現することができよう。前者の支配の主体は現代ではおもに先進工業国の企業と国家であり、後者の支配の主要な主体もやはり、巨大な技術力（生産、輸送、情報の技術）を擁する企業と国家である。企業は市場経済の中で自己利益を追求するだけでなく、利益の一層の拡大と競争の中で他企業に対する優位を目指している。この経済的支配の拡大志向は限界を知らない。また国家は諸外国との関係の中で政治的・経済的・軍事的な力を高めようと努めている。世界各国が国内総生産や国民総所得の成長を追求しているのも力の増大の一例である。とくに先進工業諸国は発展途上国への支配を広げつつ、相互に熾烈な覇権争いを展開している。このような企業と国家による力の際限なき拡大競争こそ、現代の地球環境危機と南北問題の根本的な原因である。

支配力拡大の競争は人間存在にとってどんな意味をもっているのだろうか。ホッブズは言う。「そこで私は第一に、全人類の一般的性向として力を次から次へと求める欲求を挙げる。この欲求は永久に続き、やむことがなく、死によってのみ消滅する」。ニーチェは「力の蓄積への意志は生の現象に固有のものである。……自己保存ではなく、獲得し、支配者となり、より多く、より強くなろうとの意欲である」と言う。ホッブズとニーチェは権力拡大の欲求が人間の本性に属し、抑えがたいものと捉えている。これに対してW・ゾンバルトは近代の経済人の特徴の一つとして「権力の快楽」、すなわち「われわれが他の者より優位にあることを示すことができる喜び」を挙げ、近代の経済人を批判的に見ている。ゾンバルトは「権力への意志」が近代人の強力な行動原理であることを認めつつも、それは必然的なものではなく、抑制可能なものと見ていると思われる。

環境悪化と国際的な貧富格差の相乗作用という現代世界の状況を克服するためには、力の拡大を欲求する存在という人間像の再検討が必要であろう。そのさいに次の四つの点が重要である。第一に、人間経済の生態学的制約である。人間の生存と経済的活動は自然の生態系のシステムの中でのみ可能である。生産、消費、廃棄の量は有限な生態系の生物的生産力と廃棄物吸収力の限度を超えることはできない。先述のように、現在、世界各地の生態系が悪化しているのは、政治的・経済的覇権の競争の中で生産消費活動がその限度を超えて増大しているからである。現代のように高度な科学技術の力を手にした人間にとって、力の限度なき拡大はやがて有限な地球を消費し尽くし、人類の存続条件それ自体を危うくするという認識が必要である。

第二に、人間の有機体としての限界である。有機体としての人間は身体の大きさ、摂取する栄養の量、活動・運動の速さ、発揮できる身体的力、感覚能力において一定の限界をもっている。人間はその限界内で生存可能であり、また実際に生存してきた。しかし近代以後、とくに二十世紀の科学技術の発達によって、人間は企業や国家という組織集団として生産、交通・通信の能力を高め、人間固有の有機的限界をはるかに突破した。有機体としての人間が一日に必要とする食物とエネルギーの量は昔と変わらないにもかかわらず、集団としての資源消費量が増加したために、現代の先進国の一人当たりの消費量はあたかも巨大な恐竜が必要とするような消費量にまで上昇している。人間が航空機や高速列車で移動する速度も、生活様式と社会生活の変化の速度も有機体としての人間の適応と学習の能力の限界を超えていると思われる。人間がますます激化する市場経済の競争と国家の人材選別体制の中におかれ、より多くの、より速い生産と消費を強迫されている状況は人間が耐えうる生物学的・精神的限界を超えている。人々の生産・消費活動の量と速度を企業と国家の力の拡大の目的のためにどこまでも高めるのではなく、人間の生物学的・心理的適正限度を基準として抑制することが重要であろう。それは人間の生態系に対する過大な負荷を軽減する道でもある。

もしわれわれが人間経済の生態学的制約と人間の生物学的限界の存在を認めるならば、現在これらの限界を超えて拡大しつつある企業の市場活動と国家の行動に対して従来よりも大幅な制限を加えることが必要であろう。現代の人間は他の人々に対しても自然に対しても危険なまでに強大な力を獲得した。人間は自身が作り出した権力(市場的自由、国家、科学技術)の際限なき拡大志向を抑えることはできず、これに宿命的に従うしかないのだろうか。それともこれを転換し抑止する選択能力をもっているだろうか。これが現代世界が問われている最大の問題である。もしわれわれがこの問題を回避するならば、人類存続の展望を開くことはできない。現代の主流の社会科学と自然科学は環境・資源問題と南北問題をもっぱら技術的・経済的発展によって解決できると主張し、巨大化した力の自己抑制という倫理的問題を回避してきた。しかし技術的・経済的発展は問題を解決するよりもむしろ事態をいっそう悪くさえしている。社会・人文科学と自然科学は今こそ人間の力の抑制という倫理的・政治的課題に向き合うことを求められている。もし市場および国家間の競争と相互不信が絶えない状況の中で自己の力を抑制することができるとすれば、それは合意と約束によって相互に力の制限を義務づけることを措いてほかにない。国家主権、国益、市場的自由を制限するための合意と協定は国際的レベルから出発するのが最も有効であろう。地球温暖化防止のための「気候変動に関する政府間パネル」(IPCC:科学者の研究と提言の機関)の設置および気候変動枠組み条約と京都議定書の締結は環境分野で力の拡大競争を抑制するために国際社会が踏み出したささやかな第一歩の例であろう。

第三に、人間の生存の自然的基盤としての農業と農的生活の復権である。人間は生態系の働きがもたらす産物と適度な生存条件によって支えられているが、農業は本来この生態系の働きを維持し促進する人間の側からの活動である。環境の悪化を防ぎ、持続可能な社会を創る道は、再生不可能資源である化石燃料に依存せず、自然の扶養力(収容力)、すなわち生態系の生物的再生産能力と廃棄物吸収力を維持し高めることである。それは健全な農業の振興と森林保全にほかならない。一時的繁栄をもたらしたにすぎない石油文明に代わる持続可能な社会は農林業を基礎とする社会であり、工業とサービス産業は農林業の維持を妨げない限りでのみ健全な産業たりうる。食糧自給率を高め、輸入依存から脱却することが社会の平和と安定の基礎である。大都市は人間を田畑と農的生活から疎外し、人間の生存の基盤を見失わせる。大都市人口の分散と田園都市の育成が必要である。誰でも菜園で農作業に親しみ、森林保全に参加できる機会が開かれなければならない。学校教育の中で農業と森林の大切さを実地に体験させる。作物、土壌、森林に親しむことは地域の環境を守り、地域社会づくりに参加することにつながる。そこから地域での人々の交流と相互扶助のネットワーク形成が期待できる。またこのような農的生活が広まるためには、職業労働時間の短縮と余暇時間の拡大が政策によって保障されなければならない。このような農的社会を創るためには、生活の目的を力の拡大と物質的消費の多さから共生、交流、共感へと転換することが重要であろう。すなわち地域の人々との共生と交流、また多様で豊かな自然環境の中での生き物（植物や動物）との共生と交歓である。

第四に、教育と啓蒙・コミュニケーション活動の重要性である。以上のような人間の新たな自己理解は市民の自覚へと高まり、政治に反映されなければならない。また一国の政治的変革は国際社会において理解され、国際条約の締結・実施へと広がることが期待される。しかしそのような変革は現代世界の危機についての人々の意識、新たな人間理解と人間の自己抑制への選択能力の自覚が人々の間に広がってこそ可能であり、そのためには教育と社会的な啓蒙活動、市民の活発な言論とコミュニケーションの運動が不可欠である。市民レベルのコミュニケーションは今や情報通信技術の発達によって国境を超えてグローバルな広がりを示している。市民運動の国際的広がりを通して各国の政治的変革を促す可能性が高まっている。民主主義政治が現代の危機の根源である力の拡大志向を転換できるか。それとも現在の先進国だけの繁栄に固執して転換を「民主主義的」手続きにしたがって多数派の力で拒むのか。日本を含む先進工業国の民主主義の質が問われている。民主主義の質を高めるために必要なのは人間の自己理解の革新である。

〔みうら　ながみつ／元・津田塾大学教授・哲学〕

総合人間学会会則

第1条（名称）　この会は総合人間学会という。

第2条（目的）　この会は、人間の総合的研究を進め、その成果の普及をはかることを目的とする。

第3条（事業）　この会は、第2条で定めた目的達成のために、つぎの事業を行う。
1　一年に一回以上の研究大会の開催
2　研究機関誌の定期的発行
3　国内外の諸学会、関係諸機関・諸団体との連絡
4　その他必要な事業
第4条（会員）　この会は、この会の趣旨に賛同し、入会の意志を表明し、入会にあたって会員一名の推薦を受け、理事会の承認をえた者をもって会員とする。
会員は一般会員と賛助会員とする。
会員は、会費を二年間納めない場合には退会とする。
第5条（機関）　この会は、つぎの機関をおく。
総会　この会の最高の議決機関であり、つぎのことを行う。年に一回定例会を開く。また理事会の決定を受けて臨時会を開くことができる。
a　活動方針および予算の決定
b　活動報告および決算の承認
c　会則の変更
d　会長の承認
e　事務局所在地の決定
f　活動にあたって必要な諸規定の制定
g　その他重要事項の決定
理事会　会員の直接無記名投票によって選出された理事を構成員とし、つぎのことを行う。
a　会長・副会長・運営担当理事・事務局長・編集委員長の互選
b　事務局幹事・編集委員・選挙管理委員の選出
c　顧問の選出
d　この会の運営について協議し決定する
e　その他緊急事項の決定
運営委員会　会長・副会長・事務局長・編集委員長・理事若干名をもって構成し、この会の運営にあたる。
事務局　代表である事務局長と事務局幹事をもって構成し、この会の事務を執行する。
編集委員会　代表である編集委員長と編集委員をもって構成し、研究機関誌の編集にあたる。
選挙管理委員会　選挙管理委員をもって構成し、この会の理事および監事の選挙の事務にあたる。
第6条（役員）　この会は、つぎの役員をおく。役員の任期は、顧問を除き二年とし、再任を妨げない。
会長　本会を代表し、総会および理事会を招集する。
副会長　会長を補佐し、会長に事故ある場合には代行する。
事務局長　事務局を代表し統括する。
編集委員長　編集委員会を代表し統括する。
理事　理事会を構成する。

監事　この会の会務を監査する。
顧問　理事会の要請を受けてこの会の活動のあり方について
　意見を述べる。
第7条（役員の選挙）　この会のつぎの役員は、会員の直接無記名投票によって選挙する。選挙に関する規定は別に定める。
1　理事　三〇名
2　監査　二名
第8条（会費の金額）　この会の会費の金額は、付則で定める。
第9条（年度）　この会の年度は、毎年の五月一日から翌年の四月三十日までとする。
第10条（会則の変更）　この会則は、総会において変更することができる。

付則1　この会則は、成立した日から効力を発揮する。
2　この会則の第4条の規定にかかわらず、この会設立当日までに会員になる場合は会員の推薦を必要としない。
3　この会則の第5条、第6条、第7条の規定にかかわらず、二〇〇六、二〇〇七年度の役員および機関の構成員は、本学会設立準備委員会が提案し、設立総会において選出する。
4　この会の会費の金額は、年額一般会員　五、〇〇〇円、賛助会員　一口　二〇、〇〇〇円とする。

投稿規程

1　投稿資格
（1）総合人間学会会員であること。
（2）大会において研究発表をしていること。
（3）投稿時点で投稿年度までの学会費を完納していること。

2　投稿原稿
（1）本学会の趣旨にそうものであること（学会会則参照）。
（2）内容は、未公刊の論文或いは報告であり、大会での研究発表を踏まえたものであること。
a「論文」とは、独創性のある研究成果を展開したもの。
b「報告」とは、調査によって得られた資料や聴取記録などに関するもの。
（3）枚数は、四〇〇字原稿用紙換算で三〇枚以内。
（4）形式
a　本文を叙述するための言語は、日本語とする。
b　論文は、別途掲載の「執筆要領」に留意して記述すること。

3　投稿原稿の受付
（1）投稿原稿の提出先は、編集委員長とする。
（2）投稿原稿は学会ニュースレターに記載された締め切り日、送付先にしたがって投稿すること。
（3）投稿希望者はあらかじめ指定された日時までに、①論文タイトル（仮題でも可）②論文の概要（一、〇〇〇字程度）を、郵便またはメールにて送付。
（4）原稿を投稿する際には、以下のものを一括して送付すること。
a　印字した審査用原稿コピー三部。
b　論文の保存されたフロッピーディスクまたは電子メール添付ファイルを送付。

4　投稿原稿の掲載
（1）投稿原稿は編集委員会から委嘱された査読者により査読を受けた後、掲載の可否を編集委員会が決定する。
（2）投稿原稿の掲載の可否・順番などについては、編集委員会が決定し投稿者に連絡する。掲載決定の論文が多数の場合には、一部の論文の掲載を次号へ送ることもある。

5　上記以外の必要事項は、適宜編集委員会がこれを審議・決定する。

編集後記

◆昨年五月に発足した総合人間学会もこの年誌の発刊でもって、一応軌道に乗ったといえよう。みなさんお忙しいこともあって、当初予定した執筆者からかなり変更を余儀なくされた面もあるが、創刊号として本学会の性格が現れるものにしたいと思っていた意図はかなり実現できたのではないかと思っている。執筆して頂いた方々には、ほぼ予定通りに発刊できたことを編集委員会を代表して心から感謝したい。

本学会について一言すれば、〈人間〉について、人文・社会科学系のみならず、多数の自然科学系の研究者が参加して、文字通り学際的な研究をしていこうとしている点に大きな特徴があろう。二十一世紀は文理融合の時代といわれているが、事態はますます逆の方向に進んでいるようでもあり、その意味では時代の要請に積極的に応える学会といえる。それとともに、学者・研究者の集まりにとどまらず、市民の方々も参加されていることも特筆すべき特徴といえよう。世界的にみても稀で貴重な学会ではないかと思われるが、それだけに舵取りは相当難しいともいえよう。

◆本号は創刊号ということもあって、設立大会での講演者や理事などを中心に執筆していただいた。本全体のタイトルは「人間はどこにいくのか」であるが、現代は「不確定性の時代」だといわれて久しいが、いまだにこの状況は変わっていないと思われるから、このタイトルは相応しいものといえるだろう。

二つの特集とエッセイは、いずれもこのタイトルに深くかかわるものである。

特集「知の頽廃と再生」というテーマは、本学会の性格からすると、一見特殊なテーマのように思われるかもしれないが、人間が〈ホモ・サピエンス〉といわれる以上、本質的なテーマといえよう。西欧近代においては、近代科学の知は、無知蒙昧を晴らし人間の行く手を指し示す光のように思われた。しかし、その後科学は大きく発展・変貌し、今日、科学と技術は一体化し、科学技術知として以前には考えられなかったような威力を発揮している。一方では、人間がかつて夢見たことを次々と実現しているかにみえるとともに、他方では、人間を悪夢とともに翻弄しているかのようである。科学技術知は、人間の総体的な知においてどういう意味をもっているのであろうか？　深刻に問われる所以である。

もちろん、現代にかかわる人間の問題は〈知〉の問題に限らない。「エッセイ」に示されたような種々多様な分野において抱かれた問題意識にもとづいて書かれたものは、現代における〈人間〉をめぐる問題状況を明るみにだすものであろう。

特集「総合人間学会のめざすもの」では、上記のような問題状況を背景に各執筆者の考えるところに従って、本学会がめざすものを自由に書いていていただいた。今後の討論の材料にもなればありがたいと思う。

「講演記録」は、小柴昌俊氏、水田洋氏のものは、それぞれ、東京での学会設立記念集会、関西での設立記念集会の講演記録である。木村敏氏のものは、この学会の前身である総合人間学研究会の時に講演して頂いたものである。

ここ数年来、人間科学部など〈人間〉と名の付く学部や学科、専攻が多く出来てきているが、この年誌がそこでの教育研究の一助にもなればありがたいと思う。

◆加藤周一氏には、講演記録が機器の不具合があって当初予定していたような、テープを起こしてそれをもとに執筆していただくことができず、改めて独自に書いて頂いた「覚書」を、不十分なテープで起こしたもので補足するという形になって大変ご迷惑をおかけしたことを心からお詫びしたい。また、小原秀雄氏の関西での設立記念講演の記録は紙数の関係もあり次回掲載ということにさせていただいた。

最後になったが、学文社の編集担当者の三原多津夫氏には、アドバイスやご配慮をいろいろいただいたことに対して、感謝の意を表したい。（**尾関周二**）

No.1 May 2007

SYNTHETIC ANTHROPOLOGY

AN INTERDISCIPLINARY JOURNAL DEDICATED TO THE ASPECTS OF HUMAN PROBLEMS

Contents

総合人間学 1

人間はどこにいくのか

2007年5月25日　第1版第1刷発行

総合人間学会　編

発行者　田中　千津子
発行所　株式会社　学文社

〒153-0064　東京都目黒区下目黒 3-6-1
電話　03（3715）1501（代）
FAX　03（3715）2012
http://www.gakubunsha.com

Printed in Japan
乱丁・落丁の場合は本社でお取替えします。
定価は売上カード，カバーに表示。
印刷所　新灯印刷
製本所　小泉企画

ISBN978-4-7620-1698-1

小林 直樹
小原 秀雄 編
柴田 義松

シリーズ総合人間学（全3巻）

各巻　A5判、約二四〇頁、定価二一〇〇円（税込）

人間はどこから来て、どこへ行くのか、人間とは何か――本シリーズは、二〇〇六年五月に創設された総合人間学会の前身ともいえる総合人間学研究会での討議・報告のなかから、一般に提供して参考に供せられるものを精選して編集されました。

専門分化がすすむ今日の学界状況であるからこそ、総合人間学のような大局観を要する〝上部構造〟の重要性が高まってきています。自然科学、社会科学、人文科学の各領域を横断する、知見に裏打ちされた総合人間学を構築するときがきたといえます。本シリーズでは、各学問領域で活躍する権威三十余名がその蘊蓄を傾け、人間学研究への挑戦を試みています。

第1巻　総合人間学の試み――新しい人間学に向けて　小林直樹 編

第2巻　生命・生活から人間を考える　小原秀雄 編

第3巻　現代の教育危機と総合人間学　柴田義松 編